suhrkamp taschenbuch
wissenschaft 1906

Wo früher Gesellschaftstheorien auf Kommunikation setzten, erscheint nun zunehmend Empathie oder Einfühlung als Kitt, der die Gemeinschaften zusammenhält. Doch was genau ist Empathie und was leistet sie? Fritz Breithaupt berücksichtigt in seinem Buch die psychologischen und kognitionswissenschaftlichen Erkenntnisse der letzten Jahrzehnte, aber auch die Literatur und die Philosophie, die seit Jahrtausenden über Empathie und Mitleid nachgedacht haben, um verschiedene »Kulturen der Empathie« zu unterscheiden. Fluchtpunkt seiner Theorie ist eine Rhetorik der Empathie, die menschliche Einfühlung als einen sozialen Prozess ausweist, der komplexe Narrationen beinhaltet und eine Idee von Gemeinschaft ins Spiel bringt, die sich mit naturwissenschaftlichen Mitteln allein nicht hinreichend beschreiben lässt.

Fritz Breithaupt ist Professor für deutsche und vergleichende Literaturwissenschaft an der Indiana University in Bloomington (USA). Er ist Gründungsdirektor eines EU Center of Excellence an der Indiana University und Kolumnist bei *ZEIT Campus*.
Im Suhrkamp Verlag erschien außerdem: *Kultur der Ausrede* (stw 2001) und *Die dunklen Seiten der Empathie* (stw 2196).

Fritz Breithaupt
Kulturen der Empathie

Suhrkamp

Bibliografische Information der Deutschen Nationalbibliothek
Die Deutsche Nationalbibliothek verzeichnet diese Publikation
in der Deutschen Nationalbibliografie;
detaillierte bibliografische Daten sind im Internet über
http://dnb.d-nb.de abrufbar.

6. Auflage 2020

Erste Auflage 2009
suhrkamp taschenbuch wissenschaft 1906
© Suhrkamp Verlag Frankfurt am Main 2009
Alle Rechte vorbehalten, insbesondere das der Übersetzung,
des öffentlichen Vortrags sowie der Übertragung
durch Rundfunk und Fernsehen, auch einzelner Teile.
Kein Teil des Werkes darf in irgendeiner Form
(durch Fotografie, Mikrofilm oder andere Verfahren)
ohne schriftliche Genehmigung des Verlages reproduziert
oder unter Verwendung elektronischer Systeme verarbeitet,
vervielfältigt oder verbreitet werden.
Druck: Druckhaus Nomos, Sinzheim
Umschlag nach Entwürfen
von Willy Fleckhaus und Rolf Staudt
Printed in Germany
ISBN 978-3-518-29506-9

Inhalt

Einleitung 7
   Die Geschichte mit der Maus 7
   These 8
   Gliederung des Buches 15
   Gebrauchsanweisung 17

Kapitel 1
Empathie und die Produktion der Nicht-Ähnlichkeit 18
1. Ähnlichkeit als Bedingung von Empathie 18
2. Landschaften der Ähnlichkeit 22
3. Fehlbefunde von Ähnlichkeit 25
4. Emotionale Ansteckung und der Schutz gegen dieselbe 30
5. Spiegelneuronen: Die Architektur der Ähnlichkeit 36
6. Können Spiegelneuronen blockiert und gesteuert werden? 43
7. Kurze Klärung eines scheinbaren Widerspruchs 52
8. Exkurs: Das Ich als Blockade gegen Empathie (Lessing) 54
9. Rück- und Ausblick: Von der Ähnlichkeit
   zur Unähnlichkeit 64

Kapitel 2
Kulturen der Konstruktion (Theory of Mind) 66
1. Smarties oder Bleistifte (False-Belief-Aufgaben) 66
2. Die Konstruktion des anderen 68
3. Ich in deiner Haut: Empathie-Situationen 76
4. Die Ein-Punkt-Konstruktion des anderen 80
5. Narrativierung und Traumatisierung
   (E.T.A. Hoffmanns *Fräulein von Scuderi*) 82
6. Grenzen der Kultur der Konstruktion 87

Kapitel 3
Der unsichtbare Dritte
Stockholm, Macht, Reziprozität 89
1. 1973 89
2. Affen-Tratsch 96

3. Der unsichtbare Dritte 105
4. Empathie als Gabe (Exkurs zu Liebe und Kooperation) 109

Kapitel 4
Narrative Empathie 114
1. Narration und Bewusstsein
   (*narrative intelligence hypothesis*) 117
2. Der Zwang zur Narration: Legitimationsdruck
   und Handlungsselektion 125
3. Narration: Was ist das? 130
4. Die Schere des Aristoteles 139
5. Theorie der Narration 145
6. Empathie als Parteinahme in Dreierszenen 152
7. Parteinahme versus »Identifikation« 165
8. Narrative Empathie 170
9. Die Perversion der Empathie
   (Theodor Fontanes *Effi Briest*) 175
10. Rückblick 185

Nachwort zum Verhältnis von Empathie und Moral 190

Danksagung 194
Bibliographie 195

Einleitung

Die Geschichte mit der Maus

Vor ein paar Jahren saß ich mit Kollegen nach einer Lesegruppe noch ein wenig zusammen. Die konzentrierte Arbeit am Text war getan und nun konnten wir unsere Gedanken frei wandern lassen. Wir kamen auf das Thema Empathie zu sprechen, zu dem ich, wie meine Kollegen wussten, einen Kurs unterrichten wollte. Eine einfache Frage kam auf: Wird Empathie von den meisten Menschen anhand ähnlicher Muster empfunden oder nicht? Gibt es eine Urszene der Einfühlung, die wir teilen? Wir entschieden, die Probe zu machen. Jeder sollte seine deutlichste Erinnerung erzählen, wann er oder sie in die Haut eines anderen geschlüpft war. Die erste damals vorgetragene Geschichte lautete wie folgt:

> In meiner ersten eigenen Wohnung als Student gab es eine Maus. Ich konnte sie nachts bisweilen hören und ihre Spuren sehen, aber es gelang mir nicht, sie zu fangen. Als ich eines Morgens in die Küche kam, hörte ich ein sonderbares, kratzendes Geräusch aus dem Waschbecken. Ich trat näher heran und sah, dass die Maus in das Becken gefallen war. An den glatten Wänden konnte sie keinen Halt finden und war gefangen. Ich starrte die Maus an und sie blickte zurück. Dann machte ich den Wasserhahn an, so dass die Maus von dem Wasser in den *garbage disposal* (einen elektrischen Müllzerkleinerer) gespült wurde. Dann drückte ich den Knopf ...[1]

Diese Geschichte ist bemerkenswert in vielerlei Hinsicht. Einfühlung ist hier nicht das positive Mitgefühl mit einem ähnlichen Menschen in Not. Vielmehr ist das Mitgefühl hier unmittelbar an ein Täterbewusstsein, ein schlechtes Gewissen, gebunden. Und auch die Ähnlichkeit zwischen dem empathisierenden Menschen und der Maus dürften relativ gering sein. Stattdessen gibt es eine Vorgeschichte, die Maus und Mensch gegeneinander stellt. Trotzdem ist diese Geschichte, zumindest für den Erzähler, eine Darstellung des Erlebens von Empathie, die ein Band zwischen ihm und der Maus knüpft.

---

[1] Wäre Andreas Gelhard, Lektor dieses Buches, damals Teil des Gesprächs gewesen, so hätte er mich schon damals auf Samuel Becketts »Dante and the Lobster« hingewiesen. Dort muss ein Hummer sterben, obwohl und weil der Protagonist ihn als ein ihm empathisch zugängliches Wesen anerkennt.

Ob diese Geschichte von der armen Maus nun in der Tat die Charakeristika einer Urszene der Einfühlung hat, sei erst einmal dahingestellt (im vierten Kapitel dieses Buches wird ein Vorschlag gemacht, wie eine solche Urszene aussehen könnte). Wichtig ist hier, dass dem Erzähler das Mitleid und Mitgefühl mit der Maus vor der Episode mit dem Müllzerkleinerer fern lag. Offensichtlich gab es etwas in dieser Situation, das ihn dazu bewegte, seine neutrale oder negative Haltung aufzugeben. Empathie kann also, vielleicht, aus- und eingeschaltet werden. Diese Vermutung, so einfach sie klingt, gab diesem Buch den Startschuss.

These

Empathie ist seit einigen Jahren zu einem der Kernthemen der Kognitionswissenschaften aufgestiegen. Der Begriff soll hier zunächst im weitesten Sinne verstanden werden als Einfühlung oder das In-die-Haut-des-anderen-Schlüpfen. Dies umfasst etwa das kalkulierende Gedankenlesen, das Mitgefühl, das unwillkürliche oder willkürliche Miterleben und das Einnehmen der Perspektive eines anderen. Dabei ist zu betonen, dass Empathie keineswegs nur eine Angelegenheit des Wohlwollens und der positiven Akzeptanz der anderen ist. Vielmehr erlaubt Empathie auch, die Konkurrenten besser zu verstehen und daher auszuschalten. Schadenfreude ist kein Randphänomen der Empathie.

Die Entdeckung der sogenannten Spiegelneuronen, die Diskussionen um die »Theory of Mind« und Überlegungen von Evolutionsbiologen zur sozialen Intelligenz des Menschen haben eine Reihe von Mechanismen zu Tage gefördert, die es uns erlauben, in die Haut der anderen schlüpfen. Die Kognitionswissenschaften geben uns nicht nur erstaunliche Aufschlüsse über die Mechanismen von Empathie, sondern zeigen auch, dass Menschen wohl gar nicht anders können, als mit anderen mitzufühlen. Die Fähigkeit des intellektuellen und emotionalen Verstehens von anderen beruht offenbar zu einem nicht unerheblichen Teil auf angeborenen Fähigkeiten zur Mimikri und auf basalen neuronalen Möglichkeiten, die uns das bei anderen beobachtete Verhalten wie das eigene Handeln erleben lassen. Soziale Wesen wie die Menschen leben in einer Welt voll empathischen Lärms, so dass sie fast unwillkürlich fortwährend die Perspektive der anderen einnehmen. Wenn wir etwa ein Gespräch in einer Gruppe von Menschen beobachten, springt unsere empathische Aufmerksamkeit oft in rasanter Geschwindigkeit von einem zum nächsten.

Die Frage meiner Kollegen in der Lesegruppe, die fast alle Geistes- und Kulturwissenschaftler sind, zielte nun darauf, ob die individuelle Steuerung dann eigentlich eine Rolle im Prozess der Empathie spielt, denn die Einsichten der Kognitionswissenschaftler in die Mechanismen der Empathie lassen wenig Raum für individuelle Entscheidungen. Menschen und manche Primaten deuten die Handlungen, Emotionen und Intentionen anderer anscheinend quasi automatisch, prä-reflexiv und prä-rational, einfach deshalb, weil sie eine ähnliche Gerhirnaktivität vollziehen, wie diejenigen, deren Handlung sie beobachten. Trotzdem gibt es hier eine Funktion für individuelle Steuerung. Wenn Empathie quasi automatisch stattfindet, genügt es nicht zu fragen, wie Empathie zustandekommt. Vielmehr muss zugleich untersucht werden, wie Empathie und der mit ihr verbundene Selbstverlust unterbunden wird. Wie wird Empathie gelenkt, kanalisiert, abgezogen, gefiltert und das heißt in einem Wort: blockiert?

Worin bestehen derartige Blockade-Mechanismen von Empathie und von wem oder was werden sie gesteuert? Vom Bewusstsein?[2] Von Kultur-Techniken? Wenn ja – welchen? Und unter welchen Umständen wird Empathie dennoch zugelassen? Vermutlich wird die Aktivität der Spiegelneuronen durch die Blockade-Mechanismen wohl nicht unterbunden (obwohl auch hier offene Fragen bestehen, siehe Kapitel 1). Dennoch wird nicht jede Aktivität der Spiegelneuronen in Mitleid, Mitgefühl und Verständnis übersetzt. Wie werden von anderen aufgenommene Emotionen und die Aktivität der Spiegelneuronen interpretiert, gefiltert und fokussiert? Warum kann eine Maus in meinem Freund Empathie auslösen, während mancher Mensch daran scheitert? Und warum haben wir mit einer Maus erst Empathie, wenn es zu spät ist?

Diese und verwandte Fragen markieren den Ausgangspunkt der folgenden Untersuchung. Untersucht und aufgetan werden soll der Raum zwischen der neuronalen Aktivität und dem Ausbilden von

---

2 Man denke an die Veto-Funktion, die Benjamin Libet dem Bewusstsein zugesteht: Benjamin Libet, *Mind Time. Wie das Gehirn Bewusstsein produziert*, Frankfurt am Main 2005, S. 177-99.

Verstehen, Mitgefühl und Mitleid, das heißt der Raum der *Kulturen der Empathie*.³

Die Antwort, die das Buch auf diese Fragen entfalten wird, lautet, dass wir andere Menschen (und uns selbst) verstehen, indem wir sie in kleine gedankliche Erzählungen verwickeln. Wir verstehen, indem wir erzählen. Es kann dabei durchaus möglich sein, dass bereits das sehr schnelle Hin- und Herspringen der Empathie zwischen diversen Kommunikationspartnern Fragmente von Erzählungen involviert, insofern auch hier regelmäßig eine zeitliche Dimension des von den Personen Intendierten, aber noch nicht Ausgeführten eine Rolle spielt. Indem wir in unseren Gedanken, bewusst oder nichtbewusst, das zeitliche Nacheinander der Handlungen und Situationen eines anderen ausspinnen, sind wir ihm verbunden.

Was ist das Besondere an zeitlichen Prozessen? Zeitliche Prozesse entziehen sich der Sichtbarkeit in einem Augenblick. In jedem gegebenen Augenblick fehlt etwas. Ebendieses Fehlen nötigt oder ermächtigt den Beobachter dazu, spekulativ die fehlenden Momente hinzuzudenken und dadurch die bloße Beschreibung zu überschreiten. Durch ein solches narratives Hinzudenken, welches Autisten etwa schwer fällt, wird der Beobachter impliziert. Er selbst spannt die zeitliche Brücke zu den anderen Ereignissen, und beginnt dabei, die Perspektive des oder der Handelnden einzunehmen. Narration wird in diesem Sinne definiert als das Spannen einer Brücke zwischen zwei nicht zwingend miteinander verknüpften Ereignissen (vgl. dazu Kapitel 4, Abschnitt 1-5). Der Beobachter schlüpft also nicht direkt in die Haut des anderen, sondern kalkuliert oder erträumt die Handlungsmöglichkeiten des anderen. Dies hat den Effekt, dass er aus dessen Augen zu schauen scheint. In gewisser

---

3 Kultur wird hier in ihrer Minimaldefinition verstanden als eine Sammlung von erwerbbaren Verhaltensroutinen, die von einer Vielzahl von Individuen eingeübt und geteilt werden können, die aber nicht universell gelten. Kultur gibt es nur im Plural. Eine Verständigung der Individuen, die einer Kultur angehören, über diese Kultur ist dabei noch nicht notwendig. Insofern können auch andere Tiere als der Mensch eine Kultur besitzen. Zu betonen ist hier auch, dass diese Definition von Kultur nicht als reines Gegenteil zu biologischen Prozessen (»Natur«) oder etwa neuronalen Abläufen im Gehirn besteht, denn viele der individuell und verschieden erlernten (kulturellen) Routinen schlagen sich ja durchaus als quasi automatisch ablaufende neuronale Routinen nieder. Es kann zumindest erwogen werden, inwiefern das Erwerben von auf spezifischen Handlungen programmierten Spiegelneuronen kulturell variiert.

Hinsicht überlistet der Beobachter sich selbst, wenn dabei aus dem narrativen Kalkül Mitgefühl und Mitleid werden.

Daraus folgt, dass diejenigen zeitlichen Prozesse am geeignetsten für Empathie sind, in denen der Beobachter selbst aktiv die zeitliche Abfolge errichtet und die Ziele und die Intentionen der Handelnden errät oder erahnt. Damit der Beobachter aktiv wird, darf die Vorhersage oder Rekonstruktion nicht vorab gegeben oder zu offensichtlich sein. Es muss ein Rest an Arbeit für den Beobachter bleiben, ein Spielraum, in dem der Beobachter gebraucht wird. In vielen literarisch-narrativen Medien führt dies zur Bevorzugung von tendenziell kontra-intuitiven und überraschenden Verknüpfungen. Im Medium des Films oder in Computerspielen ebenso wie in vielen Alltagssituationen und dem Sport kann die Leistung des Beobachters auch darin bestehen, sich der großen Geschwindigkeit der Ereignisse anzupassen und mit nur sehr kurzer Reaktionszeit Vorhersagen und Entscheidungen zu treffen.

Diese These einer narrativen Empathie gewinnt Schärfe, wenn wir uns fragen, wann es nicht zu Empathie kommt. Die Narrationsmuster stellen nämlich zugleich einen Blockade-Apparat bereit, der Empathie auf einige wenige besondere Fälle reduziert. Zugelassen wird Empathie nur dort, wo zeitliche Prozesse des Vorher und Nachher entscheidend sind. Dort, wo es nichts vorherzusagen oder rückwirkend zu rekonstruieren gibt, also in stagnierenden Situationen, ebenso wie in vollkommen abrupten, wilkürlichen oder unübersichtlichen Situationen, versagt unsere Einfühlung, gleitet ab wie die Maus von dem Rand des Waschbeckens. Wenn jemand einfach leidet, ohne dass wir wissen oder ahnen, was passiert ist, ist unser Mitfühlen in der Regel wohl deutlich geringer als dort, wo wir ein Ereignis wahrnehmen oder hinzudenken, welches den Schmerz des anderen erklärt. Das Andauern der Empathie über das kursorische Hin und Her hinaus ist die Ausnahme. Vielleicht können wir nicht einmal registrieren oder glauben, dass jemand leidet, wenn wir nicht die Gründe dazu kennen oder erahnen oder wenn diese Gründe nicht aus direkten Handlungen hervorgehen. Hungernde Menschen in Afrika haben da keine großen Chancen.

Die Verstrickung des Beobachters in die Narration umgeht die Blockade-Mechanismen. Dennoch oder gerade deshalb strebt die Narration zu den Momenten, die den Beobachter wieder frei lassen, das heißt, aus seiner Position empathischer Beobachtung entlassen.

Diese Momente bestehen in den dramatischen Höhepunkten, an denen die (vom Beobachter erkannten, miterzeugten) Absichten der Protagonisten verwirklicht oder vereitelt werden. Die Sequenz muss durchlaufen oder durch einen Kurzschluss unterbrochen werden, damit der Beobachter wieder auf sich zurückgeworfen werden kann. Wir werden sehen, welche Ereignisstrukturen und Narrationsformen dieser Anforderung am besten genügen.

Narration, so die These dieses Buches, ist die Ausnahmeform, in der Empathie zugelassen wird.[4] Zugespitzt kann man sagen: Empathie, das Verstehen der anderen, kommt nur zustande, weil unsere emotionale Aufmerksamkeit anderen gegenüber gestaut, blockiert und gefiltert wird. Ohne eine derartige (Teil)Blockade würden wir in einer Welt fortwährenden Perspektivenverlusts leben, in der wir unwillkürlich die Perspektiven aller anderen Menschen und darüber hinaus auch der Tiere, der Fabelwesen und Dinge einnehmen müssten. Erst das Filtern des empathischen Rauschens, das Kanalisieren und Blockieren erlaubt uns die Illusion einer Innensicht der anderen.

Was veranlasst uns aber, die Geschichte eines anderen in Gedanken zu »erzählen« und solcherart Empathie zu entwickeln? Ich glaube nicht, dass der Anlass zur Narration in einer primären Neugier zu suchen ist. Vielmehr beginnen wir zu erzählen, weil wir uns vorab *für* jemanden, den wir beobachten, entschieden haben, weil wir also seine Partei ergriffen haben und uns mit ihm verbunden fühlen. Um diese vielleicht ganz spontane Parteinahme zu vertiefen, zu erklären und zu rechtfertigen, beginnen wir, so meine Vermutung, die Geschichte des anderen zu narrativieren.

Zu den überraschendsten Konsequenzen dieses Modells von Empathie dürfte es gehören, dass narrative Empathie nicht zwei, sondern drei Individuen involviert. Während die meisten klassischen Theorien von Empathie stets von einer einfachen Szene der Beobachtung mit einem Beobachter und einem Beobachteten ausgehen, impliziert die narrative Empathie eine Dreierszene. Der Beobachter beobachtet den Konflikt oder zumindest eine

---

4 Damit sollen andere (nicht-blockierte) Formen der Einfühlung natürlich nicht ausgeschlossen werden (siehe Kapitel 1). Doch auch hier ist es bemerkenswert, wie weit mögliche Narrativierungen reichen. Selbst in der Mutter-Kind-Beziehung gibt es von Seiten der Mutter narrative Annäherungen an das Kind, von dem sie weiß, dass es neun Monate in ihr wuchs und so fort.

Meinungsverschiedenheit von zwei anderen und spekuliert über die möglichen Ursachen, Motivationen, Intentionen und Folgen. Wenn er dabei (mental oder explizit) Stellung bezieht und also die Partei eines der Kontrahenten ergreift, kann es nachgeordnet zu den genannten Empathie-Effekten kommen. Die Parteinahme in Dreierszenen wird in diesem Buch als Grundtypus der narrativen Empathie vorgestellt.

Diese Annahme eines Dritten mag auf den ersten Blick kontraintuitiv erscheinen. Viele Selbstwahrnehmungen von Empathie folgen dem einfachen Schema der Beobachtung: »Ich sehe, wie B sich wehtut und kann den Schmerz von B fühlen.« Doch auch derartige scheinbar simple Szenarien verbergen eine Reihe von komplexen Bedingungen, wie etwa die Vorhersage des zeitlich Kommenden. Zudem könnten sie sich als abgeleitete Szenen oder Schwundstufen einer komplexeren Szene erweisen, die einen Dritten einschließen. »Ich sehe, wie A dem B Schmerz zufügt.« Aus einer solchen Szene würde ebenfalls hervorgehen, dass wir empathisch reagieren, auch wenn nur B sich wehtut und kein A existiert. Auch in der Geschichte mit der Maus könnte man von einer verkappten Dreierszene sprechen. Der Mensch hat dort zwei Positionen inne. Zum einen ist er der Täter gegen die Maus. Zum anderen ist er der Beobachter des Konflikts von Maus und Mensch und ergreift die Partei der Maus.

Die hier vorgeschlagene narrative Empathie ist in ihrer Struktur eng an komplexe soziale Situationen gebunden und ist damit sicher nur wenigen Tieren möglich. Überhaupt kann die menschliche Empathie wohl nicht ausschließlich als eine »bottom-up«-Theorie erklärt werden. Eine »bottom-up«-Theorie geht von den einfachen Fällen und den Basisstrukturen aus, um sie dann »von unten nach oben« für kompliziertere Fälle schlicht ein wenig zu erweitern. Sicherlich verfährt die Evolution in der Regel durch kontinuierliche Anpassung an die Umwelt. Das geläufige Schema davon ist stetiger Komplexitätsgewinn (doch soll dabei nicht vergessen werden, dass auch Simplifizierungen Teil einer neuen Anpassung sein können).[5] Dennoch gibt es auch in der Evolution eine besondere Art von Sprüngen. Wenn nämlich eine Reihe von Fähigkeiten schrittweise entwickelt wurde, kann es geschehen, dass die Kombination dieser

---

5 Zu Fragen der Evolution vgl. Armin P. Moczek, »On the origins of novely in development and evolution«, in: *BioEssays* 30.5 (2008), S. 432-447.

Fähigkeiten plötzlich eine neue Handlungsmöglichkeit eröffnet, für die kein direkter Evolutionsdruck bestand. So könnte es mit der Entwicklung der Empathie von den Affen zum haarlosen Affen geschehen sein. In dem Moment, wo einem Individuum eine bestimmte Mixtur an mentalen Fähigkeiten zur Verfügung steht, wird, so die These, rückwirkend nur das als Empathie zugelassen, was diesem Mix an Fähigkeiten genügt. Die neuen Fähigkeiten dienen, so wäre es vorstellbar, zugleich als Filter, um andere und etwa auch frühere Formen von Empathie zu blockieren beziehungsweise zu dieser neuen Form von Empathie umzubilden. Dass es natürlich eine allmähliche Evolution dieser Fähigkeiten gibt, spielt dann keine Rolle für den plötzlichen Umschlag zu einem »top down«. Die einmal entwickelte narrative Empathie erfasst die Mehrzahl von Formen des Gedankenlesens, Mitfühlens und Mitleidens und ordnet sie ihrer Struktur unter.

Einen Beleg dieser Grundthese findet dieses Buch in dem Faktum, dass Menschen die Fähigkeit zu fiktivem Denken und zur Erschaffung elaborierter imaginärer Welten besitzen. In der Tat setzt es sich an einigen Stellen mit den sogenannten »Werken der Fiktion« auseinander. Doch das heißt nicht, dass hier nur literarische Kunstwerke verhandelt werden. Vielmehr besteht die Hoffnung der Untersuchung nicht zuletzt darin, dass die menschliche Fähigkeit zur Fiktion auch Aufschlüsse über die kognitiven Fähigkeiten des Menschen als Ganzes zu geben vermag. Anscheinend kann es Fiktionen nur geben, weil diese dem menschlichen Vorstellungsvermögen und eben auch den Vorstellungen von anderen Menschen entsprechen. Diese Überlegungen erlauben einige Vermutungen über eine Grundszene von Narration, die direkt aus dem menschlichen Vermögen entspringt. Möglicherweise hält narrative Literatur also einen Schlüssel zu dem erstaunlichen menschlichen Vermögen der Empathie bereit.

Zugleich aber hat erzählende Literatur auch einen wohl nicht unwesentlichen Anteil in dem Einüben von Mustern der Empathie. Dieses Einüben der Muster öffnet einen Raum, in dem zugleich auch variierende Formen von Empathie erprobt werden können, die wiederum Rückwirkungen auf die Fähigkeit zur Empathie haben können. Mit der Fiktion gibt es eine Historie der Empathie und den Plural der Kulturen der Empathie.

Gliederung des Buches

Das Buch nähert sich der Struktur der narrativen Empathie zunächst, indem es die drei prominentesten Paradigmen zur Erklärung von Empathie diskutiert, die von einfacheren Erklärungen der Empathie ausgehen.

Dazu gehört zunächst das Paradigma der Ähnlichkeit (Kapitel 1). Ähnlichkeit zwischen dem einfühlenden Beobachter und dem anderen, so wird auf die eine oder andere Art und Weise oft argumentiert, sei die Basis der Empathie und mithin die Bedingung ihrer Möglichkeit. Auch wenn dies stimmt (man kann es wohl kaum widerlegen), ist Ähnlichkeit nur ein sehr mangelhaftes Mittel zur Erklärung von menschlicher Empathie, denn Ähnlichkeit wird regelmäßig überschätzt. Wer etwa die Ähnlichkeit des Körpergefühls oder bestimmter Emotionen annimmt, abstrahiert stets zugleich auch von der Situation und den Erfahrungen des anderen. Entsprechend scheint es, dass weniger die Ähnlichkeit an sich, als vielmehr die *Überschätzung* der Ähnlichkeit ein zentrales Medium von Empathie ist. Doch Überschätzung geht stets ins Maßlose und verlangt Mechanismen der Regulierung. Es gilt daher zu zeigen, dass selbst scheinbar simple Mechanismen wie die durch Spiegelneuronen ermöglichte Parallelisierung von Beobachter und Beobachtetem Ähnlichkeit zugleich sucht und kanalisiert, begrenzt und blockiert. Dies gelingt unter anderem durch Mechanismen der Vorwegnahme und Verzeitlichung.

Das zweite Kapitel diskutiert Konstruktionsmodelle von Empathie. Die Grundannahme dieser Konstruktionsmodelle besteht darin, dass wir die Perspektive eines anderen aufbauen können. Ähnlichkeit mit dem anderen ist dabei zwar sehr hilfreich, aber nicht mehr unbedingt erforderlich. Die Hoffnung der Konstruktionsmodelle besteht darin, dass wir auch jemanden intellektuell oder emotional verstehen können, der eine andere Sicht auf die Dinge hat als wir. In der Diskussion dieser Modelle wird die Wichtigkeit der konkreten empathie-induzierenden Situation hervorgehoben. Nur bestimmte Situationen erlauben derartige Konstruktionen, vor allem nämlich solche, die narrativ konstruiert werden können. Auch die Differenz zum anderen muss sich als eine konkrete vorhergehende Erfahrung »erzählen« lassen (die den anderen etwa prägt oder sein Nicht-Wissen exemplifiziert und so fort). Damit der andere konstruierbar ist, müssen alle Intentionen, Vorbedingungen und Möglichkeiten in ein überschaubares Szenario überführt werden.

Das dritte Kapitel schlägt eine weitere Grundform von Empathie vor, nämlich eine durch Gewalt nahezu erzwungene Empathie. In Extremsituationen wie der Geiselnahme wird häufig eine emotionale Anbindung des Opfers an den Gewalttäter (etwa einen Geiselnehmer) beobachtet (Stichwort: Stockholm-Syndrom). Diese emotionale Anbindung wird hier als Empathie beschrieben. Die Geisel, so steht zu vermuten, hofft mithilfe von Empathie eine positive Reaktion des Geiselnehmers zu erwirken. Diese Form der Empathie ist dabei nicht als Grenz- oder Ausnahmefall abzutun. Es ist vielmehr davon auszugehen, dass sich hier eine Grundform menschlicher Kommunikation und eine zentrale Eigenschaft von Empathie zeigt, insofern Empathie als Mittel der Kommunikation operiert. Mithilfe von Thesen aus der Evolutionstheorie wird auch der soziale Klatsch und Tratsch einbezogen. Als Mittel der Kommunikation könnte Empathie die Struktur für wechselseitigen Austausch und Erwiderung von Zuneigung bereitstellen. In diesem Kapitel stoßen wir auch zum ersten Mal auf die Rolle eines Dritten. In der Situation der Geiselnahme findet sich ein solcher Dritter in einer zentralen Position, nämlich in Form der staatlichen Ordnungshüter, die der Geiselnehmer fürchtet. Diese Furcht vor dem Dritten, so wird vermutet, wird von der Geisel registriert und erweist sich als zentral für die Empathie mit dem Geiselnehmer.

Die in den drei Kapiteln ausgemachten Elemente von Empathie – Verzeitlichung, empathie-induzierende Situation und Dreierszene – werden im vierten Kapitel zu dem Modell der narrativen Empathie ausgebaut. Dies geschieht über zwei Wege, einerseits der Narrationstheorie, andererseits einer anthropologischen Spekulation der »Parteinahme in einer Dreierszene« als einer Grundszene sozialen Verhaltens. Dort wird vorgeschlagen, dass die Urszene der Empathie in einem Akt der Parteinahme zu suchen sei. Weil sich einer in einem Konflikt für den einen und nicht den anderen entscheidet, ist er genötigt, seine Entscheidung zu begründen und zu legitimieren. Empathie, Mitgefühl, Mitleiden erweisen sich, wie entwickelt werden wird, als beste Strategien, die eigene Entscheidung zu rechtfertigen und zu festigen.

Dieses Buch, so viel sollte deutlich geworden sein, verfährt durchaus auch spekulativ. Der Akzent der Argumentation liegt nicht auf einem Katalog von Formen der Empatie, auch wenn hier zunächst verschiedene Konzeptionen von Empathie und Mitgefühl vorgestellt werden, sondern auf der Verdichtung aller Formen und Konzeptionen zu einem Modell. (Eine gute Übersicht über Formen der mentalen Prozesse von Empathie bietet Evan Thompson;[6] eine hilfreiche Katalogisierung von Formen der literarischen Identifikation leistet Hans Robert Jauss.[7]) Dieses Verfahren hat den Vorzug der Deutlichkeit. Andere Thesen und Ideen zur Frage der menschlichen Empathie werden es leicht haben, sich mit oder gegen diese Vorschläge zu positionieren.

Gebrauchsanweisung

Die Leser, die sich sofort ein Bild von dem in diesem Buch vorgeschlagenen Modell machen wollen, können direkt zu Kapitel 4, Abschnitt 6 springen.

Die Leser, die dieses Buch als Einführung in kognitionswissenschaftliche Ansätze zur Empathie nutzen wollen, können sich Kapitel 1, Abschnitt 5-6 (Spiegelneuronen), Kapitel 2, Abschnitt 1-2 (Theory of Mind) und Kapitel 4, Abschnitt 1-2 (Narrative Mind) zuwenden.

Wer das Buch als Beitrag zur Literaturwissenschaft lesen will, soll sich direkt auf die Literaturdiskussionen konzentrieren: Kapitel 1, Abschnitt 8 zu Lessing; Kapitel 2, Abschnitt 5 zu E.T.A. Hoffmann; Kapitel 4, Abschnitt 9 zu Fontanes *Effi Briest* sowie die Narrationstheorie mit eingebetteter Diskussion von Aristoteles (Kapitel 4, Abschnitt 1-5).

---

6 Evan Thompson, »Empathy and consciousness«, in: *Journal of Consciousness Studies* 8, 5-7 (2001), S. 1-32.
7 Hans Robert Jauss, »Negativität und Identifikation. Versuch zur Theorie der ästhetischen Erfahrung«, in: Harald Weinrich (Hg.), *Positionen der Negativität* (Poetik und Hermeneutik VI), München 1975, S. 263-339.

Kapitel 1
Empathie und die Produktion der Nicht-Ähnlichkeit

In den folgenden drei Kapiteln steht je eine Grundstruktur von Empathie im Zentrum, das heißt, die Annahme über eine solche Grundstruktur. Es wird sich dabei erweisen, dass keine dieser Konzeptionen ein Monopol zur Erklärung von Empathie für sich beanspruchen kann. Den Anfang macht dabei die Vorstellung, Empathie beruhe auf echter oder unterstellter Ähnlichkeit zwischen dem Beobachter und dem Beobachteten.

1. Ähnlichkeit als Bedingung von Empathie

Empathie – wie auch immer der Mechanismus, wie auch immer die Struktur – findet statt. Zumindest haben wir immer wieder das Gefühl, dass wir andere Menschen und Wesen verstehen, dass wir fühlen, was sie empfinden und dass wir ihre Intentionen erraten können. Zugleich wissen wir, dass dies nicht so einfach ist und wir regelmäßig irren. Die Frage ist also, wie es möglich ist, dass wir denken, andere zu verstehen trotz der Umstände, die dagegen sprechen. Woher stammt unser Zutrauen, andere lesen zu können?

Anscheinend rührt unsere Zuversicht von der Unterstellung, dass wir in der einen oder anderen Weise *ähnlich* denken, fühlen oder fühlen würden, wenn wir der andere wären und in seiner Situation stecken würden. Zumindest nehmen wir (vielleicht richtig, vielleicht zu Unrecht) an, dass wir wissen oder erahnen können, wie sich ein bestimmter Schmerz anfühlt, weil wir (wohl ohne uns dies bewusst zu machen) aus eigener Erfahrung schöpfen. Ebenso nehmen wir etwa an, dass die Frosch-Phobie einer Freundin unserer Angst vor Spinnen ähnelt oder dass wir spontan zu wissen glauben, was ein anderer tun wird. Ex negativo kann man sagen, dass Empathie wohl nicht stattfände, ohne die Unterstellung einer minimalen Ähnlichkeit oder Gleichartigkeit durch den Beobachter. Wenn wir etwa versuchen, uns in eine Fledermaus einzufühlen, so das berühmte Beispiel von Thomas Nagel, so tun wir es, indem wir die

Gleichartigkeit der Erfahrung unterstellen, und etwa das Echolot in Sicht zurückübersetzen und das Flügelschlagen als Armbewegung auslegen (was es evolutionär ja auch war).[1]

Das Problem dabei ist, so fügt Nagel schnell hinzu, dass wir damit gerade nicht verstehen, »wie es für eine *Fledermaus* ist, eine Fledermaus zu sein.«[2] Nagel lässt diese Einsicht auch für weniger krasse Fälle als Fledermäuse und Marsmenschen gelten und betont dabei vor allem die Grenze in der Verschiedenheit von Wahrnehmungsformen, wie der zwischen Sehenden und Blinden. Ob Wesen mit den gleichen Wahrnehmungsapparaten sich verstehen können, lässt er dann aber letztlich offen. Wenn wir den Nagelschen Goldstandard *wie es für A ist, A zu sein*, scharf fassen, schärfer auch als Nagel selbst, dann müssen wir schnell die (Fast)Unmöglichkeit jeder Form von akkurater Einfühlung in den anderen akzeptieren. Jeder Mensch hat ein irgendwie verschiedenes Repertoire von Wahrnehmungsformen, Assoziationen und Erfahrungen, so dass es vielleicht nie möglich ist, die Welt wie ein anderer zu sehen, zu erdenken und zu erfühlen. Heinrich von Kleist hat in seiner sogenannten Kant-Krise an einem ähnlichen Problem gelitten; so zumindest hat er selbst es in einem berühmten Brief ausgedrückt, in dem er schreibt, dass jeder Mensch die Welt wie durch eine verschieden gefärbte Brille sähe und keiner den anderen wirklich je verstehen könne. Er schrieb dies an seine Verlobte – offensichtlich in der Hoffnung, dass sie ihn (dennoch) verstehe.

Trotzdem glauben wir, auch wider besseres Wissen, dass Empathie stattfindet. Diese Zuversicht in unsere Empathie dürfte selbst einen entscheidenden Faktor der menschlichen Empathie ausmachen. Es wäre auch wohl zu einfach, diese Zuversicht als schlicht sekundär gegenüber unserem tatsächlichen Vermögen und unseren Apparaten der Empathie zu deklarieren. Wir sind wohl nicht nur optimistisch, weil wir über die kognitiven Apparate zur Empathie

---

[1] Thomas Nagel, »What is it like to be a bat?«, in: *The Philosophical Review* 83 (1974), S. 435-450.

[2] Nagel, »What is it like to be a bat?«, S. 439. Nagels Kritik entzündet sich an Versuchen, durch Abstraktion oder Reduktion eine größere Objektivität der Wahrnehmung zu erlangen. Während ansonsten gelte, dass eine Beobachtung an Objektivität gewinnt, wenn der individuelle Standpunkt aufgegeben wird, so ist dies nicht der Fall für Erfahrung. »Jede Bewegung in Richtung größerer Objektivität […] bringt uns der wahren Natur des Phänomens nicht näher, sondern entfernt uns von ihr«, S. 445 (Übersetzung F.B.).

verfügen und sie bereits genügend erprobt haben. Vielmehr, so steht zu vermuten, spornt ein überzogener Optimismus gepaart mit der Ignoranz gegenüber den Differenzen zum anderen die Ausbildung von Empathie an und, entscheidender, verleitet uns selbst dort zu dem Glauben, wir würden den anderen verstehen, wo uns dazu die Mittel fehlen. Entsprechend kann Empathie in ihrer allgemeinsten Form definiert werden als die *Vorstellung* eines Beobachters, einen anderen emotional oder kognitiv zu verstehen.

Wir glauben zu verstehen, und die Basis dieser Zuversicht ist Ähnlichkeit zwischen mir und dem Beobachteten. Doch was als adäquate Ähnlichkeit fungiert und – genauso wichtig – wo das Wuchern der Ähnlichkeit aufhört, ist damit noch nicht gesagt. Wir können wohl auch nicht anders, als in der einen oder anderen Weise von uns auf den anderen zu schließen. Doch als ähnlich kann alles und nichts verstanden werden. Anscheinend haben die meisten Menschen mit ein bisschen Fantasie kaum ein Problem damit, sich auch in ihnen verschlossene Wahrnehmungswelten wie die einer Fledermaus einzufühlen, wie die von meiner ältesten Tochter geliebten Abenteuerromane von Kenneth Oppel nahelegen, deren Helden Fledermäuse sind. Auch wenn diese Einfühlungen weitgehend fehlgeleitete Projektionen sind, die falsch von mir auf den anderen schließen, *finden sie statt*. Der andere wird aufgeschlossen und mir angeähnelt. Wir besitzen anscheinend die Fähigkeit, uns wie unbegrenzt in alles einfühlen zu können, um es auf uns vertraute Schemata zu beziehen und dadurch imaginäre Brücken zwischen uns und anderen zu errichten, ohne das tatsächlich Unähnliche als Unähnliches mitdenken zu müssen. Der Anthropomorphismus regiert.

Ähnlichkeit, so zeigt sich, verleitet zur Überschätzung von Ähnlichkeit. Es lässt sich wohl immer eine höhere Ebene von Allgemeinheit konstruieren, in der Ähnlichkeit zwischen zwei zu vergleichenden Individuen angenommen werden kann. In dem Beispiel mit der Fledermaus kann man ohne weiteres argumentieren, dass das Echolot insofern mit dem Sehen zu vergleichen sei, als es dem Subjekt eine Repräsentation der räumlichen Verteilung von Objekten und dem Subjekt selbst liefert. Dabei wird allerdings das Spezifische der sinnlichen Wahrnehmung unterschlagen, also etwa, dass Sicht Farben involviert und durch zu große Helligkeit und Dunkelheit begrenzt wird, während das Echolot seine Grenze in der großen

Entfernung findet, wenn das Echo nicht mehr lesbar wird. Anders gesagt, Ähnlichkeit verleitet zu einer Vielzahl von Fehlbefunden, die Ähnlichkeit suggerieren, wo keine vorliegt – beziehungsweise wo sie nur durch große Abstraktion auf höherer Ebene angesetzt werden kann (etwa: Auch eine Maus ist ein Säugetier wie wir). Diese Ausweitung der Ähnlichkeit ist aber nicht nur ein Fehler (das auch), sondern sie ist zugleich notwendig dafür, dass Empathie subjektiv überhaupt zustande kommt, denn umgekehrt gibt es stets eine Ebene des Spezifischen, die zwei Wesen nie miteinander teilen. Um also das subjektive Gefühl der Empathie aufrechtzuerhalten, muss die ihr zugrundeliegende Ähnlichkeit fortwährend verwässert werden. Doch diese Verwässerung muss auch aufgehalten werden, um konkrete Erfahrungen zu gewährleisten.

Dieses Kapitel wird, aufbauend auf den Einsichten in die Notwendigkeit der Ähnlichkcit, die Gegentendenz stark machen. Weil alles und nichts ähnlich sein kann, kommt auch Empathie vielleicht nicht allein durch Ähnlichkeit zustande, sondern, so die These, durch die gezielte Begrenzung von Ähnlichkeit. Wenn Ähnlichkeit derart leicht unterstellt, suggeriert und subjektiv generiert wird, darf gefragt werden, ob es umgekehrt auch einen Mechanismus der Produktion von Nicht-Ähnlichkeit gibt. Nur ein solcher Mechanismus könnte die Kanalisierung und Zuspitzung von Empathie gewährleisten.

Diskutiert wird die »Kultur der Ähnlichkeit« daher vor dem Hintergrund der gezielten Begrenzungen, die die Exzesse von Ähnlichkeit unterbinden. Wenn Empathie in der Tat auf Ähnlichkeit beruht, dann kann dies nur dann funktional, logisch und operativ zu zwischenmenschlichem Verstehen führen, wenn zugleich Nicht-Ähnlichkeit ins Spiel kommt, um Empathie (Projektion, emotionale Ansteckung und so fort) zu unterbinden. Ähnlichkeit kann nur durch Nicht-Ähnlichkeit kanalisiert und reguliert werden. Wie aber wird Nicht-Ähnlichkeit generiert? Und wie kann diese Nicht-Ähnlichkeit als Filter eines Zuviel der Ähnlichkeit operationalisiert werden?

2. Landschaften der Ähnlichkeit

Beginnen wir mit einer begrifflichen Klärung. Es wurde soeben implizit zwischen akkurater und subjektiver Empathie unterschieden. Akkurate Empathie würde in einem vollständigen und korrekten Verstehen des anderen in seiner Situation bestehen und dabei mitdenken, wie es ist, der andere zu sein. Subjektive Empathie dagegen umfasst ein weiter gestreutes Spektrum an Empathie-Effekten, die in der einen oder anderen Weise dazu führen, dass der Beobachter sich vorstellt, wie der andere empfindet. Während akkurate Empathie die Empfindungen des Beobachteten korrekt auf den Beobachter übersetzt, erfolgt die subjektive Empathie oder auch »Projektion« genau in die andere Richtung, vom Beobachter auf den Beobachteten. Kurz: Akkurate Empathie versteht den anderen, Projektion dagegen wirft dem anderen ein Vorverständnis des Beobachters schlicht über, schließt also von der Natur des Beobachters auf den Beobachteten. In diesem Buch wird stets von der Situation der subjektiven Empathie ausgegangen (die daher auch nur kurz »Empathie« heißt). Es ließe sich auch argumentieren, dass eine akkurate Empathie eigentlich ein Oxymoron ist, insofern der andere ja nie wirklich bekannt sein kann, wenn er erst durch Empathie verstanden werden soll.

Echtes, also akkurates Verstehen des anderen gibt es nur, wenn absolute Gleichartigkeit zwischen mir und dem anderen vorliegt. Dies ist aber nicht der Fall. Ähnlichkeit beruht stets zumindest auf einer Teil-Gleichartigkeit. Und so könnte Ähnlichkeit in der Tat eine Gewähr dafür geben, dass es möglich ist, einzelne Aspekte korrekt (also akkurat) von mir auf den anderen zu übertragen. Wenn etwa beide über ähnliche sinnliche Wahrnehmungsformen verfügen, dann wäre es denkbar, dass der eine seine Tasterfahrungen in vielen Fällen korrekt (akkurat) auf den anderen überträgt, so dass hier Projektion und akkurate Empathie gleichförmig sind. (Das parallele Mitlaufen der Spiegelneuronen in der Beobachtung legt etwa eine derartige Vermutung nahe, dazu mehr im Folgenden.) Doch selbst wo diese Teil-Gleichartigkeit vorliegt, ist sie stets auch vermischt mit Ungleichheit. Es gilt daher auch hier, dass es keine dem Einzelnen zugängliche Position gibt, die die Ähnlichkeit und Unähnlichkeit mit Sicherheit feststellen kann. Dennoch bleibt die Annäherung an eine akkurate Empathie Ziel des Prozesses.

Wir müssen also fragen, auf welchen Ebenen Ähnlichkeit vorliegen kann, um zu erörtern, wie jede dieser Ebenen der Ähnlichkeit zu spezifischen Formen der Überschätzung verleiten kann. Diese Ermittlung der verführerischen Dimension von Ähnlichkeit wird im Folgenden unter dem Stichwort des »Fehlbefunds« behandelt, die Begrenzung der überschätzten Ähnlichkeit dagegen unter dem Stichwort der »Blockade«.

Ähnlichkeit zwischem einem Beobachter und einem Beobachteten kann auf einer Vielzahl von Ebenen unterstellt werden. Zu betonen ist dabei vorab, dass diese Ebenen sich zugleich überlappen und wechselseitig involvieren. Es ist wohl in Hinblick auf Ähnlichkeit nicht möglich, strikt zwischen Handlung, Erfahrung und Situation zu trennen, ohne dass ein Begriff auch die anderen implizierte. Die folgenden Unterscheidungen sind insofern nicht systematisch zu verstehen, sondern schlicht an gängigen Diskursen orientiert. Es wäre auch möglich, andere Formen der Ähnlichkeit ins Feld zu führen, wie etwa »das Merkmal der Bewusstheit« wie Benjamin Libet vorschlägt:[3]

a) Angenommen werden kann etwa eine körperliche Ähnlichkeit. Weil wir alle einen Körper haben, kann und muss es möglich sein, von einem auf den anderen zu schließen.[4]

b) Ähnlich ist auch die Art und Weise der Wahrnehmungen. Die Struktur der Wahrnehmungsapparate, also der Sinne, ist derart präzise, dass das Hören des einen prinzipiell dem Hören des anderen gleicht und insofern Rückschlüsse von dem einen auf den anderen erlaubt. Wenn ein Blinder die Welt durch den Hörsinn erfährt, so teilt ein anderer Blinder diese Wahrnehmungsform;[5]

c) Vermutlich werden die Beobachtungen von Handlungen (eines anderen) und der Exekution (eigener) Handlungen zumindest zum Teil durch ähnliche oder gleiche neuronale und andere Prozesse ermöglicht. Wenn nachgewiesen werden kann, dass das Gehirn (oder ein anderes Organ) dieselben Prozesse durchläuft, wenn es um eigene oder um fremde Handlungen, Emotionen und

---

3 Benjamin Libet, *Mind Time*, S. 34.
4 Man denke etwa an das Körper-Schema bei Maurice Merleau-Ponty.
5 Vgl. erneut das Fledermaus-Problem von Thomas Nagel, »What is it like to be a bat?«

andere kognitive Prozesse geht, so könnte diese prozessuale Architektur als Basis der Ähnlichkeit gelten.[6] Es wäre dann möglich, von einer akkuraten Simulation des anderen mittels des eigenen kognitiven Apparats zu sprechen.[7]

d) Ähnlich könnte auch die Kodierung von Emotionen und Affekten sein, so dass hier eine intersubjektive Gleichförmigkeit unter den Individuen besteht. Starke Emotionen etwa geben das Gefühl, dass sie kollektiv gleich erfahren werden. Jaak Panksepp argumentiert in diesem Sinne, dass Menschen (und andere Tiere) ein bestimmtes Repertoire an tiefen Grundemotionen teilen.[8]

e) Auch Erfahrungen beziehungsweise die Arten und Weisen, wie Erfahrungen abgespeichert und aufgerufen werden, dürften intersubjektiv sehr ähnlich sein. Wenn man annimmt, dass das Gehirn vergangene Erfahrungen in der einen oder anderen Weise verkürzt abspeichert, um sie schnell aufrufen zu können, etwa um in ähnlichen Situationen schnell zu Entscheidungen zu kommen, dann können diese verkürzten Abspeicherungen oder Programme, gerade weil sie eine Abstraktion von den Einzelheiten einer Erfahrung darstellen, die Grundlage von Ähnlichkeit zwischen Individuen herstellen. Verschiedene Individuen reagieren auf bestimmte Reize ähnlich, und werden daher füreinander transparent. Die kollektiv geteilte Reaktion auf Warnrufe könnte auf einen derartigen Mechanismus zurückgeführt werden. Antonio Damasio spekuliert, dass Erfahrungen als Gefühle abgespeichert werden, die in späteren Situationen, die ähnlich sind, wieder abgerufen werden können, und dann als positive oder negative Gefühle Entscheidungshilfen bieten, wie sich der Einzelne in seiner jeweiligen Situation verhalten soll. Wenn wir etwa ein »schlechtes Gefühl« in einer Situation haben, entscheiden wir uns gegen die Optionen, die mit einer Situation verbunden sind. Diese auf den Emotionen aufbauenden Mechanismen der Entscheidungshilfe

---

6 Das »Perception Action Model« von Frans de Waal und Stephanie Preston legt ein derartiges Modell vor, vgl. Abschnitt 4 dieses Kapitels.
7 Vgl. dazu Vittorio Gallese, »The shared manifold hypothesis. From mirror neurons to empathy«, in: *Journal of Consciousness Studies* 8 (2001), S. 33-50.
8 Vgl. Jaak Panksepp, »Affective consciousness. Core emotional feelings in animals and humans«, in: *Consciousness and Cognition* 14 (2005), S. 30-80. Eine gute Übersicht über Theorien der Emotion liefert Gerhard Roth, *Fühlen, Denken, Handeln. Wie das Gehirn unser Verhalten steuert*, Frankfurt 2003, S. 285-377.

könnten etwa eine Ähnlichkeit zwischen verschiedenen Individuen herstellen.[9]

f) Weiterhin kann man über Ähnlichkeiten nachdenken, die aus Situationen resultieren. Die Annahme ist hier, dass wir alle in der gleichen Situation ähnlich reagieren würden. Mit dieser letztgenannten Form der Unterstellung von Ähnlichkeit, die aus Situationen entspringt, setzen wir uns ausführlicher in Kapitel 2 auseinander. Das vorliegende Kapitel widmet sich den Formen der Ähnlichkeit, die auf Annahmen über die physiologischen und kognitiven Apparate aufbauen.

Es mangelt mithin nicht an Möglichkeiten, Ähnlichkeit zu lokalisieren. Es ist leicht zu ermessen, wie jede dieser möglichen Ebenen von Ähnlichkeit (und andere mehr, die hier schlicht ausgeklammert werden) zu einer je spezifischen Überschätzung von Ähnlichkeit führen kann. Und jedes spezifische Feld des Zuviel an Ähnlichkeit, so steht zu vermuten, begünstigt wiederum eine besondere Form (oder Vielfalt an Formen) von Projektionen und subjektiven Empathie-Empfindungen.

3. Fehlbefunde von Ähnlichkeit

Um sich einen kurzen, unsystematischen Überblick über einige Phänomene der Fehlbefunde der Ähnlichkeit zu verschaffen, sollen im Folgenden einige Beispiele genannt werden. Es sei damit aber nicht behauptet, dass sie alle auf die gleiche Struktur zu reduzieren sind.

Eines der beeindruckendsten Phänomene, das mit Empathie assoziiert ist, besteht in der emotionalen Ansteckung. Man spricht von emotionaler Ansteckung in den Fällen, in denen ein Individuum die Gesten, Körperhaltungen, Bewegungen, Gesichtsausdrücke und Laute eines anderen automatisch imitiert und dadurch oder dabei zugleich die Emotionen oder Affekte des anderen übernimmt.[10] Die starke Emotion oder der Affekt des einen wirkt wie infizierend auf andere, auch wenn diese anderen den Grund für den Affekt

---

9 So die »Somatic Marker Hypothesis« von Antonio R. Damasio: *Descartes' Irrtum. Fühlen, Denken und das menschliche Gehirn*, Berlin 2004.
10 Vgl. Elaine Hatfield, John T. Cacioppo, Richard L. Rapson, *Emotional Contagion*, New York 1994.

oder die Erregung nicht teilen. Es ist so, als wäre die Differenz zwischen mir und dem anderen in Bezug auf die Emotion nicht existent. Ein Individuum in einer Gruppe agiert in Panik und alle anderen reagieren sofort, etwa indem sie das gleiche Panikgefühl haben. Wenn ein Kleinkind in einer Gruppe schreit, reagieren die anderen Kinder ebenfalls durch Weinen oder Schreien, auch wenn den anderen die Ursache des Weinens nicht bekannt ist. Der sogenannte Gähnreflex gehört ebenfalls zu der Liste der Phänomene der emotionalen Ansteckung.

Emotionale Ansteckung ist zwar per se keine Form der Empathie, denn der Beobachter »versteht« den anderen nicht, doch kann die emotionale Ansteckung als eine basale Struktur der Transparenz und Transferenz verstanden werden, die entwicklungsgeschichtlich Empathie möglich macht. Insofern kann emotionale Ansteckung als eine unwillkürliche Form des Fehlbefunds der Ähnlichkeit gelten. Die Ähnlichkeit zwischen mir und dem anderen ist hier maximal, da die Unterscheidung zwischen Beobachter und Beobachtetem für den Moment der Ansteckung wie nicht-existent ist. Die Gefühle des einen springen wie infizierend über und werden unmittelbar auch die Gefühle des Beobachters, obwohl diese nicht oder nicht unbedingt dessen Situation entsprechen (beziehungsweise die Situation erst generieren, die dem Verhalten entspricht, da durch den Gähnreflex tatsächlich Müdigkeit hervorgebracht werden kann). Ein Fehlbefund von Ähnlichkeit liegt also vor, da das Verhalten des anderen beobachtet wird und diese Beobachtung zu einer unwillkürlichen Übernahme des Verhaltens im Beobachter führt, unabhängig davon, ob die Situation des anderen der seinen ähnelt. Die Verknüpfung der Wahrnehmung der Emotionen oder Affekte eines anderen (etwa: Angst) mit bestimmten Repräsentationen dieser Emotion (Schreie, Flucht) und den Reaktionen des Beobachters ist hier anscheinend derart stark und eng, dass die aufgerufene Emotion beziehungsweise der Affekt das gleiche Repertoire an Repräsentationen und Verhaltensformen im Beobachter nach sich zieht. Es ist daher auch durchaus plausibel, dass emotionale Ansteckung ein zentrales Medium des Films sein könnte.[11]

Andere Fälle von Fehlbefunden der Ähnlichkeit gehen von einer falschen Unterstellung aus; ich sehe im anderen etwas, was ich zu

11 Vgl. Amy Coplan, »Understanding characters' emotions. Emotional contagion responses to narrative fiction film«, in: *Film Studies* 8 (2006), S. 26-38.

verstehen glaube, in der Regel weil ich voreilig (also ohne besseres Wissen oder trotz besseren Wissens) von meinem Wissen, meinen Erfahrungen, Körper-Schemata und Wahrnehmungen auf den anderen schließe. Ähnlichkeit wird hier (implizit) als Legitimation von Projektionen verwandt.

Andrew N. Meltzoff hat in seinen Studien von Säuglingen und Kleinkindern Evidenz dafür gesammelt, dass Kinder schnell lernen, von sich auf andere zu schließen und dadurch ein tieferes Verständnis sozialer Situationen zu entwickeln. Etwa können bereits 15 Monate alte Kinder die Intentionen von anderen erkennen, nicht aber 9 Monate alte.[12] Entsprechend argumentiert Meltzoff, dass die Ich-andere-Äquivalenz nicht das Ende, sondern der Ausgangspunkt sozialen Lernens sei. Meltzoff nennt diesen Mechanismus sozialen Lernens die »Wie ich«-Annahme (»like me«), die Ähnlichkeit unterstellt.

Seit langem ist auch der sogenannte Falsche-Konsens-Effekt (*false consensus effect*) bekannt, also die Tendenz, anderen die eigene Meinung und Denkweise zu unterstellen. Etwa sagten in einer der ursprünglichen Studien zum Falschen-Konsens-Effekt die amerikanischen Studenten, die selbst für die Gleichberechtigung der Frauen waren, dass 60% der Bevölkerung ebenfalls dafür wären. Dagegen gaben diejenigen, die selbst gegen die Gleichberechtigung der Frauen waren, an, dass nur 49,5% für die Gleichberechtigung wären.[13] (Es ist sehr ernüchternd, wie historisch jung und labil die Meinungen zur Gleichberechtigung sind.) Dieses Phänomen lässt sich statistisch an zahlreichen weiteren Beispielen belegen, wenn Probanden einschätzen sollen, wie viele andere Individuen ihnen in Bezug auf bestimmte Meinungen zustimmen würden.

Anscheinend werden der eigene Horizont und das eigene Wissen auch dann nur ungern aufgegeben, wenn jemand eigentlich

---

12 Vgl. etwa Andrew N. Meltzoff, »The ›like me‹ framework for recognizing and becoming an intentional agent«, in: *Acta Psychologica* 124 (2007), S. 26-43.

13 Benannt wurde dieser Effekt von Lee Ross et al., »The ›false consensus effect‹. An egocentric bias in social perception and attribution processes«, in: *Journal of Experimental Social Psychology* 13 (1977), S. 279-301. Siehe auch Steven Sherman, Laurie Chassin, Clark Presson, Gina Agostinelli, »The role of the evaluation and similarity principles in the false consensus effect«, in: *Journal of Personality and Social Psychology* 47 (1984), S. 1244-1262; und Gary Marks und Norman Miller, »Ten years of research on the false consensus effect: An empirical and theoretical review«, in: *Psychological Bulletin* 102 (1987), S. 72-90.

besseres Wissen über seine Differenz zu anderen hat. Selbst in solchen Fällen wird dem anderen das eigene Denken untergeschoben. In einer schlauen Versuchsanordnung wurde je einem Teilnehmer in einem Spiel die Identität einer geheimen aber für das Spiel wichtigen Spielfigur verraten. Obwohl dieser Spieler sich darüber bewusst war, dass er ein exklusives Wissen über die Identität der verhüllten Spielfigur besaß, kam es regelmäßig dazu, dass dieser Spieler »vergaß«, dass die anderen Spieler sein Wissen nicht teilten, und dass er entsprechend so spielte, als wüssten die anderen, was er wusste. Damit gab er seinen Vorteil auf.[14]

Entsprechend der oben vorgenommenen Unterscheidung können weitere Fehlbefunde auf allen der genannten Ebenen der Ähnlichkeit festgestellt werden:

a) Die Annahme von körperlicher Ähnlichkeit führt dazu, dass alle Körper auf den Körper des beobachtenden Individuums zurückgeführt werden. Die Flügel der Fledermaus etwa könnten von einem menschlichen Beobachter zu Armen, die Körperform eines Seeigels zu einem eingekrümmten Körper reduziert werden. Auch von einem Menschen auf den anderen wird das Körpergefühl schlicht als gleich gesetzt, unabhängig also von spezifischen Erfahrungen und erlernten Bewegungsassoziationen.

b) Die Unterstellung einer Ähnlichkeit der Wahrnehmungsweisen tendiert zur Verabsolutierung der Repräsentationen, also der durch die Sinne erlangten Vorstellungen der wahrgenommenen Objekte, so als würden wir alle ein Objekt sinnlich gleich wahrnehmen. Dabei wird zugleich die sinnlich-spezifische Wahrnehmungsform unterschlagen (etwa Augen versus Echolot) und die Form des Objekts als »objektiv«, also als unabhängig von der Wahrnehmungsform, von kulturellen Mustern und etwa individuellen Erfahrungen gesetzt.

c) Die deutliche Ähnlichkeit der Gehirntätigkeit bei bestimmten (zielgerichteten) Aktionen (etwa: Greifen eines kleinen Objekts mit zwei Fingern) und der Beobachtung dieser Aktion verleitet zur Annahme, dass die parallele Verarbeitung (etwa mittels der Spiegelneuronen) in irgendeiner Art und Weise auch einem ähnlichen Bewusstsein entspricht. Weil ich etwa als Zuschauer beim Fußballspiel die Bewegung des Kickens mitvollziehe, sehe ich mich jetzt

14 Boaz Keysar et al., »Limits on theory of mind use in adults«, in: *Cognition* 89 (2003), 25-42.

im Stadion. Das Medium des Mitvollzugs der Bewegung durch die Spiegelneuronen verleitet zur projektiven Identifikation. Der intersubjektive Handlungsraum vor dem Bewusstsein wird zum (überzogenen, persuasiven) Vehikel der Projektion eines intersubjektiven Bewusstseins.

d) Kaum etwas ist persuasiver als die Emotionen eines anderen. Wer ein Kind weinen sieht, fühlt instinktiv mit. Doch daher sind Emotionen auch das manipulativste Mittel der Kommunikation. Es wäre wohl verfehlt, davon auszugehen, dass das innere Erleben der Emotion primär und der Ausdruck ein sekundäres Phänomen sei. Vielmehr muss wohl beim Ausdruck und Empfinden von Emotionen stets die kommunikative, persuasive, ansteckende Dimension von Emotionen mitgedacht werden: Emotionen können gezeigt werden, um den anderen zum Mitfühlen zu bewegen. Allgemeiner: Emotionen können auch aufgerufen werden, um den anderen zu einem bestimmten Verhalten zu bewegen. Ähnlichkeit wird suggeriert für andere Zwecke, Empathie wird ein Mittel. Insofern darf der Ausdruck der sogenannten »primären Emotion« nicht darüber hinwegtäuschen, dass Emotionen regelmäßig eingebettet sind in eine kommunikative und manipulative »Politik der Emotionen«.

e) Sosehr bestimmte Erfahrungen kollektiv sind, so sehr ist ihr Erwerb wohl weitgehend ein individueller Prozess, der daher zugleich stets auch Differenz schafft. Wer auf einen bestimmten Stimulus sensibilisiert ist, unterstellt anderen (fälschlich), dass sie ähnlich sensibilisiert sind. Kaum etwas prägt den Einzelnen so sehr wie traumatische Erfahrungen und kaum etwas trennt die Erfahrungswelt des Einzelnen so sehr von der Welt der anderen.[15]

Um Missverständnissen vorzubeugen: Diese Fehlbefunde sollen hier nicht kritisch *gegen* die Annahmen von Ähnlichkeit (beziehungsweise gegen die Theorien und Theoriemodelle) eingewandt werden. Es soll im Gegenteil vielmehr erklärt werden, wie die verschiedenen Ebenen einer unterstellten Ähnlichkeit gerade durch die Fehlbefunde von Ähnlichkeit die tatsächlichen subjektiv-wahr-

---

[15] Benjamin Libet formuliert dies so: »Wir können nicht sicher sein, dass die erlebten Inhalte auch bei anderen Menschen bei ähnlichen Ereignissen gleich sind. Beispielsweise könnte das, was ich als gelb sehe, nicht dasselbe sein, was Sie als gelb sehen, obwohl wir gelernt haben, dieser Art von Erlebnis denselben Namen zu geben«, Benjamin Libet, *Mind Time*, S. 34.

genommenen Formen von Empathie erklären können. Die Fehlbefunde sind sehr produktiv. Empathie findet statt, so eine Annahme dieses Kapitels, *weil* Ähnlichkeit überschätzt wird. Im Folgenden werden wir sehen, dass gerade die überzogene Ähnlichkeit zur Ausbildung von spezifischen Kontrollmechanismen führt, die das Zuviel der Ähnlichkeit zu unterbinden versuchen.

4. Emotionale Ansteckung und der Schutz gegen dieselbe

Der Primatologe Frans de Waal hat in den letzten Jahrzehnten Evidenz dafür gesammelt, dass auch nicht-menschliche Primaten die Fähigkeit zu Empathie, Sympathie und der Übernahme von Perspektiven und Intentionen anderer Individuen besitzen. So führt er etwa das Experiment von Emil Menzel an, der einem Schimpansen (Belle) ein geheimes Wissen über das Versteck von Nahrung mitteilt. Belle lernte schnell, ihr Wissen vor dem dominanten Affen, Rock, zu verbergen, der ihr die Nahrung schlicht wegnehmen würde. Wechselseitig scheinen die beiden nun zu lernen, ihr Wissen vor dem anderen geheim zu halten (Belle) beziehungsweise die andere zu überlisten und sie beim Gang zum Versteck zu überraschen (Rock).[16] Dies, so de Waal, lässt vermuten, dass die beiden eine recht genaue Ahnung von dem jeweiligen Horizont und den Strategien des anderen besitzen.[17]

Ein weiteres beeindruckendes von de Waal angeführtes Experiment zeigt, wie Rhesus-Affen es vermeiden, Artgenossen indirekt Schmerz zuzufügen, auch wenn ihnen dies selbst hilft. In einer Versuchsanordnung wurde den Affen beigebracht, dass sie Nahrung erhalten, wenn sie an einer Kette ziehen. Wenn nun das Ziehen einer Kette, an der die attraktivste Nahrung befestigt war, zugleich einem Artgenossen einen elektrischen Schock verursachte, reagierten rund zwei Drittel der Affen damit, dass sie diese Kette vermieden, und weniger attraktive Nahrung an anderen Ketten bevorzugten, selbst

---

16 Emil Menzel, *Precultural Primate Behavior*, Basel und New York, 1973.
17 Frans de Waal, *Der gute Affe. Der Ursprung von Recht und Unrecht bei Menschen und anderen Tieren*, München 2000, Kapitel 2.

wenn dies mit deutlicher Reduktion der eigenen Nahrhung verbunden war.[18]

Dieser Versuch sowie zahlreiche Beobachtungen in Zoos und der freien Wildbahn haben de Waal dazu veranlasst, übergreifende Modelle für die Genese von Empathie zu entwickeln, die nicht nur für Menschen und andere Primaten Gültigkeit haben könnten. Dabei hat er ein Stufenmodell vorgelegt, dem zufolge emotionale Ansteckung an einer der unteren Stufen steht. Ausgehend von einer spontanen Übertragung von Erregung von einem Individuum zum anderen kann es nun im Laufe der Individualentwicklung dazu kommen, so de Waal, dass die emotional Angesteckten über die Affekte und Emotionen zu reflektieren beginnen und dabei erkennen, dass sie selbst keine Ursache zur Erregung haben, sondern nur der andere. Diese Reflexion kann dann dazu führen, dass das betroffene Individuum die Emotion des anderen *als eine Emotion des anderen* zu lesen beginnt, und also lernt, eine Grenze zwischen sich und dem anderen zu ziehen.[19]

Was ich an dieser Stelle unterstreichen will, ist die Hypothese de Waals, dass die »Ähnlichkeit«, nämlich die in der emotionalen Ansteckung produzierte Gleichläufigkeit von Erregungen, bei Primaten im Laufe des Lebens kontrolliert und begrenzt wird. Wenn die Ursache der Erregung erkannt oder verstanden wird, kann der Angesteckte sie von sich abwenden und schlicht zum Verstehen des anderen verwenden. Empathie (verstanden als das Aufschlüsseln der Emotionen, Affekte und Aktionen des anderen als anderen) kann es nur geben, wenn eine erste Grenze der Differenz (Unähnlichkeit) zwischen mir und dem anderen gezogen wird.[20]

---

18 Jules H. Masserman, Stanley Wechkin, William Terris, »»Altruistic« behavior in rhesus monkeys«, in: *American Journal of Psychiatry* 121 (1964), S. 584-585; vgl. auch Stephanie D. Preston und Frans de Waal, »Empathy. Its ultimate and proximate basis«, in: *Behavioral and Brain Sciences* 25 (2002), S. 1-72, hier S. 1.
19 Frans de Waal, *Der gute Affe*, Kapitel 2.
20 Vielleicht kann diese These de Waals noch verstärkt werden, insofern die Grenzziehung zwischen mir und den anderen nicht nur eine Voraussetzung von echter Empathie ist, sondern zugleich durch Empathie erst ermöglicht wird. Empathie, also die Reflexion auf den anderen *als anderen*, wäre dann der Mechanismus der Grenzziehung. Empathie setzt insofern nicht nur das Bewusstsein voraus, dass ich vom anderen unterschieden bin, auch wo ich seine Gefühle verstehe, Empathie zieht vielmehr selbst die Grenze zwischen mir und dem anderen. Anders gesagt: Empathie selbst würde dann das Wissen um die Differenz zum anderen,

Von besonderem Interesse ist dabei die These, dass die auf emotionale Ansteckung aufbauende Empathie Schutz gegen emotionale Ansteckung liefert.[21] Die emotionale Ansteckung kann einen Prozess in Gang setzen, der den Angesteckten zum effektiven Ziehen einer Grenze zwischen sich und dem anderen bewegt. In späteren Situationen kann der Beobachter zwar nach wie vor eine gewisse Erregung an sich feststellen, doch diese veranlasst ihn dann nicht mehr zu einer vollständigen Übernahme der Emotionen des anderen, sondern veranlasst ihn zur Reflexion auf die Ursache der Erregung beim anderen. Empathie wird dabei zu einem Schutzschild gegen das Unmittelbare der emotionalen Erregung. Natürlich wären hier viele Fragen anzuschließen. Etwa: Ist diese Errichtung eines Schutzschildes ein Akt, der immer wieder neu vollzogen werden muss? Oder ist es eher eine Impfung, die einmal stattfindet und dann Dauerschutz gegen Phänomene der emotionalen Ansteckung verspricht, etwa indem von nun an die Emotionen anderer grundsätzlich anders (etwa: intellektuell kälter) verarbeitet werden? Oder aber haben wir eine Routine eingeübt, wie wir auf den Affekt eines anderen reagieren?

Inzwischen hat Frans de Waal in Zusammenarbeit mit Stephanie Preston eine Überarbeitung und Zuspitzung dieses Modells von Empathie geliefert, die versucht, allen Formen von Empathie gerecht zu werden.[22] Auch hier erscheinen die emotionale Ansteckung und verwandte Phänomene des direkten Übersprungs, des unmittelbaren Mitfühlens und der Erregung des eigenen Systems des Beobachters durch die Erregung des anderen als die zentrale Basis von Empathie. Selbst wenn die eigentliche Empathie erst als Reflexion auf dieses emotionale Überschwappen zu verstehen sei, so sei die Voraussetzung zur Empathie doch, dass der Beobachter die beobachteten Emotionen in einem gewissen Grade erlebt und die beobachteten Einsichten mitvollzieht.[23] Als Mechanismus für dieses Miterleben berufen sich Preston & de Waal auf das soge-

---

also die Unähnlichkeit, generieren. Empathie wird zum Vehikel der Begrenzung von Ähnlichkeit. Wir werden diese Hypothese am Ende des Kapitels und im Laufe des Buches konkreter fassen können.

21 Zu Formen der kulturellen Immunisierung, vgl. Johannes Türk, *Immunität. Archäologie eines Paradigmas*, erscheint Frankfurt am Main 2010.
22 Preston und de Waal, »Empathy«.
23 Preston und de Waal, »Empathy«, S. 4-10.

nannte »Perception Action Model« (PAM), welches sie zu einem Perception-Action-Modell der Empathie ausbauen. Die Grundannahme dieses Modells ist, dass bei der Wahrnehmung eines anderen und bei der eigenen Aktion auf die gleichen Mechanismen im Gehirn zugegriffen wird. In beiden Fällen werden die gleichen Muster der Verarbeitung im Gehirn (sogenannte »representations« oder Re-Präsentationen) aufgerufen, die wiederum zu ähnlichen Erregungen (Emotionen, kognitiver Tätigkeit und so fort) führen. Der Beobachter der Aktion oder Emotion eines anderen imitiert dessen Ausdrucksweise und ruft dadurch automatisch bestimmte Re-Präsentationen ab, also bereits eingespielte Erlebensformen, die denjenigen des anderen gleichen.[24] Diese Verbindung von Beobachtung, Imitation und Aufrufen der Re-Präsentation im Beobachter resultiert mithin in dem Erregen entsprechender emotionaler Zustände, die denjenigen des Beobachteten in der Regel und mit zunehmender Erfahrung immer häufiger entsprechen, sofern die eigene Aktion nicht gehemmt wird.[25]

Einfacher gesagt: Der Beobachter reagiert auf das emotionale Verhalten eines anderen automatisch durch Imitation von dessen Gesten und Ausdrücken. Die Imitation hat den Effekt, ähnliche emotionale oder kognitive Erregungen zu bewirken, und dies kann wiederum zu adäquaten Handlungen führen. Ein Kernbeispiel eines entsprechenden Verhaltens stellen neben der emotionalen Ansteckung die automatischen Reaktionen der Artgenossen auf die Warnlaute vieler Tiere dar. Ein anderes Beispiel sind die Kommunikationen zwischen Mutter und Säugling, die mittels einer Reihe von signalartigen Lauten wie Weinen, Schreien und Jammern vonstattengehen und die wesentlich das Wohlergehen des Säuglings

---

24 Preston und de Waal definieren »representation« als »parallel verteilte Muster der Aktivation, die zuverlässig als Reaktion auf gegebene Stimuli feuern«, Preston und de Waal, »Empathy«, S. 5 (Übersetzung F.B.). Ich gebe dies als Re-Präsentation wieder, um den Wiederholungscharakter dieses Abrufs eingespielter Bahnen zu betonen. Die Re-Präsentationen sind also keineswegs mit Symbolen der Kommunikation zu verwechseln.

25 Preston und de Waal, »Empathy«, S. 4. Man könnte dann etwa folgern, dass die Unterdrückung der unmittelbaren Empathie nötig ist, um den anderen zu helfen. Ärzte müssen bestimmte Reaktionen unterdrücken, um im Dienste einer höheren Empathie helfen zu können. Statt also auf den Schmerz des anderen in Panik zu verfallen, kann auf der Basis des Verständnisses der Situation des anderen Hilfestellung geleistet werden.

sichern. Auch in diesen Fällen wird, so Preston & de Waal, eine bereits abgespeicherte Erfahrung (Re-Präsentation) reaktiviert und ermöglicht dadurch eine schnelle Reaktion, ein emotionales Interpretieren und ein Verständnis des Säuglings durch die Mutter. Insofern sind die Signale eine Form pseudo-generalisierter emotionaler Kommunikation. Die signalartige Wirkung der Beobachtung hilft einem einzelnen Individuum, das dadurch schneller auf die Reize der Umwelt reagieren kann, als es dies mittels rationaler Erwägung und Entscheidung vermöchte.[26]

Dieser Gleichlauf von Wahrnehmung und Aktion wird durch Erfahrungen im Laufe des Lebens verstärkt, da die Erfahrungen bestimmter Abläufe von Akten mit der Wahrnehmung ebendieser Akte verbunden wird.[27] Auch hier gilt weiter die prinzipielle Ansicht von de Waal, dass die spätere Erfahrung zugleich als Filter der Wahrnehmung dient, der ein Zuviel der eigenen Erregung blockiert. Die erworbene Selbstheit des Beobachters ermöglicht und schützt zugleich vor Empathie.

Gegen Preston & de Waal ist eingewandt worden, dass sie gerade im Bezug auf den eigentlichen Mechanismus der Empathie sehr vage und fast widersprüchlich argumentieren.[28] (Wenn ich nicht irre, lassen sie es letztlich offen, worauf exakt der Beobachter reagiert: unmittelbar auf die Emotion/Erregung des anderen,

---

26 De Waal beruft sich hier (Frans de Waal, *Primaten und Philosophen. Wie die Evolution die Moral hervorbrachte*) auch auf Damasios »Symbolic Marker Hypothesis« die ähnlich von einer Signalwirkung früherer Erfahrungen ausgeht, die derartig abgespeichert werden, dass sie bei Bedarf schnell als Emotionen abgerufen werden können. Statt also zu überlegen, was in einer Situation zu tun ist, hilft das dunkle Gefühl einem, schnell zu handeln.

27 »Wenn ein Subjekt Zugang zu Re-Präsentationen von einem bestimmten inneren Zustand erlangen muss, um die Situation eines Objekts zu verstehen, dann wird man erwarten, dass mehr Empathie für Situationen oder Zustände empfunden wird, die das Subjekt selbst erlebt hat. Zum Beispiel […] verstärkt frühere Erfahrung mit Schock erheblich empathische Erwiderung. Subjekte, die zuvor selbst einem Schock ausgesetzt waren, werden die Wahrnehmung eines Artgenossen in einer bekannten Situation auf ihre eigene Re-Präsentation von Schmerz-Reaktion abbilden und entsprechend das damit verbundene Unbehagen aufrufen. Nach der Schock-Erfahrung hatten Subjekte reichere Re-Präsentationen dieses Ereignisses […].«, Preston und de Waal, »Empathy«, S. 17 (Übersetzung F.B.).

28 Vgl. zur Kritik etwa Vittorio Gallese et al., »The mirror matching system. A shared manifold for intersubjectivity«, in: *Behavioral and Brain Sciences* 25 (2002), S. 35-36.

auf die Gesten und Ausdrucksweisen, die signalartigen Expressionen der Erregung des anderen oder auf die unterstellte Ursache der Erregung des anderen. Für jede dieser Möglichkeiten findet sich ein Beleg in ihrem Text.) Es sei hier aber bereits erwähnt, dass ein Problem des Modells von Preston & de Waal meiner Ansicht nach darin besteht, dass es sehr wenig über den Mechanismus sagen kann, der die Differenzierung von Ich und anderem vollzieht. Man sollte denken, dass diese Differenzierung durch Phänomene wie die emotionale Ansteckung angeregt wird. Doch wie? Oder in anderem Vokabular: Wie wird Unähnlichkeit erlernt? In Abschnitt 7 dieses Kapitels wird ein Preston & de Waal teilweise widersprechender Mechanismus der Generierung von Unähnlichkeit erwogen. Diese Kritik unterstreicht allerdings zugleich, dass dieses Stufenmodell, gerade in seiner Unbestimmtheit, in der Tat eine Plattform für die verschiedensten Ansätze zur Erforschung der Empathie dastellen könnte.

Auch die im Folgenden diskutierten Einsichten in das sogenannte Spiegelneuronen-System könnten als eine Variante des Perception-Action-Modells von Preston & de Waal bezeichnet werden, insofern es ein präzises Modell über die gemeinsame Struktur von Handlung (Action) und Wahrnehmung (Perception) vorlegt. Zugleich aber besteht eine Kerndifferenz zwischen dem Modell von Preston & de Waal und den führenden Hypothesen zum Spiegelneuronen-System darin, dass Letzteres auf einem Mechanismus der körperlichen Simulation *des anderen* beruht, in dem es zu keiner Verwechslung von ich und anderem kommt. Die Spiegelneuronen stellen einen Mechanismus bereit, der es uns ermöglicht, in unserem kognitiven System die Erfahrungen eines anderen mitzuvollziehen, und somit zu einer »Als-ob-Erfahrung« zu kommen, die auf ähnlichen Körperzuständen beruht.[29]

---

29 Vgl. Vittorio Gallese, »Empathy, embodied simulation, and the brain. Commentary on Aragno and Zepf / Hartmann«, in: Journal of the American Psychoanalytical Association 56 (2008), S. 769-781, hier: S. 771.

5. Spiegelneuronen:
Die Architektur der Ähnlichkeit

Eine der meist diskutierten Entdeckungen der Hirnforschung der letzten Jahrzehnte betrifft die Spiegelneuronen. Alles deutet darauf hin, dass das System der Spiegelneuronen eine wichtige neuronale Grundlage von Prozessen der Empathie darstellt. Allerdings gibt es auch durchaus berechtigte Vorbehalte gegenüber der Annahme einer zentralen Rolle der Spiegelneuronen.

Diese am genauesten an Makaken-Affen untersuchten Neuronen haben die erstaunliche Eigenschaft, dass sie in bestimmten Fällen in dem Beobachter einer Handlung eines anderen eine sehr ähnliche Gehirntätigkeit anregen, als würde er oder sie selbst die Handlung vollziehen. Insofern ist mit der Entdeckung dieser Neuronen zum ersten Mal eine konkrete neurologische Basis von bestimmten Elementen der Empathie aufgespürt worden. Es kann nun erstmals dokumentiert werden, dass das Durchführen von bestimmten Handlungen und das Beobachten derselben Handlung im Gehirn von Handelndem und Beobachter eine sehr ähnliche Gehirntätigkeit involviert.

Die Forschergruppe von Giacomo Rizzolatti, der auch Vittorio Gallese, Luciano Fadiga und Leonardo Fogassi angehörten, stieß Anfang der neunziger Jahre auf die sonderbare Parallelität der Gehirnaktivität eines handelnden und eines beobachtenden Makaken-Affen bei der Ausführung bestimmter Akte, wie etwa dem Greifen nach einer Erdnuss.[30] Rizzolatti und seine Kollegen haben aus diesem erstaunlichen Befund weitreichende Konsequenzen zur Revision der Gehirnarchitektur gezogen. Offenbar, so Rizzolatti, wurden die motorischen Akte bisher grundsätzlich unterschätzt und zu Unrecht als unteres Steuerungszentrum eingeschätzt. Stattdessen schlägt er vor, eine sehr enge Verknüpfung des Ausführens von motorischen Akten mit dem visuellen und kognitiven Verstehen im Gehirn anzunehmen.[31] Eine solche Neuorganisation kognitiver Prozesse bietet Raum für weitreichende Spekulationen. Vielleicht verstehen wir andere durch die Handlungen, die sie ausführen.

---

30 Zu dieser Entdeckungsgeschichte vgl. Marco Iacoboni, *Mirroring People. The New Science of How we Connect with Others*, 2008.

31 Giacomo Rizzolatti und Corrado Sinigaglia, *Empathie und Spiegelneurone. Die biologische Basis des Mitgefühls*, Frankfurt am Main 2008.

Möglicherweise kann etwa auch die Genese von Sprache direkt aus diesem motorischen Verständnis von anderen hergeleitet werden.[32]

Für unseren Kontext ist zunächst einmal die Feststellung wichtig, dass die Spiegelneuronen eines beobachtenden Affens nicht schlicht auf eine *Bewegung* eines anderen anspringen. Vielmehr reagieren die Spiegelneuronen nur, wenn eine *Handlung*, also eine Bewegungssequenz, stattfindet, die einer spezifischen Intention folgt, wie das »Greifen eines kleinen Objekts durch Präzisionsgriff«. Selbst wenn der Arm und die Hand des einen Affen eine ähnliche Bewegung ausführen, etwa als Pantomime oder als nicht-zielgerichtete Bewegung, reagieren die Spiegelneuronen beim beobachtenden Makaken bei den bloßen Bewegungen nicht. (Beim Menschen ist dies, vermutlich, insofern anders, als dort auch bei Pantomimen Aktivität gemessen wird.) Goethe hat in ähnlicher Art und Weise diese Bedeutsamkeit der Intention oder Absicht einer Handlung für den Beobachter unterstrichen.

Jeder, der mit lebhaften Kräften vor unsern Augen eine Absicht zu erreichen strebt, kann, wir mögen seinen Zweck loben oder tadeln, sich unsre Teilnahme versprechen; sobald aber die Sache entschieden ist, wenden wir unser Auge sogleich von ihm weg; alles was geendigt, was abgetan da liegt, kann unsre Aufmerksamkeit keineswegs fesseln […].[33]

Rizzolatti ergänzt nun ein weiteres zentrales Merkmal der Aktivität der Spiegelneuronen. Sie reagieren auf intentionale und zielgerichtete *Handlungen* mit Hand- oder Gesichtsbewegungen – auf die sie bereits programmiert sind. Derartige Handlungen sind etwa das Ergreifen-eines-kleinen-Objekts, das Zum-Mund-Führen oder auch das Weglegen-eines-kleinen-dünnen-Objekts. Spiegelneuronen gibt es nur für bestimmte Handlungen. Rizzolatti & Sinigaglia sprechen daher von einem »Wörterbuch der motorischen Akte«. Nur wenn das Gehirn bereits auf eine intentionale, zielgerichtete Bewegungsabfolge programmiert ist, also einen Eintrag im Wörterbuch aufweist, springen die Spiegelneuronen an und produzieren die Aktivität, als ob der Beobachter selbst handeln würde. Dem entspricht auch, dass es für die Makaken offenbar keinen Unter-

---

32 Michael A. Arbib, »From monkey-like action recognition to human language. An evolutionary framework for neurolinguistics«, in: *Behavioral and Brain Sciences* 28 (2005), S. 105-167.
33 Johann Wolfgang Goethe, *Wilhelm Meisters Lehrjahre* (Buch 2, 1. Kapitel).

schied bedeutet, ob eine Handlung mit der rechten oder der linken Hand ausgeführt wird. Trotz dieser Zentralität der intentionalen Akte betonen die führenden Forscher, dass die Aktivierung der Spiegelneuronen »prä-reflexiv« und vor jedem Bewusstseinsprozess stattfindet.[34]

Diese Funktion des Wörterbuchs erinnert mich an den Bahnhof in Kairo. Dort wurden die Billets noch Anfang der neunziger Jahre so ausgegeben, dass für jeden spezifischen Zug, also etwa den Montagszug um 9:15 nach El-Minia, genau ein Schalter für jede Preisklasse bereitstand. Entsprechend gab es dort wohl mehr als hundert Schalter. Im Zeitalter vor dem Computer war dies ein effektives System, welches Warteschlangen minimierte und immun gegen Doppelzuweisung eines Platzes war. Allerdings musste man als Kunde die arabischen Schilder über den Schaltern lesen können. Nur genau ein Schalterbeamter im gesamten Bahnhof konnte einem helfen und reagierte auf das Gesuch um eine bestimmte Fahrkarte. Alle anderen Beamten schüttelten stets nur den Kopf. Entsprechend stößt die Beobachtung einer Handlung also entweder genau das richtige Neuron an oder es geschieht nichts. Die Schalterbeamten waren dabei auch nicht sehr hilfreich. Fragte man etwa, ob man einen Zug um 11 nehmen könnte, dann war nicht damit zu rechnen, dass der für den 9:15-Zug zuständige Beamte reagieren würde. Die Analogie zu den Spiegelneuronen ist sicherlich nur sehr oberflächlich, denn im Bahnhof musste ich selbst suchen und an diversen Schaltern erst in der falschen Schlange stehen, bis der richtige Zug, am richtigen Wochentag in der richtigen Preisklasse gefunden war. Die Spiegelneuronen dagegen springen »von selbst« an, wenn sie die richtigen Handlungen beobachten, da in ihnen anscheinend visuelle und motorische Sensibilität verknüpft sind. (Scherzeshalber könnte man als weitere Analogie ergänzen, dass die Neuronenforscher, ähnlich wie ich damals, hilflos umhertappen, da die Neuronen im Gehirn mit ihren tausenden Synapsen sich der Einsicht meist ebenso entziehen, wie die arabischen Beschriftungen über den Schaltern mich im Dunkeln ließen.)

Das Bahnhofsbeispiel dient hier nur zur Illustration des wichtigsten Punktes, dass für bestimmte beobachtete Akte entweder eine Gruppe von Spiegelneuronen bereitsteht oder eben nicht. Jedes

---

34 Vittorio Gallese, »The shared manifold hypothesis.«

Wörterbuch weist Lücken auf und stellt mithin bereits in seiner Architektur einen Mechanismus der Selektion dar, denn die Architektur des Systems der Spiegelneuronen entscheidet über die Möglichkeit des Ein- und Ausstellens der Gehirntätigkeit des Beobachters. (Zu ergänzen ist, dass manche der Neuronen bei den Makaken nicht nur auf einen spezifischen motorischen Akt, sondern auf zwei oder maximal drei miteinander verwandte reagieren und »feuern«.)

Eine besondere Rolle in der Wahrnehmung des Beobachters stellt die Vorhersage dar. Der Beobachter muss anscheinend bereits zu Beginn der Handlung des Beobachteten nicht-bewusst »erraten« können, was insgesamt geschehen wird. Erhellend ist dabei etwa das Experiment, in dem ein beobachtender Affe sieht, wie ein anderer hinter einen die Sicht blockierenden Vorhang greift. Wenn der Affe vorher gesehen hat, wie dort ein Objekt deponiert wurde, auch wenn er es jetzt nicht mehr sehen kann, dann reagiert er durch volle Aktivität der Spiegelneuronen entsprechend der Handlungssequenz: »Präzisionsgriff mit Daumen und Zeigefinger um kleines Objekt zu greifen«. Wenn der Affe dagegen nicht weiß, ob hinter dem Vorhang ein Objekt liegt, springen die Spiegelneuronen nicht an.[35] Das Vorwissen, ob ein Objekt hinter dem Vorhang liegt oder nicht, ist also entscheidend für das Erkennen der Handlung.

Aus diesem und anderen Experimenten[36] wurde geschlossen, dass das Erkennen der Intention ein entscheidender Faktor für das Feuern der Spiegelneuronen darstellt. Anders gesagt, eines der Kriterien, ob und wie stark die Spiegelneuronen anspringen, besteht in der *Vorhersagbarkeit* der Akte. Bereits zu Beginn einer Handlung muss der Beobachter erraten können, worum es geht und dass es um etwas geht, das in seinem Wörterbuch enthalten

---

35 Maria Alessandra Umiltà et al., »I know what you are doing. A neurophysiological study«, in: *Neuron* 32 (2001), S. 91-101. Dazu auch Rizzolatti & Sinigaglia, *Empathie und Spiegelneurone*, S. 109-111; und Vittorio Gallese, Christian Keysers und Giacomo Rizzolatti, »A unifying view of the basis of social cognition«, in: *Trends in Cognitive Sciences*, Vol. 8, No. 9 (2004), S. 396-403: 22-23.

36 Ein weiteres wichtiges Experiment lässt einen Affen identische Hand- und Armbewegungen mit verschiedenen Intentionen beobachten. Dabei stellt sich heraus, dass die Spiegelneuronen offenbar sehr genau in der Lage sind, aus dem Kontext die richtige Intention zu erkennen, vgl. Leonardo Fogassi et al., »Partial lobe. From action organization to intentional understanding«, in: *Science* 308 (2005), S. 155-165.

ist. Viele Forscher betonen die außergewöhnliche Genauigkeit, mit der Beobachter diese Vorhersagen treffen, und wie ein genaues Abwägen des situativen Kontexts, der wahrscheinlichsten und besten Handlungssequenzen eine Rolle spielen.[37] Anscheinend irren die Spiegelneuronen der Makaken selten und verfügen auch über Mittel des Angleichens der Reaktion (durch Feed-back-Schleifen), während die Bewegung stattfindet.[38] Offenbar handelt es sich dabei um mehr als eine Antizipation des Kommenden, nämlich um eine aktive Vorhersage (»prediction«).[39]

Über den Mechanismus des Vorhersagens ist bisher wenig bekannt. Möglich ist etwa, dass die gesamte Sequenz von Bewegungen als Einheit gelernt wurde, so dass der bloße Anstoß der ersten Bewegungen die Gesamtsequenz abruft. Vielleicht könnte man diesen Anstoß der Gesamtabfolge mit einer musikalischen Phrase vergleichen, bei der der Zuhörer auch nach den ersten Noten bereits erwartet, wie die ihm bekannte Phrase zu Ende geht. Was vom Beobachter vorhergesagt wird, ist mithin nicht nur eine bloße Sequenz an Muskelbewegungen, sondern der Verlauf und die Bedeutung der Bewegung als Ganzes. Dieses Kriterium der Vorhersagbarkeit der Gesamtsequenz der Handlung wird uns im Folgenden und bis ins vierte Kapitel mit der Diskussion von Aristoteles genauer beschäftigen.

Über das Spiegelneuronen-System der Menschen ist ungleich weniger bekannt, da sich die Eingriffe mit Präzisionsnadeln in das Gehirn von Menschen und den anderen Menschenaffen (Hominidae) weitgehend verbieten. Mittels Untersuchungen durch Magneto-Enzephalographie (MEG), elektroenzephalographische Untersuchungen (EEG), transkraniale Magnetstimulation (TMS) und durch Verfahren des Brain Imaging sowie durch Beobachtungen an Patienten mit spezifischen Gehirnanomalien wird allerdings gefolgert, dass Menschen wohl über ein noch ausgeprägteres System von Spiegelneuronen verfügen, welches auch intransitive Akte (Akte ohne Objekte) einschließt.[40] Auch für Menschen wird dabei ein

---

37 Rizzolatti & Sinigaglia, *Empathie und Spiegelneurone,* S. 119-121.
38 Marco Iacoboni et al., »Grasping the intentions of others with one's own mirror neuron system« in: *Public Library of Science Biology* 3 (2005), S. 529-535.
39 Der Akt der Antizipation besteht darin, sich auf ein (bekanntes) Kommendes einzustellen. Die Vorhersage dagegen produziert aktiv Vorstellungen dessen, was da kommen könnte.
40 Rizzolatti & Sinigaglia, *Empathie und Spiegelneurone,* S. 122-125.

(nicht-sprachlich organisiertes) »Wörterbuch der Akte« angenommen, welches die Intentionen / Bedeutungen der Akte einschließt. Trotzdem ist das Spiegelneuronen-System beim Menschen in vielfacher Hinsicht wohl wesentlich komplexer als bei den Makaken.[41]

Es gibt nun viele Indizien, dass zusätzlich zu den motorischen Akten auch bestimmte Emotionen oder Affekte von Beobachtern mittels des Spiegelneuronen-Systems verarbeitet werden können. Besonders bei Ekel und Schmerz, also deutlich negativen Emotionen,[42] deuten die Befunde in die Richtung, dass ein Spiegelmechanismus die Wahrnehmung eines Beobachters leiten kann. Beobachter einer starken Emotion tendieren dazu, in den gleichen Gehirnregionen (wie etwa der Insula) Aktivität aufzuweisen, wie diejenigen, die die Emotion selbst empfinden. Allerdings gibt es anscheinend auch andere, reflexive Arten, Emotionen »zu verstehen«. Rizzolatti & Sinigaglia sprechen in diesem Zusammenhang von einer »blassen« Wahrnehmung, welche ohne Aktivität der Spiegelneuronen auskommt.[43]

So weit deutet nun alles auf einen Automatismus der Aktivität der Spiegelneuronen hin – und damit vielleicht auch von Empathie. Parallel zu den ausgeführten Bewegungen und den Emotionen laufen die Spiegelneuronen des Beobachters mit und erlauben durch dieses, so Gallese, prä-reflexive, prä-rationale und vor-sprachliche Mitlaufen das unmittelbare Mitfühlen mit dem anderen.[44] Eine sehr allgemein gehaltene Ähnlichkeit zwischen körperlicher Beschaffenheit (Arme für Schwenkbewegungen, Hände zum Greifen, Lippen zum Essen und Kommunizieren) und emotionaler Bandbreite (die sogenannten primären Gefühle wie etwa Angst, Wut, Ekel und Schmerz[45]) genügt als Grundlage von Empathie. Diese durch die Spiegelneuronen vermittelte Empathie ist derart weitreichend, dass es scheinen könnte, die Differenz zwischen Projektion und akkura-

---

41 Vgl. Marco Iacoboni, »Within each other. Neural mechanisms for empathy in the primate brain« (bisher unveröffentlicht).
42 Giacomo Rizzolatti et al., »Mirrors in the mind«, in: *Scientific American* 295.5 (2006), S. 54-61.
43 Rizzolatti & Sinigaglia, *Empathie und Spiegelneurone*, S. 189.
44 Vittorio Gallese, »The shared manifold hypothesis«.
45 Jaak Panksepp hebt den engen Zusammenhang zwischen Emotion und Aktion hervor, wenn er von emotionalen Aktionssystemen wie Suchen, Angst, Wut, Lust, Fürsorge, Panik und Spiel als primäre Emotionen spricht, siehe Jaak Panksepp, »Affective consciousness«.

ter Empathie verschwinde. Gallese geht in seinen zugleich provokativen und scharfsinnigen Studien so weit, von einer biologischen Basis der Intersubjektivität zu sprechen.[46] Auch Iacoboni schlägt vor, dass unsere westliche Kultur seit Jahrtausenden einer Art Individualitätsfetischismus erlegen sei und die weitreichende Ähnlichkeit zwischen allen Individuen vernachlässigt habe. Er schlägt daher vor, die Individualgenese ausgehend von der Ähnlichkeit aller Individuen zu erklären.[47]

In der Tat sind die Befunde und Hypothesen zu den Spiegelneuronen verblüffend und versprechen auch in kommenden Jahren viele wichtige Einsichten in die neuronalen Grundlagen der Empathie. Man kann wohl zu Recht vermuten, dass die Spiegelneuronen zur Erklärung diverser Phänomene der Empathie eine Schlüsselstellung einnehmen.[48] Man denke etwa an die Begeisterung, mit der Menschen Sportereignisse verfolgen (siehe allerdings die Argumentation in Kapitel 4, Abschnitt 6), und die Freude am Ballett. Auch das gestische Theater und der Film müssen wohl über einen Mechanismus wie dem der Spiegelneuronen verstanden werden. Dennoch machen die Spiegelneuronen noch keine Empathie aus; die neuronalen Mechanismen im Gehirn müssen erst kodiert, aktiviert und interpretiert werden. Eine der zentralen Fragen für uns muss sein, ob die Aktivierung der Spiegelneuronen und ihr prozessualer Verlauf wirklich in jeder Hinsicht automatisch, also prä-rational und außer-sprachlich verlaufen, oder ob und wie Phänomene des Lernens, der Deutung und der Kultur im allgemeinen Sinne in diesen Vorgängen nicht doch eine zentrale Rolle spielen. Dazu im Folgenden.

---

46 Trotz weitgehender Übereinstimmung bestehen zwischen Gallese und Rizzolatti anscheinend gewisse Differenzen darüber, ob sie die Aktivität der Spiegelneuronen terminologisch als Prozess der Simulation (so Gallese) oder als direktes Mitvollziehen (so Rizzolatti) charakterisieren.
47 Vgl. etwa Marco Iacoboni, *Mirroring People*, S. 130-154.
48 Allerdings muss betont werden, dass zahlreiche andere Neuronen ebenfalls beteiligt sind; die Spiegelneuronen stellen bestenfalls einen kleinen Teil in dem Bild dar, welches wir von anderen gewinnen.

6. Können Spiegelneuronen blockiert und gesteuert werden?

Die Entdeckung der Spiegelneuronen verleiht der These der intersubjektiven Ähnlichkeit als Grundlage von Empathie verstärktes Gewicht. Offensichtlich werden die mit Intentionen verknüpften ziel-orientierten Akte ebenso wie viele Emotionen beim eigenen Erleben und bei der Beobachtung anderer neuronal sehr ähnlich verarbeitet. Dennoch oder gerade deshalb verlangen die Spiegelneuronen Systeme der Steuerung. Als Empathie-Steuerung soll jede Kontrolle bezeichnet werden, die zu einer vollständigen oder partiellen Blockade von Empathie im Beobachter führen kann, denn nur durch solche Blockaden kann Empathie kanalisiert und gezielt gesteigert werden. In Bezug auf die Spiegelneuronen kann diese Empathie-Steuerung prinzipiell auf drei Ebenen stattfinden:

1) durch das Existieren oder Nicht-Existieren von Spiegelneuronen, die auf einen bestimmten Akt kodiert sind;

2) durch Mechanismen der Unterdrückung oder Kontrolle während der Aktivität der Spiegelneuronen;

3) durch nachgeordnete Prozesse der Verarbeitung der durch Spiegelneuronen gewonnenen Information.

Diese drei Ebenen sollen im Folgenden ausführlicher diskutiert werden. Von besonderem Interesse ist dabei für uns die Diskussion der Fähigkeit zur Vorhersage auf der zweiten Ebene.

Zu 1) Für viele Handlungen gibt es schlicht keinen Eintrag im »Wörterbuch der Akte«, so dass Aktivität der Spiegelneuronen von vornherein ausgeschlossen ist. Etwa steht zu vermuten, dass die Makaken nicht oder nur sehr schwach auf die Beobachtung eines Zeitung lesenden Menschen reagieren würden, auch wenn dies zielgerichtete Handbewegungen wie das Umblättern beinhaltet. Mithin stellt bereits die Architektur des Spiegelneuronen-Netzwerks eine Vorentscheidung darüber dar, was Empathie für jedes Individuum bedeutet. Auch bei den Intentionen und Zielen ist schnell eine Grenze erreicht, wenn eine Intention jenseits des durch die Spiegelneuronen kodierten liegt. Auch die Grenze zwischen bloßer Bewegung und einem zielgerichteten Akt ist oft sehr fließend. Wann wird etwa das Hand-Wegziehen von einem gefährlichen Objekt (zum Beispiel: brennende Kerze) durch Spiegelneuronen erfasst und wann nicht? Macht es etwa einen Unterschied, wenn das Wegziehen von vornherein geplant schien, oder nicht?

Anscheinend gibt es beim Menschen auch eine deutliche Varianz der Empathie-Begabung.[49] Dies führt dazu, dass wir fragen dürfen, wie die Spiegelneuronen erworben werden, wann und wie sie ausgebildet, erlernt und modifiziert werden können. Entscheidend ist hier, dass das Vorliegen von auf eine spezifische Handlung programmierten Spiegelneuronen beziehungsweise das Nicht-Vorliegen derselben als eine Art An-Aus-Schalter von Empathie fungiert. Insofern kann man vom »Wörterbuch der Akte« als einem Filter sprechen, der nur die programmierten Fälle als empathie-relevant einstuft.

Über das Erwerben der Spiegelneuronen ist bisher so gut wie nichts bekannt. Da sich die menschlichen Spiegelneuronen offensichtlich besonders verstärkt in Gehirnregionen befinden, die erst nach der Geburt ausgebildet und vergrößert werden, spekuliert Iacoboni, dass die enge zeitliche Assoziation von eigener Tätigkeit und der Beobachtung von anderen zur Ausbildung der Spiegelneuronen führt:

Baby lächelt, die Mutter lächelt als Antwort. Zwei Minuten später lächelt das Baby noch einmal und auch die Mutter lächelt wieder. Aufgrund des Imitationsverhaltens der Mutter kann das Gehirn des Babys den zum Lächeln notwendigen motorischen Ablauf und die Sicht eines lächelnden Gesichts miteinander assoziieren. Daher – presto! Spiegelneuronen für ein lächelndes Gesicht sind geboren. Wenn das Baby das nächste Mal jemand anders lächeln sieht, wird die neuronale Aktivität, die mit dem motorischen Ablauf des Lächelns assoziiert ist, im Gehirn des Babys aufgerufen und *simuliert* ein Lächeln.[50]

Die enge zeitliche Verknüpfung von Wahrnehmungen des Lächelns und des eigenen Lächelns erlaubt, so Iacoboni, den Rückschluss von dem einen auf das andere. Einerseits legt eine solche Entwicklung der Spiegelneuronen nahe, dass zentrale Handlungen und primäre Gefühle durch Spiegelneuronen *intersubjektiv* kodiert werden. Andererseits legen derartige Individualgenesen die Vermutung nahe, dass diverse kulturelle und individuelle Differenzierungen auftreten können. Was etwa geschieht mit kulturell unterdrückten Gefühlen, die also selten oder nicht beobachtet werden können? Fraglich ist

---

49 Vittorio Gallese, »The shared manifold hypothesis«.
50 Marco Iacoboni, *Mirroring People*, S. 134 f. (Übersetzung F.B.).

auch die Rolle der Imitation. Iacobonis Hypothese stellt direkte Imitation (des Lächelns) ins Zentrum. Doch kann frühkindliche Imitation tatsächlich die Entwicklung von auf motorischen Akten programmierten Spiegelneuronen erklären? Wenn ein anderer eine Tasse greift, heißt dies ja meist nicht, dass ich es auch tue.

Zu 2) Für den Fall, dass Spiegelneuronen für den beobachteten Akt oder die beobachtete Emotion eines anderen vorliegen, kann es immer noch geschehen, dass der Beobachter nicht durch Aktivität der Spiegelneuronen antwortet beziehungsweise seine neuronale Reaktion durch verschiedene Intensitätsgrade temperiert wird. Zwei spekulative Thesen sollen uns hier beschäftigen, eine These über die gesteigerte Fähigkeit des Vorhersagens bei Menschen und zweitens eine kürzlich von Marco Iacoboni vorgelegte These, dass es (von ihm so benannte) Super-Spiegelneuronen (super mirror neurons) gebe, deren Aufgabe in der Steuerung der anderen Spiegelneuronen bestehe.

Im Folgenden soll erwogen werden, ob die Vorhersagbarkeit der Akte durch den Menschen einen speziellen Filter der Empathie darstellt. Menschen haben bekanntlich die Fähigkeit, sich auch sehr ferne, sehr hypothetische und unwahrscheinliche Ereignisse vorzustellen. Bei manchen Menschen rücken diese irrealen Szenarien psychotisch sogar in die unmittelbare Wahrnehmung hinein. Und die meisten Menschen werden sich an Momente erinnern, in denen sie eine konkrete Situation, in der sie sich befanden, hypothetisch weitergesponnen haben. Hat dies mit Spiegelneuronen zu tun? Wenn wir von den anhand der Makaken gewonnenen Einsichten ausgehen, ist dies mit Sicherheit nicht der Fall. Das Wörterbuch der motorischen Akte der Makaken scheint auf weitgehend konventionelle und basale Akte beschränkt zu sein. Zu fragen ist aber, welche Komplexität die Eintragungen im menschlichen Wörterbuch der Akte erreichen, und wie viele Schritte etwa vorhergesagt werden können.

Wenn wir mit Iacoboni annehmen, dass Spiegelneuronen von Säuglingen und Kleinkindern anhand der engen Assoziation von eigener und beobachteter Tätigkeit erworben werden, so ist etwa die Frage, wie viele Elemente miteinander assoziiert werden. Ein Makake reagiert mittels der Spiegelneuronen auf den Präzisionsgriff, um ein kleines Objekt zu greifen. Wie sieht es mit dem Menschenkind aus, das den Griff der Mutter nach dem Autoschlüssel beobachtet?

Anzunehmen ist, dass die Spiegelneuronen nun nach dem Greifen auch das Schlüssel-ins-Schloss-Stecken vorhersagen (sofern dies Teil der üblichen Assoziationskette war). Doch die Frage ist nun, ob und wie die nachfolgenden motorischen Akte, Tür-Öffnen, Einsteigen, und vor allem der Effekt Mutter-fährt-weg-und-ist-fort sich auf die Gesamtsequenz auswirken. Wirkt sich der dramatische Effekt, dass diese Sequenz mit dem momentanen Verlust der Mutter endet, bereits auf den Beginn der Sequenz aus, etwa durch eine besondere Intensität der Reaktion? Könnte es dann gar sein, dass die Spiegelneuronen der Menschen nicht nur auf das reagieren, was sie unmittelbar als wahrscheinliche und konkrete Intention einer motorischen Handlungssequenz wahrnehmen, sondern auch auf hypothetischere Handlungsfolgen und emotionale Effekte, die auf konkreten Situationen und Bewegungen aufbauen? Oder dass eine durch Spiegelneuronen korrekt vorhergesagte Handlung eines anderen wie ein Staffelstab von anderen, spekulativeren Neuronen aufgegriffen und weiter ausgesponnen wird?

Man könnte einwenden, dass dem Kind die spiegelbildliche Tätigkeit des Auto-Startens fremd sein muss. Doch man könnte das Beispiel beliebig ändern, etwa indem das Mütze-Ergreifen der Mutter direkt mit dem Gang zur Tür und dem Abschied assoziiert ist. Die Frage ist wieder, wie die vermutlich von den Spiegelneuronen aufgenommene Tätigkeit des Griffs nach der Mütze für den Beobachter mit den nachfolgenen Akten verknüpft ist. Wie wirkt die schon im ersten Akt, also dem Griff-nach-der-Mütze, erkennbare Gesamt-Intention des Handelnden, nämlich das Weggehen, vorweg auf die erste Reaktion des Beobachters ein?

Eine der Fragen ist dabei im vorliegenden Kontext, inwiefern die Vorhersagbarkeit nicht nur Teil der Selektion der entsprechenden Handlung (Handlung X ist zu erwarten) und der entsprechenden auf diese Handlung kodierten Spiegelneuronen ist, sondern ob Vorhersagbarkeit selbst zu einem Filtermechanismus wird, der eben auf die Handlungen privilegiert reagiert, die größere Bedeutung und neuronale Anschlussmöglichkeiten an andere Neuronen besitzen. Reagieren Spiegelneuronen intensiver, wenn der beobachteten (oder durchgeführten) Handlung weitere wichtige Handlungen nachgeordnet sind (wie der momentane Verlust der Mutter), beziehungsweise wenn sie interessante Phantasien ermöglicht? Um es zu betonen: Wir verlassen hier den (halbwegs) festen Boden der durch Experimente abgedeckten Vermutungen.

Bereits oben wurden in leichter Verschärfung der Thesen von Rizzolatti und Gallese und mit anderem Akzent die »Vorhersagbarkeit« (predictability) der Handlungen als zentrales Kriterium der Aktivität der Spiegelneuronen hervorgehoben. Möglicherweise liegt ebenhier, in dieser temporalen Vorwegnahme des erwarteten Zieles, ein zentraler Steuer- und Filtermechanismus der Empathie. Ohne Vorhersagbarkeit gibt es kein Mitlaufen der Spiegelneuronen, denn erst die Vorhersagbarkeit und die Vorhersage machen aus der Beobachtung einer einleitenden Bewegung eine Sequenz und echte Handlung. Damit aber ergibt sich zugleich die Möglichkeit, Intensitätsgrade der Vorhersagbarkeit zu unterscheiden. Die größere Aktivität der Spiegelneuronen bei vorhersagbaren Akten könnte dabei durchaus auf das Vorliegen von vielen auf eine Intention programmierten Spiegelneuronen zurückgeführt werden.[51] Insofern beträfe die höhere Intensität bei Intentionsvorwegnahme also schlicht die Architektur der Spiegelneuronen, wie sie im vorigen Punkt präsentiert wurde. Wenn Intentionen ins Spiel kommen, würden, dieser Ansicht nach, schlicht mehr Schalterbeamte aufspringen, mehr Neuronen bereitstehen, die nur angetickt werden müssen. Allerdings könnte nun auch spekuliert werden, dass die größere Intensität bei der Vorwegnahme von künftigen Handlungen (zugleich) auch eine andere kognitive und emotionale Dimension einschließt, die statt einem Anticken der richtigen neuronalen Adressen eher wie eine Streubombe wirkt und eine Über-Reaktion hervorruft, die viele Neuronen mitaktiviert, die letztlich keine akkurate Vorhersage der tatsächlichen Handlung erlauben, die somit aber in Hab-Acht-Stellung versetzt werden und dann sehr schnell wieder ausgestellt werden. Dies soll kurz verdeutlicht werden.

In dem Moment, wo künftige Handlungen ins Spiel kommen,

---

[51] Iacoboni und Kollegen haben in einem Experiment Versuchspersonen verschiedene Videos vorgespielt und die Differenzen zwischen ihren neuronalen Reaktionen gemessen. Jedes Mal griff eine Hand nach einer Tasse, entweder um das Trinken vorzubereiten oder die Tasse schlicht zu bewegen oder die Tasse direkt zum Mund zu führen. Die stärkste Reaktion wurde dort gemessen, wo die Bewegung direkt zum Mund führte. Dies wurde gedeutet als Anzeichen für die stärkere Dichte an Spiegelneuronen, die Intentionen einbeziehen, »Grasping the intentions of others«. Vgl. Auch Rizzolatti & Sinigaglia, *Empathie und Spiegelneurone*, S. 132-137.

geht es stets auch um ein Abwägen von Möglichkeiten und um diverse Unsicherheitsfaktoren. Es besteht zumindest die Möglichkeit, dass dieses Abwägen nicht schlicht als Einfädeln von Routinen mittels der Spiegelneuronen stattfindet (so wie Rizzolatti & Sinigaglia bei den Makaken anhand der simplen Optionsszenarien von entweder A oder B nahelegen), sondern auch über assoziative Prozesse reguliert wird, die in die Nähe von narrativen Verfahren führen. Die Frage ist hier, was mit den für eine Weile parallel bestehenden Möglichkeiten über den Fortlauf einer Handlung geschieht.

Stellen wir uns etwa vor, auf einem Tablett befinden sich nicht nur ein paar Kaffeetassen, sondern auch eine Waffe. Wir nehmen dabei an, dass den Beobachtern bekannt ist, was eine Waffe ist. Wenn nun eine Hand auf das Tablett greift, so ist, in den meisten Kontexten (denken wir einmal nicht an James Bond), das Trinken aus der Kaffeetasse die wahrscheinlichste Intention. Dennoch vermute ich, dass die Wahrnehmung einer Waffe zu einer verstärkten Reaktion führen wird. Ob diese heftige Reaktion sich bei der Wahrnehmung einer Waffe bis auf die Ebene der Spiegelneuronen durchsetzen wird, wage ich hier nicht zu vermuten. Dass aber in vielen Kontexten verstärkte Reaktionen aufgrund der assoziativ vom Beobachter ausgesponnenen Möglichkeiten zu registrieren sein werden, scheint wahrscheinlich. Die Waffe hat insofern mehr als eine Bedeutung, nämlich etwas, das man »Über-Bedeutung« nennen könnte. Als Über-Bedeutung wird hier verstanden, dass eine »Bedeutung« unmittelbar eine Vielzahl nachgeordneter Bedeutungen aufrufen wird und dabei bereits von den nachgeordneten Bedeutungen als erste Bedeutung determiniert wird. Im Falle der Waffe besteht die erste Bedeutung, die von Spiegelneuronen erfasst wird, schlicht im Greifen der Waffe (ähnlich dem Greifen der Tasse), die nachgeordneten Bedeutungen bestehen im Einsatz der Waffe und den Implikationen einer Kampf- und Gefahrsituation, die weite Kreise zieht. Es ist in derartigen Situationen fast irrelevant, von primären, sekundären und tertiären Bedeutungen zu sprechen, da der Griff zur Waffe in entsprechenden Situationen alle zugleich aufruft. Die Assoziationswege sind durch die Signalfunktion der Waffe verkürzt.

Der zentrale Punkt ist hier, dass zumindest vermutet werden kann, dass die Vorhersagbarkeit von künftigen Handlungen nicht nur eine besondere Herausforderung für Beobachter darstellt, sondern zugleich auch eine entscheidende Quelle für die Intensität des empathischen Mitvollziehens einer beobachteten Handlung ausmacht. Allerdings muss betont werden, dass zahlreiche andere Neuronen ebenfalls beteiligt sind; die Spiegelneuronen stellen bestenfalls einen kleinen Teil in dem Bild dar, welches wir von anderen gewinnen. Vorhersagbarkeit unterliegt sicher vielen Einflüssen. Ist eine Handlung nicht vorhersagbar, dürften die Spiegelneuronen wohl nicht aufgerufen werden. Aber auch wenn verschiedene Handlungen möglich scheinen, wie bei dem Griff auf das Tablett, ist es möglich, dass neben der Abwägung der Wahrscheinlichkeit der zu erwartenden Handlung auch Faktoren der individuellen Signifikanz (wie im Falle der Über-Bedeutung) eine Rolle spielen.

Wenn sich dies (oder ein ähnlich gelagerter Fall von Variation der Intensität je nach Implikationen ein und derselben Handlung) verifizieren lässt, dann wird natürlich fraglich, ob die Einschaltung der Spiegelneuronen beim Menschen tatsächlich in jeder Beziehung vor-sprachlich, prä-reflexiv und prä-rational erfolgt, wie Rizzolatti, Sinigaglia und Gallese vielfach betonen. Bisher ist mir zumindest kein Versuch bekannt, der den Einfluss von »narrativen« Vorwegnahmen und damit eben eine sprachlich-begriffliche Dimension ausschließen kann. Um ganz sicher zu sein: Hier soll nicht vorgeschlagen werden, dass es zu einer direkt sprachlich-bewussten Reflexion kommt. Dies verbietet anscheinend die Geschwindigkeit, mit der die Spiegelneuronen aktiviert werden. Die Aufgabe der Spiegelneuronen scheint ja auch darin zu bestehen, schneller als das Bewusstsein auf die Aktionen anderer reagieren zu können. Vielmehr ist zu erwägen, ob die Aufrufmechanismen der Spiegelneuronen nicht zuvor erworben wurden durch die Beobachtung und Verarbeitung temporaler Prozesse. In diesen zuvor beobachteten und erlernten temporalen Sequenzen aber drückt sich durchaus ein auch rationaler und kulturell kodierter Akt aus, auch wenn er später ohne Einschaltung von Bewusstsein und Ratio durch die Spiegelneuronen wieder aktiviert wird. Die Spiegelneuronen werden von den Kleinkindern vielleicht deshalb auf bestimmte Handlungssequenzen programmiert, weil in ihnen eine logisch-narrative Einheit vorliegt, die als Ganzes aufrufbar sein muss (so wie Iacoboni es nahelegt).

In Bezug auf die Emotionen und Affekte ist es ebenfalls möglich, eine zeitliche Dimension ähnlich dem Vorhersagen (»predictability«) anzunehmen. Vielleicht irre ich und übertrage falsch von einer Eigenschaft der Spiegelneuronen bei motorischen Akten auch auf Emotionen. Aber denkbar ist auch hier, dass Emotionen intensiv mit ihren Anlässen und mit Intentionen verbunden sind und dass ebendiese Verknüpfung das Verstehen von Emotionen durch Beobachter besonders wichtig macht. Emotionen haben ihre Gründe, sind also zeitlich von etwas früherem evoziert worden, und sie haben ein künftiges Ziel, insofern sie dem Handelnden einen Handlungsrahmen nahelegen.

Die zentrale Frage ist hier, wie das Verhältnis der Aktivität der Spiegelneuronen zu anderen Verfahren des Vorhersagens von Handlungen anderer steht.[52] Da Menschen sehr geübt im Vorhersagen von wahrscheinlichen und unwahrscheinlichen Ereignissen sind und dabei auch unwahrscheinlichen Ereignissen viel Platz im Vorstellungsvermögen einräumen, ist die Frage, ob entweder das Spiegelneuronen-System der Menschen flexibler ist als das der Affen oder andere Mechanismen zur Vorhersage konkreter Handlungen von anderen bereitstehen. In beiden Fällen stellt sich die Frage der Kontrolle, Filterung und Unterdrückung der weniger relevanten und signifikanten Fälle.

In noch einer zweiten Hinsicht ist es möglich, sich die Kontrolle der Spiegelneuronen während der Wahrnehmung vorzustellen. Marco Iacoboni ist in den letzten Jahren auf eine neue Gruppe von Spiegelneuronen gestoßen, deren Aufgabe in der Unterdrückung der Aktivität der anderen Spiegelneuronen zu bestehen scheint. Bisher ist sehr wenig über diese Neuronen bekannt. Iacoboni konnte allerdings anhand von diagnostischen Evaluationen von 14 Epileptikern ingesamt etwa 500 Einzelneuronen verfolgen. Dabei stieß er auch auf etwa 60 Neuronen mit Spiegeleigenschaften (Neuronen, die sowohl bei Ausführung einer eigenen Bewegung als auch bei der Beobachtung von Hand- oder Gesichtsbewegung eines anderen feuern). Von diesen wiederum hatte ein Drittel die ungewöhnliche, bei Affen nie beobachtete Eigenschaft, dass sie bei der eigenen Akti-

---

52 Die Frage der Vorhersage wird uns im Kontext der Narration in Kapitel 4 weiter beschäftigen. Vorbereitend auf die zentrale Rolle der Vorhersage und der unerfüllten Ziele für Narration und narrative Prozesse sei bereits hingewiesen auf die Arbeit von Richard J. Gerrig und Giovanni Egidi, »Cognitive psychological foundations of narrative experiences«, in: David Herman (Hg.), *Narrative Theory and the Cognitive Sciences*, Stanford 2003, S. 33-55.

on hemmend und bei der Wahrnehmung anderer stimulierend wirken. (Bei Affen haben rund 80% der Spiegelneuronen stimulierende Wirkung bei eigener Aktion und hemmende Wirkung bei der Wahrnehmung anderer.)[53] Iacoboni deutet diese Funktion dieser Super-Spiegelneuronen als eine Kontrolle, die die Differenzierung von Selbst und anderen erlaubt. Indem diese Neuronen die eigene Stimulierung hemmen, »erzählen diese Neuronen den klassischeren Spiegelneuronen und auch anderen motorischen Neuronen, dass die beobachtete Aktion nicht imitiert werden soll«.[54] Hier begegnen wir also erneut der von de Waal und anderen postulierten Trennung von Selbst und anderen als Mittel der Korrektur der überzogenen Ähnlichkeit.

Zu 3) Es ist höchst wahrscheinlich, dass nachfolgend nach den Spiegelneuronen andere Mechanismen des Filterns von Information erfolgen. Nicht jedes Mitlaufen der Spiegelneuronen führt zu Mitleid, Mitgefühl im höheren Sinne. So formulieren auch Rizzolatti & Sinigaglia:

Wenn wir zum Beispiel ein schmerzverzerrtes Gesicht sehen, veranlasst uns das nicht automatisch, Mitgefühl zu empfinden. Dies geschieht oft, aber dennoch handelt es sich um zwei verschiedene Prozesse in dem Sinne, dass der zweite den ersten impliziert, aber nicht umgekehrt. Das Mitleid hängt außer vom Erkennen des Schmerzes noch von anderen Faktoren ab, zum Beispiel, wer der andere ist, welche Beziehungen wir zu ihm haben […].[55]

Auch wenn sich also die gewagten Spekulationen am Ende des vorangegangenen Punktes nicht bestätigen lassen sollten, so ist dennoch zu fragen, wie sich die menschlichen Vorstellungsvermögen, die weitläufigen Kontextualisierungen, kulturellen Kodierungen und Narrativierungen von anderen auf das Aktivieren von Mitleid, Empathie und ähnlichen Formen des Gedankenlesens auswirken. Anzunehmen ist, dass hier eine Vielzahl von Filtern auftreten können, die Mitleid etwa für Menschen der eigenen Gruppe (Familie), für kulturell wertvolle Akte (kein Mitleid bei den subjektiv für gerecht gehaltenen Bestrafungen – »geschieht ihm recht«) oder den verständlichen Akten reservieren.

---

53 Marco Iacoboni, »Mesial frontal cortex and super mirror neurons«, in: *Behavioral and Brain Sciences* 31 (2008), S. 31.
54 Marco Iacoboni, *Mirroring People*, S. 203.
55 Rizzolatti & Sinigaglia, *Empathie und Spiegelneurone*, S. 190.

Wie dieses spätere Filtern durch die Spiegelneuronen oder andere neurologische und kognitive Prozesse gewonnener Informationen über die Zustände von anderen stattfindet, ist bisher nur spekulativ zu erfassen. An einigen Stellen dieses Buches werden wir auf bekanntere Aspekte dieses sekundären Filters Bezug nehmen. Im vierten Kapitel wird der Vorschlag gemacht, den zentralen Filter in narrativen Prozessen zu bestimmen. Empathie wird möglich, wo wir den anderen auf bestimmte Art und Weise narrativieren können. Diese Art der Narrativierung ist aufs Engste mit einem Mechanismus der Empathie-Abwehr verbunden, die zugleich eine Ablösung und Distanzierung vom anderen erlaubt.

7. Kurze Klärung eines scheinbaren Widerspruchs

Es ist jetzt an der Zeit, die diversen Argumentationsstränge zusammenzuführen. Der aufmerksame Leser wird an mehr als einer Stelle über eine Widersprüchlichkeit gestolpert sein. Einerseits wurde vielfach betont, dass ein überzogenes Selbstgefühl zu Fehlbefunden der Ähnlichkeit und mithin der Empathie führt. Das eigene Selbst wird (fälschlich) zum Modell aller; der Einzelne denkt sich alle anderen nach seinem Bilde. Andererseits wurde das Ich zugleich auch als das trennende und korrigierende Moment ins Feld geführt. De Waal und Iacoboni argumentierten, dass die Reflexion auf das eigene Ich und die Differenz zu den anderen das korrigierende Mittel der überzogenen Ähnlichkeit ist. Hier scheint es, als werde »das Ich« zum Mittel der akkurateren Empathie. Der Widerspruch liegt also in der Rolle der Selbst- oder Ichheit, einmal als fälschlich universale Struktur aller und einmal als Identität eines Einzelnen, die als Korrektiv der Universalität auftritt.

Man könnte nun versucht sein, diesen Widerspruch (ähnlich wie de Waal) schlicht durch ein phylogenetisches Stufenmodell aufzulösen. Das Selbst wäre demnach eine noch undifferenzierte erste Größe, die allen zu ähneln scheint, während erst die später entwickelte Vorstellung eines »Ich« die Unterscheidung zwischen mir und dem anderen erlaubt. Bewusstsein und Bildung würden das »Ich« also von dem bloßen Selbst absetzen. Das »Ich« als verstandene und gewusste Identität des Einzelnen schützt vor emotionaler Ansteckung und anderen Fehlbefunden der Ähnlichkeit, da es von seiner Differenz weiß. Ein solches Stufenmodell hat allerdings in Bezug auf Empathie einen spezifischen Nachteil. Aus diesem Modell folgt nämlich, dass höher gebildete Wesen mit einem »Ich« seltener Empathie empfinden könnten, da ihr Bewusstsein eines Ich ihnen die Annahme der Ähnlichkeit zu anderen in den meisten Fällen verbietet. (Manche Theorien, die ein derartiges Stufenmodell vertreten, argumentieren, dass es nach Ausbildung des »Ich« zu einer verstärkten »intellektuellen« Empathie komme, die eine unmittelbar emotionale kompensiere.)

Es bietet sich aber noch eine andere Möglichkeit der Auflösung dieses Widerspruchs an, wenn man die so zentrale mentale Tätigkeit des Vorhersagens berücksichtigt. Statt von einem Zwei-Stufen-Modell auszugehen, könnte ein integratives Modell erwogen werden, in welchem das »Ich« des Einzelnen nicht als Identität, sondern als bloßes Regulativ auftritt. Das »Ich« wäre in diesem Modell eben der spontane Effekt einer Differenzwahrnehmung zwischen einer Erwartung des Verhaltens des anderen und dem tatsächlich stattfindenden Verhalten. In dem Moment, wo der andere sich anders verhält, als vom Beobachter erwartet, kommt es zu einer Trennung zwischen dem empathischen Beobachter und dem Beobachteten. Diese Trennung unterbricht die emotionale Einheit und stellt den Beobachter wieder auf sich. In dieser Unterbrechung ereignet sich etwas wie das Ich nicht als Identität, sondern als Funktion der Differenz oder als Abzug des Beobachters aus seiner Rolle des empatischen Beobachters. Dabei wird nicht das »Ich« als »das Ich« oder der andere als der andere erkannt, sondern vielmehr wird der temporale Prozess der Vorausahnung und Vorhersage gestört. Das »Ich« in diesem Sinne ist dann nichts als diese Funktion des Unterbrechens der empathischen Gleichheit. Der Akt dieses »Ich« besteht im Staunen über die unerwarteten Handlungen.[56] Es muss

---

56 Dieses Modell ließe nun eine Umkehr zu, die die fortwährende Attraktion der Empathie erklären könnte: Man lässt sich immer wieder auf andere ein, sofern man weiß, dass man von ihnen wieder freikommt und nicht einem Übermaß an Identifikation erliegt. Stärker gesagt, man empathisiert und »identifiziert« sich mit denjenigen, die einem anzeigen, dass man aus dieser Anähnelung wieder befreit wird. In der Ähnlichkeit, dem Mitlaufen von Erwartung, liegt bereits das Angebot zur Trennung. Statt die Vorhersagbarkeit des anderen als Leistung des Beobachters zu beschreiben, geht es um eine funktionale Verknüpfung des Scheiterns des Vorhersagens und des Ich als Grenzwert von Empathie. Zur Diskussion dieser Hypothese kommen wir im vierten Kapitel.

wohl nicht hervorgehoben werden, dass dies eine sehr unorthodoxe Defintion dessen ist, was »Ich« heißt.

Die Ähnlichkeit zwischen Beobachter und Beobachteten, von der wir in diesem Kapitel ausgegangen sind, zeigt sich insofern innerhalb von zeitlichen Prozessen des Vorhersagens. Und diese zeitliche Ähnlichkeit impliziert zugleich das Ende der Ähnlichkeit, da zeitliche Prozesse meist auseinanderdriften. Reguliert wird Ähnlichkeit durch das Stattfinden des Unerwarteten.

Diese freien Überlegungen und Vermutungen, mehr sind es nicht, helfen uns, vorsichtig mit Theorien umzugehen, die die Differenz zwischen Ich und anderen als zentrale Achse der Empathie begreifen. Statt von Strukturen der Identität auszugehen, muss gefragt werden, wie diese Differenzierung selbst Effekt von Empathie ist. Es kann also zumindest erwogen werden, inwiefern das sogenannte »Ich« selbst ein Effekt ist, der momentan in zeitlichen Prozessen der Erwartung und Vorhersage besteht. Dazu im Folgenden.

8. Exkurs: Das Ich als Blockade gegen Empathie (Lessing)

Auch in der Begriffsgeschichte von Konzeptionen der Empathie stoßen wir auf derartige Konstellationen von Empathie und Empathie-Blockade durch das »Ich«. Tatsächlich scheint Empathie in den letzten Jahrhunderten ebendort als Mechanismus entfaltet zu werden, wo Empathie sich als blockierbar erweist. Dieser Befund einer Empathie durch Blockade (so er sich verifizieren lässt) kann einerseits als Bestätigung unserer Thesen aufgefasst werden, insofern sich die begriffs-historische Entwicklung den kognitiven Fähigkeiten annähert. Andererseits muss uns eine solche Entsprechung vorsichtig stimmen. Die Gefahr ist, dass man einem historischen Diskurs aufsitzt und dessen Struktur in die anderswo beobachteten Daten überträgt.

In der Dekade von etwa 1770 bis 1780 werden zwei Konzeptionen prominent: Zum einen das Mitgefühl (Mitleid und Sympathie, die wir heute wohl Empathie nennen würden[57]) und zum anderen »das

---

57 Zur begrifflichen Differenzierung siehe aber Douglas Chismar, »Empathy and

Ich«. Die Frage ist, wie diese paralle Entdeckung, Wiederentdeckung oder vielleicht auch Erfindung erklärt werden kann.

Zunächst sind beide Konzeptionen erklärungsbedürftig. Das Mitgefühl (Mitleid, Sympathie) ist in begriffshistorischer Sicht natürlich keineswegs eine Neuentdeckung des achtzehnten Jahrhunderts. Bereits Aristoteles' Texte zum Theater, zur Politik und Rhetorik stellen eine Form des Mitgefühls ins Zentrum des Verständnisses von sozialen Situationen und der Erklärung der Wirkung von Fiktionen (Rhetorik, Theater). Diese Ideen von Aristoteles werden im achtzehnten Jahrhundert wieder verstärkt aufgegriffen und zu einem eigentlichen Mechanismus von Mitleid ausgebaut.[58] Vor allem Adam Smith (*Theory of Moral Sentiments*) und Gotthold Ephraim Lessing (*Hamburgische Dramaturgie*) fragen, wie genau uns das Schicksal der anderen betrifft. Und dabei berufen beide sich auf die prinzipielle Ähnlichkeit der Menschen untereinander.

Erstaunlicherweise (oder vielleicht nicht so erstaunlich) ist ebendies auch die Zeit, in der sich eine neue Begriffsschöpfung wie ein Lauffeuer verbreitet: die Nominalisierung von »das Ich«, »le moi« oder »the self«. Das »Ich« wird vielleicht zum bekanntesten Schlagwort des Sturm und Drang ab 1769. Aufbauend auf Texten von Rousseau und Hemsterhuis sind es vor allem die deutschen Autoren des Sturm und Drang, die »das Ich« zur Notwendigkeit des Einzelnen erklären. Die aktive Individualisierung wird dem Einzelnen als Bildungsprogramm vorgeschrieben. Das Ich ist nicht da, sondern existiert als Forderung, als »Ich-Zwang«.[59] Im Zentrum dieses Programms steht dabei in der einen oder anderen Art und Weise das Hervorbringen einer Unähnlichkeit zwischen den Menschen.

Die Kultur- und Ideengeschichte lässt vermuten, dass es neben der zeitlichen auch eine ursächliche Verknüpfung der Betonung von Empathie und Ich geben sollte, denn immerhin kommen die zwei zentralen kulturellen Ideen nicht nur parallel in Zirkulation, sondern tauchen auch in den gleichen Foren wie etwa der Theater-

---

sympathy. The important difference«, in: *Journal of Value Inquiry* 22 (1988), S. 257-266.

58 Zur Verknüpfung von politischen Kontrollmechanismen und Einfühlung im achtzehnten Jahrhundert siehe Joseph Vogl, *Kalkül und Leidenschaft. Poetik des ökonomischen Menschen*, München 2002, S. 83-107.

59 Fritz Breithaupt, *Der Ich-Effekt des Geldes. Zur Geschichte einer Legitimationsfigur*, Frankfurt am Main 2008.

theorie, der Pädagogik, der politischen Wissenschaften und kurz darauf der Erfahrungsseelenkunde auf.

Wie also hängen die gleichzeitige Betonung des Mitleids und des Ich zusammen? Nicht alle Ereignisse und Ideen der gleichen Epoche müssen direkt miteinander zusammenhängen. Epochen können voller innerer Widersprüche sein. Dennoch möchte ich vorschlagen, dass es zwischen der Betonung des Mitleids und der Erfindung des Ich am Ende des achtzehnten Jahrhunderts einen Zusammenhang gibt.

Man könnte nun Folgendes annehmen: Weil mehr Eigenheit und Individualität am anderen wahrgenommen werden, gibt es auch mehr zu verstehen, und umso mehr Interesse hat man an ihm und umso mehr muss Empathie eingeübt werden. Mit unserem Differenzbewusstsein zum anderen müsste auch das Medium der Übersetzung, also Empathie, wachsen, so diese Überlegung, beziehungsweise umgekehrt: Erst weil ein Medium zur Übersetzung bereitsteht, kann der andere wirklich anders werden. Aus dieser Sicht würde die Schaubühne zum Ort, an dem Empathie mit dem neuen Individuum trainiert wird. Im Theater und in Fiktionen im Allgemeinen, so lautet diese Überlegung, lernen wir andere in all ihrer Seelentiefe verstehen.

So plausibel eine solche Annahme auf den ersten Blick scheinen mag, so irreführend ist sie in historischer und auch logischer Hinsicht. Empathie ist, wie oben dargestellt wurde, kein einfaches Mittel, um Individualität zu stärken. Ein zentraler Vorbehalt gegen diese Annahme besteht zudem darin, dass die Individualität im späten achtzehnten Jahrhundert ja nie schlicht da ist. Keiner ist sich seines Ichs sicher, niemand kann von sich behaupten, dass er ein Genie sei, dass er in sich singuläre Eigenschaften habe, die ihm einen Kern geben, der es wert sei, verstanden zu werden. Ein Genie hätte einen solchen Kern. Doch ein Genie ist stets nur der andere, ein anderer aber, der einem nicht als Mensch gegenübersteht, sondern als Abstraktum über den Schöpfungen der Kunst und Wissenschaft schwebt. Und weil das Ich nie schlicht da ist, nie als Präsenz behauptet werden kann, und auch keine andere Substanz der Individualität bereitsteht, die nicht vollkommen wandelbar wäre, so ist diesem nicht-vorhandenen Kern eines Individuums auch keine Empathie abzugewinnen, weder als Objekt noch als Subjekt.

»Das Ich« ist nicht einfach da – und doch kann der Begriff des

Ich überall in der Epoche als eine ungeheure Behauptung von und Forderung nach Individualität registriert werden: Jeder soll ein Ich haben oder ausbilden.

Um die Relation von Ich und Empathie genauer zu fassen, muss zunächst die Bedrohung verstanden werden, die von dem neuen Ich ausgeht – also nicht von dem Ich als einer existenten Form der Individualität, sondern von der Behauptung und Forderung, die von dem Begriff des »Ich« ausgeht. Dieses neue Ich gefährdet das Band zwischen den Menschen, welches, wenn auch je verschieden, von vielen Denkern der Aufklärung privilegiert wird: Ähnlichkeit. In einer Epoche der vielen Ichs, gibt es weniger Ähnlichkeit und, so die Annahme, weniger Empathie, Mitleid, Mitgefühl und Sympathie. Die gemeinsame Karriere von Ich und Empathie beginnt nicht, weil sie sich ergänzen, so meine These, sondern weil das Ich Antagonist der Empathie ist.

Im Folgenden soll:
1) dieser Antagonismus dargestellt werden,
2) herausgearbeitet werden, welche Konsequenzen sich für die narrative Literatur daraus ergeben,
3) gefragt werden, welche Lösungen sich für diesen Konflikt anbieten.

Unsere Spurensuche soll ihren Ausgang in der berühmten Mitleidsdiskussion in Lessings *Hamburger Dramaturgie* finden. *Mitleid* wird dort als das Band der Gemeinschaft eingesetzt. Das Ziel des Lessing'schen Denkens besteht entsprechend darin, die Bedingungen zu bestimmen und in den Dramen zu erproben, die Mitleid befördern. Die Kernbedingung für Mitleid besteht, wie wir schnell sehen werden, in der Ähnlichkeit. Ich zitiere die berühmte Auseinandersetzung mit Aristoteles aus der *Hamburgischen Dramaturgie*:

[Aristoteles] spricht von Mitleid und Furcht [...] es ist die Furcht, welche aus unserer Ähnlichkeit mit der leidenden Person für uns selbst entspringt; es ist die Furcht, daß die Unglücksfälle, die wir über diese verhängt sehen, uns selbst treffen können; es ist die Furcht, daß wir der bemitleidete Gegenstand selbst werden können. Mit einem Worte: diese Furcht ist das auf uns selbst bezogene Mitleid.[60]

---

60 Gotthold Ephraim Lessing, *Werke und Briefe in zwölf Bänden* (DKV), hg. von Klaus Bohnen et al., Frankfurt am Main 1985, Bd. VI, S. 556–557 (*Hamburgische Dramaturgie*, 75. Stück).

Die Bedingung der Möglichkeit des *Furcht- und Mitleid-Komplexes* ist, dass genug Ähnlichkeit zwischen mir und dem anderen besteht, so dass ich mich an seine Stelle setzen kann. *Ähnlichkeit* ist die Bedingung der Möglichkeit von *Mitleid*.[61]

Lessing unterscheidet zwei Formen der Ähnlichkeit, eine gegebene, aber meist verstellte Ähnlichkeit, die er Philanthropie nennt, und eine zu erwerbende Ähnlichkeit, die auf ästhetischer Illusion und Verschmelzung beruht.[62] Die Aufgabe des Schauspiels und vor allem der Tragödie, so legt Lessing es nahe, besteht darin, die erste Form der Ähnlichkeit freizulegen und die zweite zu generieren. Hierbei nun ist die Theatersituation und auch das Theatralische der Situation entscheidend.[63]

Es stellt sich die Frage, warum die Ähnlichkeit anscheinend nicht direkt wahrnehmbar ist. Was ist der Feind der Gleichheitsempfindung, der Wahrnehmung der menschlichen Ähnlichkeit und also von Mitleid und Empathie? Es ist das Ich. Das Ich in all seinen Schattierungen findet sich prominent in vielen Schriften und den

---

61 Thomas Martinec behauptet, dass Lessing der erste Denker sei, der es für notwendig hält, die Bedingungen von Mitleid zu artikulieren. Fühere Denker wie Leibniz, Wolff und Baumgarten hätten schlicht angenommen, dass die Leidenschaften übertragbar sind; Thomas Martinec, »The boundaries of Mitleidsdramaturgie. Some clarifications concerning Lessing's concept of ›Mitleid‹«, in: *The Modern Language Review* 101 (2006), S. 743-760.

62 »Mitleidige Regungen, ohne Furcht für uns selbst, nennt er [Aristoteles, F.B.] Philanthropie: und nur den stärkern Regungen dieser Art, *welche mit Furcht für uns selbst verknüpft sind*, giebt er den Namen des Mitleids«, G.E. Lessing, *Werke und Briefe. Hamburgische Dramaturgie*, S. 563 (76. Stück). Dies ist auch die Stelle, an der Lessing die Metaphern von Funke und Feuer zur Charakterisierung von Philanthropie und Mitleid benutzt.

63 Karl-Heinz Maurer zeigt, wie Lessing *Mitleid* zwischen zwei Gefahrenpolen zu manövrieren versucht. Einerseits kann Mitleid mit einem anderen zu einer Übernahme von dessen Begehren für bestimmte Liebesobjekte resultieren, so dass die distanzierte Mitleidsbeobachtung wieder zu einer unmittelbaren Affektion (für das Objekt) regrediert. Daher, so Maurer, bevorzuge Lessing unangenehme Gefühle als Basis von Mitleid (und nicht etwa Liebe), da in ihnen die Versuchung für die Objekte minimal sei. Andererseits endet Mitleid, wenn es selbst Gegenstand der Reflexion wird. Im Mitleid, wie distanziert es sich auch gibt, gibt es einen Kern an Identifikation und ästhetischer Illusion, der die bewusste Reflexion nicht überstehen könne. Maurer hält diese Selbst-Reflexion allerdings letztlich für unvermeidlich, da Mitleid eine Form der Selbstbeobachtung sei; vgl. Karl-Heinz Maurer, »Verführung durch Mitleid: G. E. Lessings *Emilia Galotti* als Selbstaufhebung der Tragödie«, in: *German Quarterly* 78 (2005), S. 172-191.

Dramen Lessings von *Philotas* bis zu *Emilia Galotti*. Viele der Texte Lessings werden indirekt von dem neuen Ich der Epoche strukturiert. Vor allem die negativen Aspekte des Ich werden in Figuren wie dem Prinzen Gonzaga dramatisiert. Das Motto des Egozentrismus stammt von Marinelli: »Wozu dieser traurige Seitenblick? Vorwärts! denkt der Sieger: es falle neben ihm Feind oder Freund«.[64] Auch in der Mitleid-Debatte erscheint das Ich als negative Matrix. Mitleid erscheint dort als die Kraft, die die Kruste der Ichs durchbricht, um die innere Ähnlichkeit bloßzulegen. Eine Mit*freude* dagegen kann sich Lessing nur schwer vorstellen. Denn wenn einer sich freut, dann reagiert der andere mit Eifersucht, kann sein eigenes Ich nicht vergessen, sondern vergleicht sich mit dem anderen. Schadenfreude ist eine ähnliche Störung von Ähnlichkeit und damit von Mitleid.

Entsprechend ist das Ich, zunächst, schlicht der Feind des Lessing'schen Zieles einer durch Mitleid vereinten Gemeinschaft. Das Ich ist ebendas, was überwunden werden muss, denn das Ich und die Egozentrik führen dazu, dass wir unsere tiefe Gemeinsamkeit vergessen und keine Ähnlichkeit mit dem anderen wahrnehmen können. Solange jeder nur an sich selbst glaubt, wie in der Ringparabel, ist Gemeinschaft nicht möglich.[65] Soweit scheint Lessing sich schlicht der Position von Rousseau anzuschließen, der im *Diskurs über die Ungleichheit* (*Discours sur l'origine et les fondements de l'inégalité parmi les hommes*) jede Form des *amour propre* verdammt.[66]

Mit der Gemeinschaft wird auch das Projekt der Literatur bedroht. Insofern das Ich das Individuum privatisiert, entzieht es dieses dem Einblick der anderen. Darin liegt ein ungeheures Problem für alle Formen der Fiktion, die ja auf ein Mitbetroffensein der Leser und Zuschauer angewiesen sind. Das alte Modell von narrativen Texten als Exemplum, in dem die Protagonisten als moralisch gute oder schlechte Modelle der Leser dienen, ist auch

---

64 G.E. Lessing, *Werke und Briefe in zwölf Bänden* VII, S.359 (*Emilia Galotti*, V.1).
65 Zum Ritual bei Lessing, vgl. Fritz Breithaupt, »Wie ist Gesellschaft möglich? Geld und Medien bei Lessing und Simmel«, in: Wolfgang Albrecht und Richard E. Schade (Hg.), *Mit Lessing zur Moderne. Soziokulturelle Wirkungen des Aufklärers um 1900*, Kamenz 2004, S. 67-80.
66 Zum Verhältnis von Rosseau und Lessing, vgl. Hans-Jürgen Schings, *Der mitleidigste Mensch ist der beste Mensch. Poetik des Mitleids von Lessing bis Büchner*, München 1980.

von Bodmer und Breitinger, Gellert oder Baumgarten nicht außer Kraft gesetzt worden. Nun aber, mit dem Ich, scheint diese Idee von Fiktion nicht mehr zu funktionieren. Das Ich wird zur tödlichen Bedrohung von Literatur. Je mehr sich die Individuen ver-ichen, desto weniger sind auch fiktionale Charaktere für andere zugänglich, verstehbar, erfühlbar. Der Sturm und Drang, also die Periode die laut Heinz Schlaffer die einzige Epoche einer nennenswerten deutschen Literatur einläutet, ist somit die Epoche, die sich dem Ende der Literatur ausgesetzt sieht.[67]

Doch die Frage ist, wie die narrative einschließlich der lyrischen und dramatischen Literatur darauf reagiert?

Meiner Ansicht nach kommt es ebenhier zu der für mehrere Jahrhunderte wichtigsten Neuorientierung der Grammatik von Literatur und Narrationsdesign. Zwei Elemente sind dabei vor allem zu betonen:

1) die Strategien, die weiter an Ähnlichkeit festhalten und nun eine aktive Produktion von Ähnlichkeit durch narrative Mittel planen;

2) der Einsatz des Ich als Blockade von zuviel Ähnlichkeit, zuviel Mitleid und damit die Etablierung eines Steuerungsmechanismus von Empathie.

Zu 1) Lessings Schriften zum Drama spezifizieren, dass die Ähnlichkeit, die wir im Theater gewinnen können, eine Ähnlichkeit des Extrems ist. Wir sind alle dieselben und fühlen alle gleich, wenn wir uns in Extremsituationen befinden, in denen wir um unsere Existenz fürchten oder wie in der Liebe tief fühlen. Der Tod des tragischen Helden ist aller Tod. Alle können sich mit dem Helden *identifizieren*, denn, so die Annahme, in seiner Situation würden wir alle gleich empfinden. Abgestreift werden in der existentiellen tragischen Situation alle individuellen Differenzen. Mitleid kann in einem komplizierten Appart entstehen, den wir Theater, oder allgemeiner: Fiktion nennen, der unsere verschiedenen Hüllen und Anliegen und Hintergründe und also Ichs wie ein Nussknacker aufbricht und abwirft, um ebendie weiche emotionale Masse hervorzubringen, die wir alle teilen. (Das historische Auslaufmodell ist etwa die Schäfer-Idylle, in der von Anbeginn zu wenig Ichheit herrscht.)

Entsprechend werden die »plots« bevorzugt, die Extremsituati-

---

[67] Vgl. Heinz Schlaffer, *Die kurze Geschichte der deutschen Literatur*, München 2002.

onen provozieren, in denen, so die Annahme, alle gleich fühlen oder handeln würden. Dazu gehören vor allem tragische Situationen aber auch die Schauergeschichten, die allen Angst induzieren, und die am Ende des achtzehnten Jahrhunderts in Mode kommen. Trauerspiele waren bereits zuvor populär. Doch die neuen Tragödien des Sturm und Drang verwenden mehr Zeit darauf, den tragischen Helden zum Jedermann aufzubauen, der an einem Grundkonflikt scheitert, also dem Konflikt mit einer Übermacht wie dem Vater, der Kirche, dem Staat, einer Keuschheitsidee und so fort, und eben nicht den Intrigen der Rivalen erliegt wie manche übermütigen Helden des Barock. Auch die Komödien präsentieren Grundkonflikte, zumindest wenn wir der Deutung Hegels folgen, der zufolge die eingebildete Identität des Charakters im Lachen und Übersich-Lachen zerplatzt wie eine Wolke.[68] Und auch der sogenannte Bildungsroman gehört hierher, denn dort wird ein Zeitpunkt vor der Verkrustung zum Ich gewählt, ein noch-nicht-gebildeter Charakter, der insofern dem (späteren) Ich zeitlich entrinnt.

Zu 2) Ein zweites Element der neuen Grammatik von Literatur besteht darin, das Ich nicht schlicht zu verteufeln oder zu überwinden zu versuchen, sondern als Mittel zur Kanalisierung der Aufmerksamkeit des Lesers zu verwenden. Das Ich leistet damit etwas ganz grundsätzlich Neues. Es erlaubt das Nicht-Wissen vom anderen,[69] es verhindert das Zuviel an Ähnlichkeit, es errichtet eine Barriere zwischen den Menschen, auf denen das (Lessing'sche, Schiller'sche und zum Teil auch Goethe'sche) Theater dann durch seine Techniken der Anähnelung reagieren kann. In der Erfindung des Ich wird Nicht-Ähnlichkeit gewonnen. Das Ich erlaubt die Nicht-Ähnlichkeit zum anderen – um die Ähnlichkeit für besondere Momente zu reservieren. Mitleid, Mitgefühl, Empathie im modernen Sinne auch als Mitverstehen, wird zur Ausnahme, zum Akt, zur kontrollierten und kontrollierbaren Leistung und dadurch also kunst- und literaturfähig.

Das Ich, gerade weil es sich der Einsicht durch andere ent-

---

68 Vgl. Werner Hamacher, »(Das Ende der Kunst mit der Maske)«, in: Karl-Heinz Bohrer (Hg.), *Sprachen der Ironie – Sprachen des Ernstes*, Frankfurt am Main 2000, S. 121-155; und Stephan Kraft, *Das Ende der Komödie – zum Finale in der Komödienpoetik* (Ms. 2007, bisher unveröffentlicht).

69 Hans Adler, »Das gewisse Etwas der Aufklärung«, erscheint in: Hans Adler und Rainer Godel (Hg.), *Formen des Nicht-Wissens der Aufklärung*, Halle 2009.

zieht und zugleich selbst nicht die Einsicht in die anderen sucht, weil es sich der Gleichheit und Ähnlichkeit sperrt, wird zu einem Schutz gegen den Mitleids-Zwang.[70] Das Ich als institutionalisierte Nicht-Ähnlichkeit wird so zum einen zum Anlass, das Wissen, das Gleichschwingen mit dem anderen, das Mitgefühl als Ausnahme zu zelebrieren und zum anderen zum Schutz, den anderen nicht immer verstehen zu müssen, nicht immer mit ihm mitfühlen zu müssen. Das Ich wird zum Filter gegen das Rauschen des Mitleids. Nicht-Wissen befreit und fokussiert. Dieses Ich ist eben keine einfache Substanz von Individualität, sondern es existiert nur in seiner Funktion, das Zuviel der Ähnlichkeit zu unterbrechen. Es besteht vielleicht in nicht mehr als diesem Wissen, dass wir den anderen nicht verstehen, dass er vielleicht anders bleibt.

Diese beiden neuen Elemente kennzeichnen die Literatur für mehr als hundert Jahre und sind auch jetzt nicht außer Kurs gekommen. In den folgenden Kapiteln, vor allem der Lektüre von *Effi Briest*, werden Formen von Literatur dargestellt, die sich der Nicht-Ähnlichkeit verdanken.

Wie also sieht das Verhältnis von Ich und Empathie am Ende des achtzehnten Jahrhunderts aus? Die hier vorgestellte These besteht darin, dass Ich und Empathie sich im Denken der gängigen Diskurse der Epoche (mit Ausnahme vielleicht der Erfahrungsseelenkunde) als Antipoden gegenüberstehen. Gemeinschaft, aber auch Literatur, sind nur möglich, solange zwischen den Individuen genug Ähnlichkeit besteht, so dass sie einander empathisch verstehen können. Insofern ist das Ich eine Bedrohung für Literatur und Gemeinschaft. In Anwort auf diese Bedrohung wird das Ich als Kontrollmechanismus von Empathie entdeckt. Möglicherweise existiert das Ich eben als ein solcher Kontrollmechanismus in der Literatur. Mithilfe des Ich als Blockadeinstanz kann Empathie kanalisiert werden. Und insofern nun unterstützen Ich und Empathie einander: Weil sie sich wechselseitig ausschließen, kann das eine als Kontrollmechanismus des anderen zu Felde geführt werden. Weder Ich- noch Ähnlichkeitszwang werden totalitär. Es gibt gesteigerte Empathie, weil sie – in den meisten Fällen – blockiert wird. Ichheit wird vertieft, weil es Effekte des Nicht-Wissens und

---

70 Vgl. Lee Edelman, »Compassion compulsion«, in: Lauren Berlant (Hg.), *Compassion. The Culture and Politics of an Emotion*, New York und London 2004, S. 159-186.

des Versagens von Empathie gibt, die etwas dem Blick entzieht. Das Ich des anderen existiert nur im Kopf des Beobachters, und zwar als Geheimnis.

Durch Lessing wird eine der herausragendsten Epochen der deutschen Literatur eingeleitet. Die auf Lessing aufbauenden Autoren wie Hölderlin, Schiller, Goethe und Kleist halten die Wahrnehmung einer Ähnlichkeit unter den Menschen von Anfang an bereits für einen Ausnahmefall. Ausgangssituation ist die Differenz zwischen den Menschen und auch zwischen Leser / Zuschauer und Charakter. Nur durch raffinierte Arrangements der fiktionalen Werke kann es zur Empfindung von spontanen Gleichheiten kommen.

Ein solches Arrangement liegt in der Wiedererkennung (*anagnorisis*) vor, welche bereits von Aristoteles parallel mit dem tragischen Fall des Helden gesetzt wurde. In der (modernen) Anagnorisis etwa, Goethes *Iphigenie auf Tauris*, leistet der Zuschauer den gleichen Akt wie der Charakter. Der Charakter muss dort vor allem sich selbst erkennen. Er tut dies, indem er sich wie von außen, etwa in einem Spiegel, betrachtet. Und eben dies ist der Akt des Zuschauers: Er betrachtet den Charakter von außen, um dessen Identität zu erwägen. In diesem Akt der Betrachtung von außen kommt es zu einer spontanen Gleichheit zwischen Zuschauer und Charakter. Beide leisten das Gleiche. Doch zugleich ist dieser Form der Gleichheit auch ein schnelles Ende eingeschrieben. In dem Akt der Identität, also der Selbstbetrachtung, öffnet sich der Charakter nur, um sich sogleich wieder zu verschließen, da er ja eine bestimmte, nur ihm eigene Identität findet.[71]

Goethe baut mithin auf der von Lessing vorgenommenen Wiederentdeckung der Kategorie des Mitleids qua Ähnlichkeit auf und nutzt Mitleid als kognitive Dimension des Mitverstehens. Was bei Lessing zum Horizont der Überlegungen wird, nämlich das Ich als Blockade von Identifikation und Empathie, wird mit Goethe zum zentralen Geschäft der Literatur. Damit Fiktion weiter als Fiktion erfolgreich sein kann, muss sie Charaktere anbieten, mit denen die Leser und Zuschauer spontan mitfühlen können und die also für

---

[71] Die Lektüre von *Iphigenie auf Tauris* findet sich in Fritz Breithaupt, »How I feel your pain. Lessing's *Mitleid*, Goethe's *anagnorisis*, and Fontane's quiet sadism«, in: *Deutsche Vierteljahrsschrift* (2008), S. 400-423.

einen kurzen Moment (noch) kein Ich besitzen.[72] Es kann dann nicht verwundern, dass Goethes großes literarisches Projekt nach der *Iphigenie auf Tauris* in einem Bildungsroman besteht, in dem der Protagonist, Wilhelm Meister, noch nicht ist, wer er zu sein hofft.[73] Wenn ein Ich erreicht ist, endet die Literatur.

9. Rück- und Ausblick: Von der Ähnlichkeit zur Unähnlichkeit

Die Eingangsthese dieses Kapitels bestand darin, dass Empathie regelmäßig zustande kommt, weil ein Beobachter fälschlich glaubt, einen anderen verstehen zu können. Diese Tendenz zur Projektion, so die These, ist nicht nur ein Hindernis für Empathie, sondern zugleich wohl eine notwendige Voraussetzung von Empathie. Empathie kommt zustande, weil die Ähnlichkeit zwischen Beobachter und Beobachtetem überschätzt wird. Entsprechend wurde argumentiert, dass (die überschätzte) Ähnlichkeit zwischen Beobachter und Beobachtetem eine Voraussetzung für Empathie ist, dass aber Empathie zugleich Kontrolle und Steuerung bedarf, um nicht alles als ähnlich begreifen zu müssen. Die Herausforderung der Empathie besteht mithin in der Produktion der Nicht-Ähnlichkeit.

Als eine Instanz der Nicht-Ähnlichkeit haben wir dabei »das Ich« ausgemacht. Je mehr sich Individuen von anderen abgrenzen und ein Bewusstsein ihrer Differenzen kultivieren, desto unwahrscheinlicher wird Empathie. Es hat sich dabei erwiesen, dass die Verhandlung über Ähnlichkeit fast notwendig zur Diskussion von zeitlichen Prozessen führt. Ähnlichkeit und Nicht-Ähnlichkeit erweisen sich als bloße Momente eines zeitlichen Prozesses des Nacheinanders.

Zwei Momente sollen hier als Fragen für die weitere Untersuchung festgehalten werden:

1) Wenn »das Ich« in der Tat als Blockade von Empathie auf-

---

[72] Diese Gedanken werden im vierten Kapitel zur narrativen Empathie wieder aufgenommen. Dort wird von einem kurzzeitigen Mitlaufen des Beobachters mit dem Charakter der Rede sein.

[73] Vgl. Albrecht Koschorke, »Identifikation und Ironie. Zur Zeitform des Erzählens in Goethes *Wilhelm Meister*«, erscheint in: Claudia Breger und Fritz Breithaupt (Hg.), *Empathie und Narration*, Freiburg 2009.

tritt, was verursacht dann den Anreiz zur Empathie, wenn nicht die Identät des anderen?

2) Wie kann die zeitliche Dimension der Vorhersage als Teil der Struktur von Empathie genauer erfasst werden?

Kapitel 2
Kulturen der Konstruktion
(Theory of Mind)

1. Smarties oder Bleistifte
(False-Belief-Aufgaben)

Ähnlichkeit spielt sicher eine wichtige Rolle in der Empathie. Das Interesse an der Empathie muss aber gerade daher rühren, dass der andere auch anders ist als wir und dass wir die Momente der Unähnlichkeit verstehen können. Psychologen und Philosophen versuchen entsprechend, unsere Einsicht in die Andersheit des anderen mit in den Blick zu bekommen. Ein kleines Experiment liefert Einsicht in das Erlernen der Andersheit.

Einem Kind wird eine Smartie-Schachtel gezeigt. Auf die Frage, was darin sei, sagt es voraussichtlich »Smarties«. Dann wird die Schachtel geöffnet, und es stellt sich heraus, dass sich tatsächlich Buntstifte in der Schachtel befinden. Die Schachtel wird verschlossen. Nun kommt eine weitere Person hinzu, die also nicht dabei war, als die Schachtel geöffnet wurde. Das Kind wird nun gefragt, dies der Test, was der Neuhinzugekommene sagen wird, was in der Schachtel sei. Wenn das Kind sagt: »Smarties« hat es verstanden, dass die andere Person noch nicht weiß, was es selbst weiß. Wenn es »Buntstifte« sagt, nimmt es dagegen inkorrekt an, dass der andere das gleiche (und korrekte) Wissen wie es selbst hätte.[1]

Diese und diverse ähnliche Versuchsanordnungen werden als *false belief task* oder False-Belief-Aufgabe bezeichnet, da sie von den Probanden verlangen, das Fehlwissen der anderen korrekt zu erkennen. Um den Test zu bestehen, muss das Kind konstruieren, was

---

[1] Josef Perner et al., »Three-year-olds' difficulty with false belief. The case for a conceptual deficit«, in: *British Journal of Developmental Psychology* 5 (1987), S. 125-137. Kinder, die den Test nicht bestehen, sind in der Regel auch nicht in der Lage sich zu erinnern, was sie zunächst für den Inhalt der Schachtel gehalten haben. Zu einer auf der Erinnerung aufbauenden Variante des Smartie Task, siehe Sofka Barreau und John Morton, »Pulling smarties out of a bag. A headed records analysis of children's recall of their own past beliefs«, in: *Cognition* 73 (1999), S. 65-87.

für eine Vorstellung der andere von einer Situation hat, ebendort wo diese verschieden von der eigenen Vorstellung (dem eigenen Wissen) ist.

Die erste dieser Versuchsanordnungen war noch etwas theatralischer und legte nahe, dass Wettbewerbsvorteile die involvierten kognitiven Fähigkeiten bestimmen könnten. In Anwesenheit der Puppe »Maxi« versteckt eine Mutter ein Stück Schokolade in der Küche. Dann verlässt »Maxi« den Raum und die Schokolade wird an einer anderen Stelle versteckt. Was wird das beobachtende Kind sagen, wo »Maxi« nun die Schokolade vermutet?[2]

Wettbewerb dürfte auf jeden Fall in einer ähnlichen Versuchsanordnung bei Primaten den Ausschlag geben. Zwei Schimpansen werden auf eine Wiese gesetzt, in der zwei Früchte versteckt sind. Der erste kann beide Früchte sofort sehen, der zweite aber nur eine, da eine Barrikade seine Sicht auf die zweite Frucht blockiert. Wenn man jetzt dem ersten Schimpansen (der beide sieht) einen Vorsprung gibt, dann rennt dieser mit größerer Wahrscheinlichkeit zuerst zu der Frucht, die beide sehen können. Anscheinend kann der Schimpanse verstehen, dass der andere die eine Frucht nicht sehen kann und dass für diese Frucht weniger Konkurrenzdruck besteht. Um also möglicherweise beide Früchte zu ergattern, holt er sich zunächst diejenige, zu der auch der andere laufen wird.[3] (Anscheinend sind nur einige der Menschenaffen in der Lage, ihren Vorteil in dieser Versuchsanordnung zu entdecken.)

Diese und diverse ähnliche Versuche stellen das Fundament einer Theorie über Struktur und Ursprung der Empathie dar, die meist unter dem Namen »Theory of Mind« beziehungsweise kurz »ToM« abgehandelt wird.[4] Unter »Theory of Mind« wird dabei verstanden, dass jemand eine Vorstellung (Theorie) des Wissens, Wollens oder Fühlens (also zusammengenommen: Mind) eines

---

2 So in groben Zügen die Versuchsanordnung von Heinz Wimmer und Josef Perner, die die Puppe Maxi zum Charakter einer theatralischen Erzählung macht, »Beliefs about beliefs. Representation and constraining function of wrong beliefs in young children's understandings of deception«, in: *Cognition* 13 (1983), S. 103-128.

3 Siehe Juliane Bräuer, Joseph Call und Michael Tomasello, »Chimpanzees really know what others can see in a competitive situation«, in: *Animal Cognition* 10 (2007), S. 439-448.

4 So David Premack und Guy Woodruff, »Does the chimpanzee have a theory of mind?«, in: *Behavioral and Brain Sciences* 1 (1978), S. 515-526.

anderen gewinnt. Um eine bloße »Theorie« handelt es sich dabei insofern, da der andere ja nicht wirklich »mit einem Fenster in der Brust«, wie Goethe sagte, eingesehen werden kann. Wittgenstein sprach in ähnlichem Kontext vom Fremdpsychologischen.

Bemerkenswerterweise zielt diese Versuchsanordnung stets auf eine Limitation des anderen, ein limitiertes Wissen. Vielleicht ist dies kein Zufall. Verstehen wir den anderen nur als reduzierte Variante unserer selbst?

2. Die Konstruktion des anderen

Die Frage ist, was für ein Bild des anderen wir gewinnen, wenn wir diese Fähigkeit der Einsicht in die limitierte Vorstellung eines anderen zur zentralen Grundlage von Empathie erklären. Anders gefragt, was für eine Kultur der Empathie ergibt sich aus den kognitiven Fähigkeiten, die von dieser False-Belief-Aufgabe abgeleitet werden? Lassen sich Emotionen, tiefe Überzeugungen, Absichten und Leidenschaften des anderen dadurch verstehen oder mitvollziehen, dass wir die Fähigkeit besitzen, die False-Belief-Aufgabe zu bestehen? Und um was für eine Fähigkeit handelt es sich hier eigentlich?

Zwei grundsätzliche Möglichkeiten bestehen, den Versuch zu interpretieren. Zum einen könnte man sagen, dass der Beobachter die *Perspektive* des anderen übernimmt, sich also in seine Haut hineinversetzt und an seiner Stelle die Ereignisse durchwandert. Zum anderen könnte man sagen, dass der Beobachter das spezifische Wissen des anderen generiert. *Sehe* ich wie durch die Augen des anderen, wenn ich mir vorstelle, was er weiß, und erlebe ich mithin die Situation mit ihm (Modell 1)? Oder weiß ich nur, was der andere (je punktuell) weiß und errechne also sein Wissen als Differenz zwischen dem faktischen Zustand und seinem limitierten Verständnis (Modell 2)?

Zwei Unterschiede zwischen dem vorgeschlagenen perspektivischen und dem logischen Modell sind hervorzuheben. Ein Unterschied betrifft die Art und Weise, wie das Wissen um den Inhalt der Schachtel konstituiert ist. Ist es visuell-sinnlich-individuell-erfahrungsbezogen (ich *sehe*, was in der Schachtel ist, und er *sieht* es nicht; ich glaube also selbst zu »sehen«, wie der andere nur die

Außenseite der Schachtel wahrnimmt) oder logisch (ich weiß, was darin ist, und er weiß es nicht) verfasst?

Die zweite, weitreichende Differenz betrifft die Ausdehnung dessen, was wir vom anderen lernen. Wenn ich wie mit den Augen des anderen *sehe*, dann sehe ich auch das gesamte Umfeld, das der andere sieht (das heißt natürlich, ich stelle mir vor, es zu tun). Die im Smartie-Task angewandte Technik transponiert mich in diesem Fall imaginär in die Schuhe des anderen. Bevor ich die konkrete Aufgabe lösen kann, was der andere bezüglich einer kleinen verschlossenen Schachtel vermutet, muss ich imaginär in die Fußstapfen des anderen getreten sein. Und aus diesen Fußstapfen lässt sich dann eine ganze Menge von Dingen beobachten, da ich nun seine *Perspektive* zu teilen glaube (Modell 1).

Dasselbe gilt für das *Wissen* nicht, denn das Wissen bleibt stets punktuell (Modell 2). Ich kann aus dem Wissen des anderen über Bleistifte und Smarties nicht einmal auf sein spezifisches Wissen über, sagen wir, Büroklammern und Tic-Tacs schließen. Allerdings kann ich annehmen, dass das Wissen des anderen in groben Zügen an der realen Welt orientiert ist und daher auch ein allgemeines Wissen von diversen Feldern und Situationen umfasst (also auch eine Vorstellung der Funktion von Büroklammern und Tic-Tacs).

Die Differenz beider Modelle (des perspektivischen und des logischen) kann auch so beschrieben werden, dass das perspektivische Modell ein simulierendes Modell ist, das zweite dagegen ein reduktives. Im perspektivischen Modell wird die Person des anderen sozusagen von unten aufgebaut. Seine Sicht der einzelnen Dinge wird verfolgt und aus dieser individuellen Perspektive wird sein Horizont aufgespannt. Dabei nutzt der Beobachter sein eigenes Wahrnehmungssystem, als wäre er der andere, und durchläuft die Sinneseindrücke und Emotionen, die in der Situation des anderen zu erwarten sind. Im logischen Modell dagegen wird genau umgekehrt verfahren. Es wird angenommen, der andere habe ein korrektes Wissen von der Welt (und zwar eines, das dem unseren entspricht, welches schlicht als das korrekte Modell angenommen wird) und nun wird nur von Einzelfall zu Einzelfall ein Abstrich gemacht, nämlich dort, wo der andere ein spezifisches Wissen nicht besitzt (wo also die Schokolade ist beziehungsweise was in dieser einen Schachtel enthalten ist). Umgekehrt könnte dem anderen auch ein überlegenes Wissen zugestanden werden.

Für das logische Modell spricht, dass die Kinder, die an der False-Belief-Aufgabe scheitern, annehmen, dass alle anderen genau das gleiche Wissen, wie sie selbst haben. Anscheinend wird Differenz erst mühselig später erlernt (und könnte dann schlicht als Reduktion der gemeinsamen Basis an das bestehende Wissen angefügt werden).

Diese hier vorgenommene Unterscheidung entspricht nicht genau aber in gröben Zügen der berühmten Diskussion zwischen der Simulation Theory und der Theory Theory. Die Simulation Theory nimmt an, dass wir den anderen in unserem Geiste »simulieren« und dabei unser eigenes Wahrnehmungs- und Empfindungssystem einschalten. Die einzelnen Strömungen der Simulation Theory machen dabei unterschiedliche Annahmen, wie genau dies stattfindet. (Zu fragen ist etwa, ob ich die Reaktion des anderen errate, indem ich mir seine Situation für mich vorstelle und dann per Analogie von meiner Reaktion auf seine schließe oder aber indem wir die Grundannahmen eines anderen zur Grundlage eines Entscheidungsprozesses erklären, den wir simulieren, um sein Handeln zu verstehen.[5] Eine weitere Debatte betrifft die Frage, ob wir von uns auf andere schließen oder ob wir via Beobachtung der anderen Rückschlüsse auf uns selbst ziehen und inwiefern unsere bewussten Prozesse dabei zentral sind.)[6]

Die Theory Theory dagegen geht von einem allgemein zugänglichen Alltagswissen aus, das wir dem Handeln von uns und anderen unterstellen, um sie von dorther zu verstehen. Dies kann etwa in der Wenn-Dann-Form geschehen: »Wenn die Situation X ist, dann handelt/fühlt/denkt man so und so.« Eine große Zahl an Vorschlägen und Ansätzen, die hier nicht adäquat dargestellt werden kön-

---

[5] Diese Differenz wurde von Stephen Stich und Shaun Nicholas unter den Stichwörtern »actual situation simulation« und »pretense-driven-off-line-simulation« vorgeschlagen, vgl. Stephen Stich und Shaun Nicholas, »Cognitive penetrability, rationality, and restricted simulation«, in: *Mind and Language* 12 (1997), S. 297-326.

[6] Vgl. Peter Carruthers, »How we know our own minds. The relationship between mindreading and metacognition«, erscheint in: *Behavioral and Brain Sciences*, 32 (2009). Dazu auch Thomas Eder, »AUCH: F. Mayröcker: mein Herz mein Name mein Zimmer als case study« (bisher unveröffentlicht). Zur Kritik dieser und verwandter Thesen von Carruthers, siehe Adam Shriver und Colin Allen, »Consciousness might matter very much«, in: *Philosophical Psychology* 18 (2005), S. 103-111.

nen oder sollen, hat zu diesen beiden Modellen beigetragen.[7] Die Theory Theory wird in der Regel als emotional »kalt« beschrieben, da sie rational verfährt, während die Simulation Theory »warmen«, also gefühlsaffizierenden Prozessen gilt, in denen der Beobachter selbst die Empfindungen des anderen in sich evoziert.

Damit keine Missverständnisse aufkommen: Während die False-Belief-Aufgabe auf ein »richtiges« Verständnis des Wissens des anderen zielt, wird in der Diskussion um Simulation Theory und Theory Theory nicht verhandelt, welche Theorie ein »richtigeres« Ergebnis zum Verstehen des anderen erlauben würde. Ginge es darum, müsste man schnell einsehen, dass beide Theorien verschiedene Defizite aufweisen (die Simulation Theory setzt schlicht voraus, dass alle Menschen »wie ich« sind, ohne etwa die unterschiedlichen kulturellen Kodierungen oder singulären Erfahrungen zu berücksichtigen; die Theory Theory dagegen verfehlt das akkurate Wissen um den anderen, da sie die kulturelle Kodierung, also das Alltagswissen, als Absolutum setzt, das in der individuellen und emotionalen Erfahrung nur kleine Abweichungen erlaubt). Sowohl Simulation Theory als auch Theory Theory versuchen vielmehr zu beschreiben, wie wir prozessual eine Repräsentation des anderen erzeugen, auch wenn diese nicht korrekt ist. Ginge es um Korrektheit, müssten wir ein hermeneutisches Modell generieren, das die mediale Vermittlung jeder scheinbar unmittelbaren Einsicht in den anderen mitreflektiert und zudem die Stärken der Simulation Theory und der Theory Theory integriert.[8] (Die Metaphern unserer Sprache, wie das »in die Haut des anderen schlüpfen«, unterstützen die Simulation Theory – was aber nur heißt, dass diese Theorie plausibler zu sein *scheint*, aber nicht, dass sie richtig ist.)

Offensichtlich ist es nicht schwierig, sich vorzustellen, in der Situation eines anderen zu sein, solange man nicht eine Differenz zwischen sich und dem anderen zu berücksichtigen hat. Wir sehen jemanden anderen leiden und leiden wie automatisch mit. Ein

---

7 Zur Übersicht siehe Hans Herbert Kögler und Karsten R. Stueber, »Introduction«, in: dies. (Hg.), *Empathy and Agency. The Problem of Understanding in the Human Sciences*, Boulder und Oxford 2000, S. 1-61.
8 So wird es von Hans Herbert Kögler vorgeschlagen, »Empathy, dialogical self, and reflexive interpretation. The symbolic source of imagination«, in: ders. und Karsten R. Stueber (Hg.), *Empathy and Agency. The Problem of Understanding in the Human Sciences*, Boulder und Oxford 2000, S. 194-221.

Fußballer schießt aufs Tor und entweder schießen wir mental mit oder fliegen als Torwart durch die Luft. Wir sehen, wie eine Person in eine brenzlige Lage kommt, im Kino oder real, und erleben die Situation wie eine eigene. »Off line«, also ohne eigene Motorik und ohne direktes sensuelles Empfinden, partizipieren wir an der Situation. All dies, ebenso wie die Erforschung der Spiegelneuronen (Kapitel 1) liefert gewisse Evidenzen, die für die Simulation Theory sprechen. Allerdings können auch Vertreter der Theory Theory geltend machen, dass wir allgemeine Theorien über alle möglichen Domänen des Lebens erstellen, zu denen auch durchaus standardisierte Situationen des Sports gehören.

Vielleicht muss die Entscheidung, welches der Modelle Recht hat, hier nicht getroffen werden. Ich möchte an dieser Stelle vorschlagen, dass die Differenz der Modelle viel weniger gravierend ist, als es scheint. Sicherlich setzt sich der folgende Vorschlag dabei dem Vorwurf der Unterkomplexität aus. Es soll nämlich eine einfache Position vorgeschlagen werden, von der aus die Differenzierung der meisten Varianten von Simulation Theory- und Theory Theory-Modellen irrelevant wird.

Das erste Indiz dieses Vorschlags besteht schlicht darin, *dass* es eine derartig tiefe Kluft zwischen den Modellen von Theory Theory und Simulation Theory beziehungsweise dem perspektivischen und dem logischen Modell gibt, *obwohl* eine konkrete empirische Basis wie die False-Belief-Aufgabe klare Distinktionen nahezulegen scheint. Wieso also kann die Frage nicht (einfach) entschieden werden, welche Erklärung der False-Belief-Aufgabe richtig ist?

Hier muss daran erinnert werden, dass die False-Belief-Aufgabe dem Verständnis einer Nicht-Ähnlichkeit gilt. Die Herausforderung der False-Belief-Aufgabe besteht in dem Mitdenken der Differenz zwischen mir und dem anderen, also zwischen meinem Wissen und dem Wissen eines anderen. Ebendies ist anscheinend eine sehr komplexe Leistung. Während die Situation für beide als gleich gedacht wird (nämlich das Erraten, was in einer Schachtel ist), gilt es, die aus der Situation resultierende Differenz von mir und dem anderen zu erkennen (ich habe zuvor einen Einblick in die Schachtel erhalten).

Indirekt gibt uns die False-Belief-Aufgabe hier also Auskunft über den Normalfall – dass es nämlich zwischen mir und anderen keine gravierende Differenz in spezifischen Situationen gibt. Entscheidend ist dabei, dass die Situation Vorrang vor dem Subjekt hat. Zumindest nehmen die Subjekte (richtig oder falsch) an, dass alle sich »wie sie« fühlen würden. Es ist nicht entscheidend, wer jetzt vor dem Drachen steht, denn mit ihm steht jeder Beobachter vor dem Drachen. Es zählt allein die Situation: vor dem Drachen stehen. Die Situation ist sicher nicht »objektiv« oder »universell« für jeden gleich und wird sicher von jedem auch je verschieden verarbeitet. Aber, und darauf kommt es hier an, in der eigenen Vergegenwärtigung dieser Situationen wird von mir so getan, als würde ich ebenso wie jeder andere auch reagieren. Anscheinend gibt es Plattformen von gemeinsamer Wahrnehmung noch vor (Simulation Theory) oder jenseits (Theory Theory) der Trennung der Subjekte. Vittorio Gallese spricht in diesem Zusammenhang von »intersubjektiven Mannigfaltigkeiten«, also einem geteilten Aufmerksamkeitsraum, an dem sowohl der Handelnde als auch der Beobachter mittels der Spiegelneuronen partizipiert.[9] Andrew Meltzoff spricht von einem frühkindlichen Stadium des »like me« (»wie ich«) Bewusstseins.[10]

Es ist so, als würde ein intersubjektives Wesen aktiviert, das ebenso gut ich wie ein anderer sein könnte. Dieses Intersubjekt oder Hypersubjekt (noch vor oder »unter« der Unterscheidung von ich und anderem) erlaubt es mir, mich auf die Situation zu konzentrieren und den individuellen Ballast von mir und anderen für den Moment zu vergessen. (Ich unterstelle:) In der Situation sind wir alle gleich.

Diese Fähigkeit, sich in andere Situationen hineinzuversetzen, genauer: sich in Situationen zu sehen, ist anscheinend eine sehr frühe kindliche Fähigkeit, die noch vor dem Bewusstsein der Grenzen von Selbst und anderen erworben wird. Insofern scheint es wirklich naheliegend, diesem Raum der intersubjektiv geteilten Aufmerksamkeit (die anscheinend bereits im Alter von 6-9 Monaten nachweisbar ist[11]) einen bedeutenden Stellenwert im menschlichen Erleben einzuräumen. Bevor wir uns von anderen als verschieden

---

9 Vittorio Gallese, »The shared manifold hypothesis«; siehe das erste Kapitel dieses Buches. Ob die neuronale Basis für diesen Raum geteilter Aufmerksamkeit tatsächlich schlicht in den Spiegelneuronen zu verankern ist, muss und kann in diesem Kapitel nicht entschieden werden.
10 Vgl. Andrew N. Meltzoff, »The ›like me‹ framework [...]«.
11 Vgl. Michael Tomasello, *Die kulturelle Entwicklung des menschlichen Denkens*, Frankfurt am Main 2002.

wahrnehmen und erkennen, sind wir eins mit ihnen, werden von Emotionen der anderen erfasst wie in Phänomenen der emotionalen Ansteckung,[12] beobachten, was die anderen beobachten, und reagieren auf die Situationen der anderen, als wären sie unsere. In der Welt des Kleinkindes, so könnte man dies formulieren, *sind* ihre Emotionen auch die Emotionen der anderen, *sind* ihre Entdeckungen auch die Entdeckungen der anderen und ihre Situation *ist* auch die Situation der anderen. Die Erfahrungen, Emotionen, Wahrnehmungen und Situationen der anderen, die das Kleinkind nicht teilt, bestehen für es zuerst gar nicht. Und so ist auch die »falsche« Antwort in der False-Belief-Aufgabe zu verstehen. Wenn ich weiß, wo die Schokolade ist oder was in der Schachtel ist, dann wissen es auch die anderen. Dieses Inter- oder Hypersubjekt, so ist zu vermuten, verschwindet auch in höheren Bewusstseinszuständen nicht einfach, sondern überlebt hartnäckig und unbeschadet die ersten Stufen der Ausbildung höherer Bewusstseinszustände.

Auch narrative Fiktion wäre wohl ohne eine gemeinsame Plattform des Erlebens – wie auch immer sie genau aussieht – nicht denkbar. Die Abenteuer und das Fühlen eines anderen sind dort, immer irgendwie auch unsere Abenteuer und unser Fühlen. Soweit wird die Einfühlung in die Situation eines anderen ganz von einer phantasmatischen Ähnlichkeit zwischen den Individuen erfasst.

Ein Blick zurück auf die False-Belief-Aufgabe zeigt, dass auch dort ein solches Inter- oder Hypersubjekt aufgerufen wird oder werden könnte. Es gilt ja nur, genau eine, scharf umrissene Differenz zwischen mir und dem anderen in den Blick zu bekommen. Überhaupt gilt, dass die meisten Situationen, in denen jemand versucht, eine Theory of Mind des anderen zu gewinnen, nur von einer *punktuellen* Differenz zwischen sich und dem anderen in einer spezifischen Situation ausgehen. Der andere differiert von mir relevant nur *in genau einer Hinsicht* (unwichtig ist im Rahmen der Aufgabe, ob der andere gerade traurig, ein Junge oder Mädchen ist oder unter einer Schokoladen-Allergie leidet). Wenn ich nun seine Sicht der Dinge simuliere oder aber sein Wissen reduktiv konstruiere, geht es stets nur um *ein einziges* Faktum: was in der Schachtel, wo die Schokolade ist.

Und ebendies ist, so möchte ich vorschlagen, eine zentrale Ein-

---

12 Siehe Kapitel 1.

sicht der False-Belief-Aufgabe: Dass wir in der Lage sind, eine Theory of Mind, ein Verständnis von anderen Menschen oder dem Fremdpsychologischen zu gewinnen, *sofern sie sich von uns nur in einem Punkt oder möglichst wenigen und sehr konkreten Punkten unterscheiden*. Die Begrenztheit unseres Verständnisses des anderen beruht in unserer Tendenz, ihn von einem archimedischen Punkt her begreifen zu wollen (sofern wir ihn nicht als mit uns identisch setzen) und vielleicht nur dies zu können. Ob dieser Prozess dann als eine Simulation oder aber als Reduktion des kollektiven Wissens (Alltagspsychologie oder *folk psychology*) verstanden wird, ist dann erstaunlich nebensächlich. Denn eine Simulation aufbauend *auf einem Punkt* oder eine reduktive Generation des anderen ausgehend von dem Alltagswissen *minus einen Punkt* läuft möglicherweise sogar prozessual auf dasselbe hinaus: Simulation erzeugt den anderen nach dem Modell meiner selbst. »Ich« kann dabei gleichermaßen als Modell der Simulation *und* als Typus einer allgemeinen Theorie gewertet werden, da es ja nur um die Differenz in einem Punkt (Aspekt, Wissen, Gefühl etc.) geht.

Im Folgenden soll für diese Form des Verständnisses des anderen der Begriff der »Konstruktion« beziehungsweise der »Ein-Punkt-Konstruktion« reserviert werden. Konstruktion wird dabei als ein Begriff zwischen der »Simulation« der Simulation Theory und der »Reduktion« von Seiten der Theory Theory verstanden. Als Konstruktion gilt ein durch Addition oder Substraktion von Eigenschaften, Zuständen oder Wissensinhalten gewonnenes mentales Bild eines Individuums.

Dass die Theory of Mind-Fähigkeit eines Individuums nicht eine grundsätzliche Umgestaltung des Bewusstseins beinhaltet, sondern die bestehenden Bewusstseinsprozesse (Bewegung, Situation, Wissen) schlicht um einen Schritt ergänzt, deuten auch einige Befunde des Neuroimaging an. Verfahren des Neuroimaging und neuropsychologische Studien zeigen, dass in Theory of Mind-Prozessen eine Region des Gehirns (der ventrolaterale präfrontale Kortex) aktiv ist, deren Aufgabe vermutlich in der Blockade des eigenen Erlebens besteht.[13] Es wird angenommen, dass durch diese Aktivität

---

[13] Dana Samson, Ian Apperly, Umalini Kathirgamanathan, Glyn Humphreys, »Seeing it my way. A case of selective deficit in inhibiting self-perspective«, in: *Brain* 128 (2005), S. 1102-1111; Kai Vogeley et al., »Mind reading. Neural mechanisms of theory of mind and self-perspective«, in: *Neuroimage* 14 (2001), S. 170-181;

die Differenz von Selbst- und Fremdempfindung erzeugt wird. Aktiv sind in Theory of Mind-Prozessen also die Gehirnregionen, die unsere Akte betreffen, *plus* die Regionen, die die Selbstwahrnehmung unterdrücken. Die Entwicklung der Fähigkeit, andere zu verstehen (wie in Prozessen der Theory of Mind), scheint also mit der Ausbildung der allgemeinen Blockierungsmechanismen im Gehirn einherzugehen.[14] Auch wenn die Resultate des Neuroimaging sicherlich nicht direkt als Beleg angeführt werden können und überhaupt nicht zwingend bestimmte Deutungen nahelegen, kann angenommen werden, dass das Unterdrücken des eigenen Erlebens eine aufwendige Operation ist, die erlernt werden muss. Ebenhier, so scheint es, kommt unser Vermögen sehr schnell – erstaunlich schnell – an eine Grenze. Insofern scheint mir die Vermutung nicht ganz abwegig zu sein, dass diese partielle Blockade des Eigenerlebens sehr gezielt eingesetzt wird, um konkrete Befunde, wie die gezielte Konstruktion eines anderen aufbauend auf einem direkt verständlichen Sachverhalt (etwa der Unterschied im Wissen von genau einer Sache wie dem Inhalt einer Smartie-Schachtel) zu ermöglichen, und eben nicht, um schlicht ein diffuses Gefühl der Andersheit des anderen zu erzeugen.

Diese Ein-Punkt-Konstruktion soll im Folgenden ausgehend von der Empathie-induzierenden Situation hergeleitet werden.

3. Ich in deiner Haut: Empathie-Situationen

Hier muss etwas weiter ausgeholt werden, um die Implikationen der Ein-Punkt-Konstruktion näher zu beleuchten. Empathie-induzierende Situationen sind klar determinierte Situationen: Die Situation oder konkrete Umwelt übt Druck auf das Individuum aus, und auf diesen Druck muss es antworten. Die erste Voraussetzung einer Empathie-induzierenden Situation ist also, dass die Situation auf den Einzelnen einwirkt und ihm ein gewisses Spektrum

---

Matthew D. Lieberman, »Social cognitive neuroscience. A review of core processes«, in: *Annual Review of Psychology* 58 (2007), S. 259-289.

14 Stephanie Carlson und Louis Moses, »Individual differences in inhibitory control and children's theory of mind«, in: *Child Development* 72/4 (2001), S. 1032-1053.

an Handlungs-, Entscheidungs- oder Empfindungsmöglichkeiten einräumt (das heißt, es muss so vom Beobachter des Individuums verstanden werden, als gäbe es diesen Spielraum).

Dazu gehört sicher auch, dass der Beobachter des Individuums die Situation in dieser Klarheit versteht. Die Situation muss im alten Sinne des Wortes »ästhetisch«, also wahrnehmbar sein. Anders gesagt, die Situation muss einen Fokus haben. Wir empfinden seltener Empathie, wenn jemand in einem unaufgeräumten Zimmer aufräumen will und nicht so recht weiß, wo er anfangen soll. Wenn ihn aber ein dort versteckter Jaguar angreift, »verstehen« wir ihn sofort und suchen fieberhaft nach Fluchtwegen. (Allerdings sei sogleich hinzugefügt, dass unser Narrationsvermögen darauf gepolt ist, auch in dem unaufgeräumten Zimmer ein Archiv von möglichen Spannungspunkten zu entdecken, dass uns wiederum Empathie erlaubt.)[15] Auch Situationen einer präzisen Ambivalenz induzieren Empathie, wenn jemand sich zwischen zwei genau umrissenen Möglichkeiten entscheiden muss wie Scarlett O'Hara in *Vom Winde verweht* zwischen Ashley und Rhett Butler. Besteht aber eine ungeordnete Situation, in der allerlei möglich und wenig nötig ist, wie eigentlich in den meisten Alltagssituationen, ist es schwierig für einen Beobachter, Empathie zu empfinden.

Eine weitere Voraussetzung für Empathie dürfte darin bestehen, dass der Beobachter erwartet, dass das beobachtete Individuum auf diese Situation reagiert. Dies kann eine fast automatische Reaktion sein. Aber in den meisten Fällen bleibt der Reaktion des Individuums sicherlich ein gewisser Spielraum, der das korrekte oder inkorrekte Erraten der zu erwartenden Reaktion durch den Beobachter erlaubt. (Selbst in der Situation eines schmerzhaften Ereignisses könnte erwogen werden, den Ausdruck des Schmerzes als »Reaktion mit Spielraum« zu verstehen, denn der Beobachter weiß ja nicht, wie stark der Schmerz ist und wie der andere den Schmerz ausdrücken wird.) Die Tendenz des Beobachters, Vorhersagen zu treffen, erklärt auch die Überraschung, wenn ein Beobachteter sich doch anders verhält als erwartet.[16] Diese Tätigkeit des Mitratens, Mitüberlegens, Mitreagierens und Auskundschaftens der möglichen und unmöglichen Möglichkeiten knüpft uns an den Beobachteten. Ohne dieses Mitraten und Vorhersagen gäbe es wohl

---

15 Dazu kommen wir im vierten Kapitel.
16 Vgl. die Diskussion zu Antizipation und »prediction« in Kapitel 1, Abschnitt 5-7.

keine »Empathie«. Um Empathie mit jemandem haben zu können, muss dessen (emotionale, körperliche, aktionsorientierte, intellektuelle etc.) Reaktion auf eine druckausübende Situation imaginär vorhergesagt werden können. Auch wenn der Beobachtete dann anders als erwartet handelt, ist dieses *empathische Vorurteil* zentral.

Sicherlich umfassen diese Empathie fördernden Situationen dabei nicht nur das enge, von den Kognitionswissenschaftlern bevorzugte Feld von Schmerz, zielorientierter Handlung und starker Emotion. Stattdessen muss auch eine Reihe von Situationen als Empathie-induzierend charakterisiert werden, die kognitiv komplexer sind, wie etwa Entscheidungsprozesse, das Halten einer Rede und viele Sprechakte.

Die Situation des anderen erlaubt uns den empathischen Einstieg in ihn. Genau genommen fühlen wir dabei nicht mit dem anderen mit oder verstehen ihn, sondern evozieren dieses phantasmatische Inter- oder Hypersubjekt, das »Like-me«-Wesen, das alle verbindet. Die Frage ist aber, wie es mit den »inneren« Gegebenheiten eines anderen steht, also mit den Differenzen zwischen ihm und mir. Dazu gehören etwa frühere Erfahrungen des anderen mit dieser Situation, das Wissen und die Emotionen desjenigen, der beobachtet wird. Wie kann in der False-Belief-Aufgabe das fehlende Wissen des anderen registriert, wie das Kriegstrauma des anderen berücksichtigt werden, wenn die jetzige Situation ähnliche Umstände berührt, und wie die zufällige Laune des anderen, die sich aus einem unverbundenen Ereignis zuvor speist?

Im Folgenden wird vorgeschlagen, dass diese »inneren« Gegebenheiten des Beobachteten (also die Differenzen zum Beobachter) vom Beobachter dann in Empathie überführt werden können, wenn es möglich ist, sie als Teil des konkreten Szenarios zu begreifen. Der Trick besteht darin, dass die »inneren« Gegebenheiten dabei als Vorgeschichte integriert werden, deren Resultat in die Gegenwart hineinreicht. Aus den »inneren« Gegebenheiten werden dann schlicht situative Begebenheiten. »Weil der Student gestern beim Examen geschummelt hat, erwarte ich als Lehrer, dass er heute besonders nervös ist, wenn ich ihn wiedertreffe, und dass er seine Nervosität zu überspielen versuchen wird.« Das Szenario setzt sich zusammen aus der Angst des Ertapptwerdens, den äußeren Umständen (Examen, Situation: Lehrer-Schüler) und den inneren Umständen (Angst, Nervosität).

Der Vorschlag lautet, dass die »inneren« Gegebenheiten durch eine einfache Narrativierung in die äußere Situation eingefügt werden. Als Narration gehen diese Elemente nahtlos ineinander über. Auch in der False-Belief-Aufgabe wird ja eine kleine Narration geliefert, »Maxi verlässt das Zimmer«, um die Vorgeschichte so zu präsentieren, dass ihr Resultat (ein spezifisches Nicht-Wissen) in die Gegenwart der Gesamtsituation reicht. Hierher gehört auch die Technik der Psychoanalyse, kleine Erzählungen zu erarbeiten. Narration heißt hier zunächst nicht mehr als ein temporales Aufeinanderfolgen von Ereignissen dergestalt, dass die Reihenfolge der Ereignisse nicht umgekehrt werden kann (später werden wir eine komplexere Definition von Narration erarbeiten).

Auch das Kriegstrauma des anderen, wenn es als Teil des narrativen Szenarios begriffen wird, stellt kein Hindernis mehr für Empathie dar, sofern die resultierende narrative Situation klar umrissen und also ästhetisch bleibt. (Tatsächlich eignet sich gerade die frühere traumatische Prägung besonders für das Erzählen, weil Trauma eine Kontinuität zwischen dem Vergangenen und Jetzigen suggeriert, dazu im Folgenden.) Indem die »inneren« Gegebenheiten des anderen als Teil des narrativen Szenarios verstanden werden, verschwindet die Kluft zwischen mir und anderem (wie in der Simulation Theory) *und* zugleich wird seine Situation vom Alltagswissen (im Sinne der Theory Theory) erreichbar. Anhänger der Simulation Theory könnten dies so formulieren: »Wenn ich diese Kriegserfahrung gemacht hätte, was empfände ich …«. Anhänger der Theory Theory würden etwa schlussfolgern: »Die Gewalt der Kriegssituation besteht in einer extrem verengten Handlungssphäre. Das Vokabular an Handlungen dieser Sphäre erlaubt, übertragen auf andere Handlungssphären, ebenfalls nur einen engen Spielraum an Handlungsmöglichkeiten …«. Die ästhetische Klarheit der traumatischen Situation erlaubt, zwischen dem perspektivischen und dem logischen Wissen um den anderen beziehungsweise zwischen Simulation Theory und Theory Theory zu übersetzen. Wir können jemand, dessen (innere und äußere) Situation vollständig vor uns liegt, schlicht simulieren, ebenso wie wir seinen Handlungsspielraum logisch ermessen können. Der Kernfaktor dieser Übersetzung zwischen Simulation Theory und Theory Theory und also der (konstruierenden) Empathie ist schlicht das Gebot der Klarheit. Der andere darf eben in nur sehr wenigen relevanten Punkten anders sein als wir.

Kurz: Erst wenn die äußere Situation (also die Anforderung an den Beobachteten) und die »innere« Situation des anderen bestimmt sind und diese nicht unübersichtlich oder ungeordnet widersprüchlich sind, kann es zu Empathie kommen, insofern es gelingt, beide zu vereinen. Dies, so der Vorschlag, gelingt durch Ein-Punkt-Konstruktionen beziehungsweise durch Narrativierungen, die auch die »inneren« Gegebenheiten als äußere oder situative Begebenheiten zeitlich versetzt aneinanderreihen.

4. Die Ein-Punkt-Konstruktion des anderen

Zusammengenommen lauten die Thesen zu dieser »Ein-Punkt-Konstruktion« des anderen also wie folgt:

1) Der andere wird von uns dann als Gegenstand des Gedankenlesens, Verstehens, Einfühlens und der Empathie erfasst, wenn er sich in einer Situation befindet, die konkreten Druck auf ihn ausübt, auf den er reagieren muss. Die Situation geht dem anderen (als Person, Charakter, Wesen, Individuum mit eigener Identität und Geschichte) voraus. Am deutlichsten ist dieser Druck, wenn er sich als Handlungs- oder Entscheidungszwang äußert. Aber man könnte auch formulieren, dass es eine Art Wissensdruck gibt, etwa wenn man, wie in der False-Belief-Aufgabe, rekonstruieren muss, was der andere weiß.

2) Die Kernmerkmale der Empathie-induzierenden Situation sind dabei die ästhetische Klarheit oder Präzision der Situation (zu der auch genau konturierte Ambivalenzen gehören können) sowie der Spielraum einer Reaktion oder Antwort, die dem anderen eingeräumt wird.

3) Die Beteiligung des Beobachters, seine Leistung, besteht in der Vorhersage der zu erwartenden Reaktion. Indem der Beobachter diese Vorhersage trifft – sei's dass sie sich als emotionale Mit-Erregung oder als Mit-Schreck oder Vision äußert, sei's dass sie Resultat der logischen Kalkulation ist – macht er sich die Situation des anderen zu eigen.

4) Insofern erzeugt die Vorhersage auch eine mentale Konstruktion des anderen. Konstruktionen eines anderen sind unproblematisch, sofern wir annehmen, dass er oder sie sich in einer bestimmten Situation ebenso wie wir verhalten würde. Ähnlichkeit

erlaubt auch hier die Substitution des einen durch den anderen. Es ist uns anscheinend möglich, seine Situation als unsere Situation (Simulation Theory), beziehungsweise als eine stereotype Situation (Theory Theory) zu verstehen, die sich wie von selbst erklärt. (Dazu ist es nicht notwendig zu unterscheiden, ob ich »mich« in die Situation hineinversetze und dann via Analogie auf den anderen schließe oder ob ich mein Allgemeinwissen von dieser Situation zugrunde lege, wie Simulation Theory und Theory Theory es unterscheiden.)

5) Schwierig wird es aber, wenn die Verschiedenheit des anderen zur Vorhersage der Reaktion des anderen mitberücksichtigt werden muss. Der Punkt der Überkomplexität und also des Anästhetischen ist schnell erreicht.

6) Auch hier gilt, dass das sich aus den »äußeren« und »inneren« Faktoren ergebende Szenario unter dem Gebot der Ästhetik (im Sinne von: Klarheit, Präzision) stehen muss. Ansonsten verliert die Situation mit ihrer Übersichtlichkeit ihre Empathie-induzierende Wirkung. Das heißt, auch nachdem die »inneren« Gegebenheiten des anderen berücksichtigt sind, seine Differenz zum Beobachter, muss sich dem Beobachter ein klares Schema darstellen. Daraus folgt, dass der andere zwar in *einem*, für die Situation relevanten Aspekt vom Beobachter differieren kann, dass aber eine höhere Anzahl von Differenzen nur noch mit Schwierigkeiten verarbeitet wird. So kann die False-Belief-Aufgabe gelöst werden, weil der andere vom Beobachter in relevanter Hinsicht nur in genau einem Punkt differiert, nämlich in seinem Wissen, was in der Schachtel ist, wo die Schokolade ist und so fort.

7) Es ist dabei anzunehmen, dass die »inneren« Voraussetzungen vom Beobachter als Teil des Szenarios verstanden werden. Statt also fundamental zwischen der (äußeren) Situation und den »inneren« Gegebenheiten (Emotionen, Prägungen, Launen, dem Wissen, Intentionen etc.) zu unterscheiden, ist wohl gerade die Transparenz der inneren Gegebenheiten gegenüber der Situation entscheidend. Dies geschieht durch eine temporale Situierung der »inneren« Gegebenheit; die »innere« Gegebenheit wird als früheres Ereignis verstanden, welches jetzt fortwirkt.

Die in dieser »Kultur der Konstruktion« vorgeschlagene Form der Empathie basiert mithin auf einer simplen Narrativierung des anderen. Die Basisform der Narrativierung ohne Differenz von ich und anderem lautet: Wie wird der andere sich in dieser Situation verhalten? Mit der Ein-Punkt-Konstruktion: Wie wird der andere sich in dieser Situation verhalten, sofern ich seine spezifische Prägung (sein Wissen, seine Vorgeschichte und Ähnliches) als archimedischen Punkt zur Triangulation seines Verhaltens wähle?

8) Es ist wahrscheinlich, dass wir über zahlreiche Strategien der Komplexitätsreduktion verfügen, um die tatsächlichen Differenzen zwischen mir und anderen zu ignorieren, auch wo diese zum Verständnis eines anderen in einer Situation potentiell relevant sind. (Dazu gehört vor allem die Überschätzung der Ähnlichkeit, siehe Kapitel 1.) Narrative Fiktion, so kann vermutet werden, liefert ein Modell zur Komplexitätsvermeidung der Charaktere, indem sie diese durch den Plot definiert. Blockiert, ausgeschlossen und aktiv zurechtgestutzt werden die Empathie-untauglichen Momente. Blockiert wird also vor allem Mehrdimensionalität.

9) Die Grenze der »Kultur der Konstruktion« besteht mithin darin, dass wir das innere Wesen des anderen schon vorab kennen müssen, um ihn verstehen zu können. Wir müssen eine Einsicht in die früheren Erlebnisse eines Menschen haben, um sein Verhalten vorhersagen zu können. Werke der Fiktion sind darin sehr geübt. In ihnen werden die früheren Ereignisse entweder gradlinig (etwa: Epos, Roman) oder auch als Rückblende (etwa: Schauspiel, Film, Roman) geliefert, um die nachfolgenden Ereignisse zu plausibilisieren. Wir müssen wissen, was der Charakter oder der andere gesehen und erlebt hat (wo ist die Schokolade, was ist in der Smartie-Schachtel). Die Konstruktionsmodelle, egal ob kalt oder warm, reduktiv oder simulativ, sind insofern keine Modelle der Wissensschöpfung, sondern nur der Wissensorganisation. Wir lernen wissen, was wir vom anderen schon wissen.

5. Narrativierung und Traumatisierung
(E.T.A. Hoffmanns *Fräulein von Scuderi*)

Als Beispiel für eine derartige *Ein-Punkt-Konstruktion* des anderen soll hier die Trauma-Erzählung dienen. Ich verstehe darunter die fiktiven Erzählungen, Dramen, Filme und Romane ebenso wie die Autobiographien, Patienten-Berichte oder Gerichtsprotokolle, die zur Erklärung der Handlungen, des Verhaltens und der Emotionen eines anderen eine traumatische Situation heranziehen (Posttraumatische Belastungsstörung oder *Posttraumatische Stress Disorder*, PTSD). Sicherlich machen derartige Trauma-Erzählungen keine literarische Gattung aus. Dennoch erfreut sich diese Form der Darstellung seit der Romantik[17] und vor allem seit dem Ersten Weltkrieg einer großen Beliebtheit.[18] Gemeinsam ist diesen Erzählungen, dass sie das individuelle Trauma einsetzen, um das ansonsten schwer zu verstehende Verhalten einer Person zu motivieren. Als archimedischer Punkt dient dann das oft erst spät in der Erzählung gelieferte Moment eines schrecklichen, den Einzelnen überwältigenden Ereignisses (Krieg, Sklaverei, Genozid, Missbrauch in der Familie, Vergewaltigung etc.).

Um Missverständnissen vorzubeugen: Das Leiden traumatisierter Menschen soll hier und im Folgenden nirgendwo in Abrede gestellt werden. Es geht einzig um das sonderbare Phänomen der Popularität von Trauma-Erzählungen. Offensichtlich wird das Schema der Trauma-Erzählung als gültig empfunden, die Narration der Aufdeckung des Traumas als spannend mitvollzogen und der Charakter durch diese Aufdeckung als (empathisch) lesbar erkannt.

Zu diesen Trauma-Erzählungen gehören E.T.A. Hoffmanns *Fräulein von Scuderi* und Balzacs *Adieu*, eine Vielzahl von Werken zum Holocaust und etwa Toni Morrisons *Beloved*. Traumatische Erklärungen von Verhalten sind prominent auch in vielen Filmen. Trauma kann sich dabei als ein Schuld-Trauma äußern, wie etwa in der Urszene aus Freuds *Totem und Tabu* oder *The Machinist*.[19]

---

17 Vgl. Thomas Pfau, *Romantic Moods. Paranoia, Trauma, and Melancholy, 1790-1840*, Baltimore 2005; Fritz Breithaupt, »The invention of trauma in German Romanticism«, in: *Critical Inquiry* (Fall 2005) S. 77-101.

18 Vgl. etwa Ruth Leys, *Trauma. A Genealogy*, Chicago 2000, und Ulrich Baer, *Traumadeutung*, Frankfurt am Main 2002.

19 Es sei noch erwähnt, dass Trauma-Erzählungen heute zur Ideologisierung tendieren. Wer sich als Opfer eines Traumas darzustellen weiß, kann damit auch Unschuld und Authentizität der Erfahrung für sich in Anspruch nehmen – oder simulieren. Nach den terroristischen Anschlägen der Gruppe von Osama bin Laden auf drei amerikanische Ziele hat ein Großteil der amerikanischen Massenmedien die »story« der Anschläge als klassische Freudsche Trauma-Geschichte präsentiert mit einem unschuldigen und unvorbereiteten Opfer (den USA), der traumatischen Wiederkehr des Angriffs und schließlich der erfolgreichen Abwehr der traumatischen Verletzung durch einen Schild des Bewusstseins (die Bilder

Ein paradigmatisches Beispiel soll hier genügen, E.T.A. Hoffmanns Novelle *Das Fräulein von Scuderi*, die erste Detektivgeschichte der Moderne mit einer Detektivin vom Typus Miss Marple.[20] In dieser Novelle geht ein Serienmörder im Paris des Absolutismus um und raubt wertvolle Diamanten. Alle vermuten, dass eine raffinierte Bande hinter den Taten stehe. Tatsächlich stellt sich heraus, dass der kauzige Hofjuwelier der alleinige Täter ist. Sein Geständnis bemüht eine Urszene zur Erklärung seiner Obsession mit den funkelnden Edelsteinen, die ihn zum Morden treibt:

Weise Männer sprechen viel von den seltsamen Eindrücken, deren Frauen in guter Hoffnung fähig sind, von dem wunderbaren Einfluß solch lebhaften, willenlosen Eindrucks von außen her auf das Kind. Von meiner Mutter erzählte man mir eine wunderliche Geschichte. Als *die* mit mir im ersten Monat schwanger ging, schaute sie mit andern Weibern einem glänzenden Hoffest zu, das in Trianon gegeben wurde. Da fiel ihr Blick auf einen Cavalier in spanischer Kleidung mit einer blitzenden Juwelenkette um den Hals, von der sie die Augen gar nicht mehr abwenden konnte. Ihr ganzes Wesen war Begierde nach den funkelnden Steinen, die ihr ein überirdisches Gut dünkten. Derselbe Cavalier hatte vor mehreren Jahren, als meine Mutter noch nicht verheiratet, ihrer Tugend nachgestellt, war aber mit Abscheu zurückgewiesen worden. Meine Mutter erkannte ihn wieder, aber jetzt war es ihr, als sei er im Glanz der strahlenden Diamanten ein Wesen höherer Art, der Inbegriff aller Schönheit. Der Cavalier bemerkte die sehnsuchtsvollen, feurigen Blicke meiner Mutter. Er glaubte jetzt glücklicher zu sein als vormals. Er wußte sich ihr zu nähern, noch mehr, sie von ihren Bekannten fort an einen einsamen Ort zu locken. Dort schloß er sie brünstig in seine Arme, meine Mutter faßte nach der schönen Kette, aber in demselben Augenblick sank er nieder und riß meine Mutter mit sich zu Boden. Sei es, daß ihn der Schlag plötzlich getroffen, oder aus einer andern Ursache; genug, er war tot. Vergebens war das Mühen meiner Mutter, sich den im Todeskrampf erstarrten Armen des Leichnams zu entwinden. Die hohlen Augen, deren Sehkraft erloschen, auf sie gerichtet, wälzte der Tote sich mit ihr auf dem Boden. Ihr gellendes Hülfsgeschrei drang endlich bis zu in der Ferne Vorübergehenden, die herbeieilten und sie retteten aus den Armen des grausigen Liebhabers. Das Entsetzen warf meine Mutter auf

und Symbole wie die amerikanische Flagge; siehe ausführlicher Fritz Breithaupt, »Rituals of trauma. How the media fabricated 9/11«, in: Steven Chermak, Frankie Y. Bailey und Michelle Brown (Hg.), *Media Representations of September 11*, Westport, Connecticut 2003 S. 67-81.

20 Siehe Edgar Marsch, *Die Kriminalerzählung. Theorie – Geschichte – Analyse*, München 1972.

ein schweres Krankenlager. Man gab sie, mich verloren, doch sie gesundete und die Entbindung war glücklicher, als man je hatte hoffen können. Aber die Schrecken jenes fürchterlichen Augenblicks hatten *mich* getroffen. Mein böser Stern war aufgegangen und hatte den Funken hinabgeschossen, der in mir eine der seltsamsten und verderblichsten Leidenschaften entzündet. Schon in der frühesten Kindheit gingen mir glänzende Diamanten, goldenes Geschmeide über Alles. Man hielt das für gewöhnliche kindische Neigung. Aber es zeigte sich anders, denn als Knabe stahl ich Gold und Juwelen, wo ich sie habhaft werden konnte. Wie der geübteste Kenner unterschied ich aus Instinkt unechtes Geschmeide von echtem. Nur dieses lockte mich, unechtes so wie geprägtes Gold ließ ich unbeachtet liegen. Den grausamsten Züchtigungen des Vaters mußte die angeborne Begierde weichen. Um nur mit Gold und edlen Steinen handtieren zu können, wandte ich mich zur Goldschmidts-Profession. Ich arbeitete mit Leidenschaft und wurde bald der erste Meister dieser Art. Nun begann eine Periode, in der der angeborne Trieb, so lange niedergedrückt, mit Gewalt emperdrang und mit Macht wuchs, Alles um sich her wegzehrend. So wie ich ein Geschmeide gefertigt und abgeliefert, fiel ich in eine Unruhe, in eine Trostlosigkeit, die mir Schlaf, Gesundheit – Lebensmut raubte. – Wie ein Gespenst stand Tag und Nacht die Person, für die ich gearbeitet, mir vor Augen, geschmückt mit meinem Geschmeide, und eine Stimme raunte mir in die Ohren: Es ist ja dein – es ist ja dein – nimm es doch – was sollen die Diamanten dem Toten![21]

Dieser Text führt den Effekt einer Urszene für das Leben vor. Die Urszene gibt den Raum vor, in dem das Leben stattfinden wird. Alle späteren Verhaltensweisen bestätigen nur dieses eine Urereignis, liefern Varianten und Verschiebungen der einen Szene. Und von diesem einen Punkt der Urszene her, können wir als Leser und Privatdetektive auf einmal alles verstehen.

Dennoch, genau weil es eine solche Urszene gibt, nämlich den Einschluss der Mutter in dem Griff des sterbenden Kavaliers, unterscheidet sich die Urszene von allen späteren Wiederholungen in einem entscheidenden Aspekt. Die rein *zeitlich-zufällige* Aufeinanderfolge der Urszene, die mit der Begierde der Mutter nach den Steinen beginnt und mit dem plötzlichen Tod des Adligen endet, wird wiederholt als *kausale* Notwendigkeit: Die Besitzer der Edelsteine sind schon tot, weil dort ein Verlangen nach ihnen ist, weil

---

21 E. T. A. Hoffmann, *Sämtliche Werke*, Band 4: *Die Serapions-Brüder*, hg. v. Wulf Segebrecht unter Mitarbeit von Ursula Segebrecht, Frankfurt am Main 2001, S. 832-834.

dort Diamanten sind. »Was sollen die Diamanten dem Toten«, flüstert die Stimme in das Ohr des Goldschmieds, bevor das Verbrechen auch nur geplant wird. Das Gesetz der Urszene besagt, dass wer Steine trägt, tot war, ist und sein wird. Während also die Urszene keine kausale, sondern nur eine zufällige, zeitlich-situative Verbindung zwischen dem Griff nach den Steinen und dem Tod ihres Besitzers nahelegt, inszeniert die Wiederholung durch den Sohn eine feste Kausalkette. Wer Steine hat, stirbt und muss sterben. Wo es funkelt und leuchtet, gehen Sterne auf, die ins Ohr flüstern, bis sie zu erlöschenden Augen werden. Die Urszene wird in der Wiederholung eine feste Form, das ist ein Protokoll, dem schlicht zu folgen ist. Was einmal mehr oder weniger zufällig geschah, wird allen Wiederholungen und den Konstruktionen des anderen als Notwendigkeit zugrunde gelegt. Einfach gesagt, die Wiederholung der Urszene, die Rekonstruktion des anderen, tilgt Zeit und ersetzt sie durch Kausalität.[22] (Im vierten Kapitel werden wir sehen, dass dieser Sprung vom Temporalen zum Kausalen zum Wesen des Narrativen überhaupt gehört und zwar als Sprung, als Wagnis oder, wie hier, als Pathologie.)

Ebenso operiert die konstruktive Empathie: Temporale Ereignisse, Vorgeschichten, werden als Kausalitäten in die Gegenwart verlängert und dort als archimedischer Punkt des Verstehens eingesetzt. Wir verstehen Cardillac, wenn wir diese eine Urszene zugrunde legen. Er wird eindimensional, verständlich, lesbar. Wir erwarten jetzt von ihm, dass er das, was er macht, was immer es sei, tut, weil er diese Urszene wiederholen muss. Die Urszene liefert die Matrix der Konstruierbarkeit des Täters.

Der Bericht beginnt mit der Mutter, die im Griff des Sterbenden jeglichen Handlungs- und Bewegungsraum verliert. Entsprechend kommt sie in eine Situation, die man den Nullpunkt des Spielraums nennen könnte. Sie ist derartig von ihrer Situation ergriffen, dass sie nicht mehr reagieren kann. So sehr auch ihre Situation die erste Vorbedingung zur Empathie erfüllt, nämlich die klar de-

---

[22] Zur pränatalen Verleihung einer Identität durch Franz Anton Mesmers Hypnose-Technik, Gotthilf Heinrich Schuberts Psychologie und bei E.T.A. Hoffmann, vgl. auch Burkhard Dohm, »Das unwahrscheinliche Wahrscheinliche: Zur Plausibilisierung des Wunderbaren in E.T.A. Hoffmanns *Das Fräulein von Scuderi*«, in: *Deutsche Vierteljahrsschrift für Literaturwissenschaft und Geistesgeschichte* (1999), S. 289-318.

finierte Situation, die auf sie Druck ausübt, so wenig ist die zweite Vorbedingung erfüllbar: Sie kann nicht mehr reagieren. Das eben ist das traumatische Ereignis. Sie und mit ihr der empathische Leser, bleiben gefangen, es gibt kein Entkommen aus der Situation, kein Ventil einer Vorhersage von möglicher Handlung. Dass sie vergewaltigt wird und dass dieses Überfordertsein sich psychotisch in der Erzählung fortsetzt, wiederholt wird, ohne sich zu entwickeln, ist dann nur konsequent. Alles kann jetzt vorhergesagt werden, weil es ja schon angelegt und gewissermaßen schon geschehen ist, so wie die Besitzer der Steine schon tot sind, wie die Stimme flüstert.

Ebendieses Fixiertsein der Mutter, das sich auf den Sohn fortpflanzt, wird zum Modell der narrativen Identität.[23] Der Sohn ist sich identisch, weil er im Radius des durch die Urszene Abgesteckten verbleibt. Der narrative Charakter ist in diesem Sinne mit einer Identität ausgestattet: Er ist berechenbar. Empathie mit ihm ist möglich nicht obwohl, sondern weil er Verbrecher ist.

Die eingeschlossene, eingekerkerte Mutter wird zum Modell der Identität im Allgemeinen.[24] E.T.A. Hoffmann selbst hat die unangenehmen Reiseerfahrungen seiner eigenen Mutter in engen, lauten Postkutschen während der Schwangerschaft für seine eigene Rastlosigkeit verantwortlich erklärt. Wiederholungszwang ist somit, dies die geniale Einsicht der Novelle, zugleich die Strukturbedingung der Identität und eine Bedingung der Möglichkeit narrativer Empathie.

6. Grenzen der Kultur der Konstruktion

Dieses Kapitel galt der Frage, wie wir andere in ihren Gefühlen und ihrem Wissen »konstruieren«. Dabei wurde vermutet, dass wir andere von dem her verstehen, was ihnen geschieht und in welchen Situationen sie sich befinden. Bereits im ersten Kapitel hatten

---

23 Wenn wir Friedrich Kittlers Lektüre der »ersten Detektivgeschichte« folgen, können wir betonen, dass der Ort der Macht und Identität um 1800 von dem männlichen Aristokraten freigestellt und durch eine Frau, nämlich die Mutter, besetzt wird; Friedrich A. Kittler, *Dichter, Mutter, Kind*, München 1991.
24 Vgl. auch Achim Würker, »Der Umgang mit dem Geheimnis. Unbewußte Lebensentwürfe in E.T.A. Hoffmann's *Das Fräulein von Scuderi*«, *Jahrbuch für internationale Germanistik* XXVII.2 (1999), S. 107-141.

wir betont, dass wir andere durch ihre Aktionen und nicht direkt ihre Identität oder ihr »inneres Wesen« verstehen. In dem vorliegenden Kapitel wurde nun der Mechanismus beschrieben, der ein solches Verstehen ermöglichen könnte. Vorgeschlagen wurde, dass wir andere in ihren Emotionen, ihrem Denken und Planen insofern verstehen, als wir ihre »inneren« Gegebenheiten (Stimmungen, Emotionen, Meinungen, Wissen, Tendenzen) in eine temporale Sequenz übersetzen. Weil wir andere durch ihre Handlungen verstehen, kreieren oder erfinden wir auch Handlungen, die den anderen verstehbar machen. Die Stimmung (Emotion …) wird dann verstanden als Resultat eines früheren Ereignisses, das Wissen als Reaktion auf zuvor Erlebtes oder Erkanntes und so fort. Wir verstehen den anderen dann nicht nur in einer konkreten Situation, in der alle sich gleich verhalten würden, sondern wir erstellen ein narratives Szenario, um zu erfühlen oder zu verstehen, wie jemand sich verhält, dem zuvor x oder z passiert ist. Dieses Verfahren der Konstruktion des anderen hatten wir die Ein-Punkt-Konstruktion des anderen genannt, weil sie in der Regel nicht mehr als einen relevanten Aspekt des anderen, der vom Beobachter differiert, verarbeiten kann, ohne unübersichtlich und damit jenseits des durch Empathie Zugänglichen zu geraten.

Empathie der Konstruktion stößt dabei also auf zwei Grenzen: Zum Ersten darf die in einer spezifischen Situation relevante Differenz zum Beobachter nicht zu komplex sein. Zum Zweiten muss die Andersheit des anderen, also etwa sein spezifischer Horizont, sein früheres Handeln, seine Emotionen, bereits bekannt sein, um dann in einer gegebenen Situation die Konstruktion eines narrativen Szenarios zu erlauben, die ein Verstehen und Vorhersagen des anderen erlauben.

Kapitel 3
Der unsichtbare Dritte.
Stockholm, Macht,
Reziprozität

1. 1973

Im August 1973 betrat ein vom Gefängnis beurlaubter Mann eine Bank mit einer Waffe und nahm dort vier Geiseln. Er forderte, dass ein Freund von ihm in die Bank gebracht werden sollte, und zu zweit verbarrikadierten die beiden sich mit den Geiseln (einem Mann und drei Frauen) für mehr als fünf Tage, bevor die Polizei sie ohne Blutvergießen überwältigen konnte. Was diese Episode berühmt gemacht hat, waren die anschließenden Ereignisse. Der erste der beiden Täter wurde im Gefängnis von vielen weiblichen Verehrerinnen kontaktiert, die ihn durch die für damalige Verhältnisse erstaunlich hautnahe Fernseh-Reportage kennen und lieben gelernt hatten. Später heiratete er eine von ihnen. Der zweite Täter, der von der Mitschuld freigesprochen wurde, da ihm das Gericht zugestand, er habe nur zum Schein bei der Geiselnahme geholfen, um in Wirklichkeit den Schaden der Geiseln zu verhindern, ging eine bleibende Freundschaft mit einer der weiblichen Geiseln ein. Der Ort war Stockholm und die resultierenden Beziehungen prägten den Namen des Stockholm-Syndroms.

Besonders auffallend am Stockholm-Syndrom (oder auch *survival identification syndrome*) ist, dass die empathische oder identifikatorische Relation der Geisel zum Geiselnehmer die eigentliche Geiselsituation überdauern kann. Die Geisel übernimmt die Perspektive des Geiselnehmers derartig bindend, dass sie Angst vor der Polizei hat, die sie retten will, dass sie die Polizei auch dann noch bekämpft, wenn die Geiselnehmer bereits überwältigt sind, und dass sie sich in den Gerichtsverhandlungen für die Geiselnehmer einsetzt (all dies war 1973 der Fall). Die Geisel sieht die Welt durch die Augen des Geiselnehmers – ein klassisches Szenario der Empathie.

Die Frage dieses Kapitels lautet, ob Gewalt zur Struktur der Empathie im Allgemeinen gehört oder eine auf das Stockholm-Syndrom reduzierte Ausnahme darstellt. Soweit ich sehe wird eigentlich nirgendwo – außer eben hier – behauptet, dass das Stockholm-Syndrom tieferen Aufschluss über Empathie als Ganzes zu geben vermag. Die Einwände liegen auf der Hand. Die Vermischung von Gewalt und menschlicher Einfühlung scheint eher eine paradoxe Ausnahme darzustellen und als solches kaum geeignet zu sein, das so friedliche Gedanken-Lesen und Mitleiden zu erklären. Doch woher weiß man, dass die Vermischung von Empathie mit Fragen der Macht die Ausnahme ist? Ist Empathie in ihrer Struktur vielleicht weniger eine Form neutraler Beobachtung, als vielmehr eine Not-Strategie, die aufgerufen wird, eben weil der andere eine derartige Dominanz ausübt, dass er (rational und emotional) verstanden werden muss? Vielleicht handelt es sich bei der Extremsituation der Geiselnahme um ebendie Zwangslage, die ein immerhin sonderbares Verhalten wie Empathie erst induziert: Nur wer sich für radikal ausgeliefert hält, gibt die eigene Perspektive auf.

Ausgehend vom Stockholm-Syndrom und einer Reihe von verwandten Fällen und Modellen soll im Folgenden eine mögliche Struktur von Empathie destilliert werden, die zwar auf der Theory of Mind (Kapitel 2) aufbaut, zugleich aber eine andere Gruppe von Voraussetzungen ins Spiel bringt als diejenigen, die im ersten und zweiten Kapitel diskutiert wurden. In den für dieses Kapitel relevanten Fällen geht es um eine kommunikative Situation zwischen zwei Dialogpartnern, die durch ein Machtgefälle unterschieden sind. Die Gemeinsamkeit der untersuchten Fälle besteht darin, dass jemand Empathie gegenüber dem als mächtiger Wahrgenommenen ausbildet (sofern es sich um Empathie handelt, denn dies steht noch zur Frage). Der Schwächere beobachtet den Überlegenen, errät dessen Intentionen und Emotionen und übernimmt in diesem Prozess auch dessen Bewertungen der Welt. Zu fragen ist dabei, ob in dieser Form der Empathie noch zwei Positionen vorliegen (ich bleibe, wer ich bin, auch wenn ich in die Haut des anderen schlüpfe) oder aber eine Verschmelzung stattfindet (ich adaptiere ganz die Position des anderen, insofern ich alles tue, was ich denke, das er wünscht).

Auch unter den Fachleuten gibt es erhebliche Differenzen darüber, wie das Stockholm-Syndrom zu bewerten ist. Zwei grundsätzliche Einschätzungen können unterschieden werden. Die erste

Einschätzung stellt die Zerstörung des psychischen Systems und der Selbst-Funktion der Geisel ins Zentrum.[1] Die Reste der Selbst-Funktion werden dann auf denjenigen abgezogen, der Macht und Kontrolle hat, also den Geiselnehmer, der ja ein gesundes Selbstgefühl zu manifestieren scheint. Empathie, wenn dies dann überhaupt noch das richtige Wort ist, wäre ein Effekt der Zertrümmerung des eigenen Selbst. Psychoanalytiker beschreiben das Stockholm-Syndrom in diesem Sinne als einen Regress auf infantile Muster, etwa, aber nicht notwendig, als Elternidentifikation. Gemäß dieser Einschätzung rückt das Stockholm-Syndrom in die Nähe der Psychosen.

Die zweite Einschätzung gesteht dem Stockholm-Syndrom eine strategische Rationalität zu. Die Geisel unterwirft sich, so diese Theorie, um dem Geiselnehmer positive Gefühle zu vermitteln und so mit dem Leben davon zu kommen. In der Selbst-Aufgabe der Geisel verbirgt sich insofern die Hoffnung auf ein freundliches Ende der Geiselnahme durch Kommunikation und Reziprozität. Diese Rückkehr zu sich selbst wird dann aber in der Identifikation mit dem Geiselnehmer quasi vergessen, so dass die Geisel in Hörigkeit verharrt.

Möglicherweise sind beide gegensätzliche Einschätzungen nötig, um das Phänomen des Stockholm-Syndroms zu erklären. Wird das Selbst preisgegeben (so die erste Einschätzung), um eine Schiene positiver Kommunikation (so die zweite Einschätzung) zu eröffnen? Und eben hier könnte sich Empathie zeigen: Nur wer die eigene Perspektive aufgibt, kann diejenige des anderen einnehmen

---

[1] Hier und im Folgenden wird der Begriff des »Selbst« zur Kennzeichnung dessen verwendet, was im Stockholm-Syndrom bedroht wird. Es geht weniger um eine Vorstellung der Identität (als »Ich«) – diese kann vielmehr erhalten bleiben – als vielmehr um die Funktion von Selbst-Interesse (self-interest). Die Geisel scheint das Zentrum von eigennützigen Interessen zu verlieren. Der Begriff des Selbst wird hier auch deshalb verwendet, um die begriffliche Differenz zum »Ich« im ersten Kapitel aufrechtzuerhalten. Im ersten Kapitel hatten wir betont, dass die Vorstellung eines (singulären) Ich weniger als Identität des Einzelnen operiert, als vielmehr als das trennende Element, welches die Ungleichheit aller akzentuiert. In diesem Sinne könnte man im vorliegenden Kapitel sagen, dass es auch hier um ein »Ich« geht, allerdings nicht das »Ich« der Geisel, sondern nur, aus Sicht der Geisel, das »Ich« des Geiselnehmers. Nur dem anderen, dem Geiselnehmer, wird in der Machtsituation ein essentielles »Ich«, eine wesentliche Besonderheit, zugestanden.

und dadurch, vielleicht, für sich selbst, also auch für das nicht mehr zentrale Selbst, etwas herausschlagen.

Sicherlich ist die Erfahrung der Geiselnahme derartig existentiell und traumatisch, dass sie in der Tat die Konturen der eigenen Selbst-Funktion erschüttern kann. Dennoch gibt ein kleines aber sehr wichtiges Detail ein Indiz dafür, dass das Stockholm-Syndrom wohl nicht, das heißt nicht ausschließlich, eine totale Kapitulation und Zertrümmerung des Selbst darstellt, sondern *zugleich*, also *noch in der Zerstörung des Selbst*, als Überlebensstrategie verstanden werden sollte. Es kommt nämlich mit einer viel größeren Wahrscheinlichkeit zur Ausbildung des Stockholm-Syndroms, wenn der Geiselnehmer ein Zeichen der Freundlichkeit gibt und damit Hoffnung zulässt. Dieses Zeichen kann in einer kleinen Geste bestehen, nicht mehr als die Übergabe von etwas Essen, einem Lächeln oder dergleichen. Was diese Geste kennzeichnet, ist, dass die Geisel sie als Zeichen dafür interpretieren kann, dass der Geiselnehmer »nicht so böse« ist, wie es scheint. Psychologen nennen dies die Wahrnehmung einer kleinen Freundlichkeit (»small kindness perception«).[2]

Das Stockholm-Syndrom wird also nicht allein durch die radikale Macht-Asymmetrie, die bedrohliche Einengung im Bewegungsraum, die Misshandlung oder die Todesdrohung induziert. Vielmehr bleibt ein Element von Hoffnung lebendig, sofern der Geiselnehmer dies zulässt.[3] Das Überreichen von etwas Nahrung, die freundliche Bemerkung, die Erlaubnis, die Toilette zu benutzen, also die kleine Freundlichkeit, werden von der Geisel vermutlich als Akt der Kommunikation verstanden. Wo kommuniziert wird, gibt es Antwort, Dank. Die Geisel *will* diese Geste wahrscheinlich optimistisch als Einleitung einer freundlichen Kommunikation verstehen, denn dies erlaubt der Geisel, die eigene Situation in besserem Licht zu sehen. Eine solche Wahrnehmung durch die rosarote Brille folgt aus der Tendenz zur selbstwertdienlichen Verzerrung

---

2 Vgl. Joseph M. Carver, »Love and Stockholm Syndrome. The mystery of loving an abuser«, 2007, vgl. ⟨http://counsellingresource.com/quizzes/stockholm/part 2.html⟩

3 Dazu passt es auch, dass echtes Stockholm-Syndrom in Geiselsituationen eher selten ist. Dwayne Fuselier ermittelt etwa, dass nur in 8% von etwa 1500 Geiselnahmen ein echtes Stockholm-Syndrom auftrat; Dwayne Fuselier, »Placing Stockholm Syndrome in perspective«, in: *FBI Law Enforcement Bulletin* (July 1999), S. 22-25.

(*self-serving bias*). Entsprechend könnte man folgern, dass die Geisel wohl in der Tat durch eine positive emotionale Aufwertung der Beziehung zwischen sich und dem Geiselnehmer reagiert. Gerade weil diese Kommunikation allerdings offensichtlich unter einem großen Zweifel steht (die Todesdrohung, das Einsperren bleibt ja bestehen), ist es für die Geisel wohl umso wichtiger, an dieser Form der Kommunikation festzuhalten.

Entsprechend darf der Geiselnehmer, so dürfte es die Geisel sehen, auf keinen Fall irritiert werden, damit seine »gute« Seite weiter dominieren kann.[4] Um den anderen nicht zu irritieren, muss er erst einmal verstanden werden. Insofern wäre es folgerichtig, wenn die Geisel versucht, die Perspektive des anderen einzunehmen, um die Wünsche und Ängste des Geiselnehmers zu verstehen und sich als Gefühle zu eigen zu machen. Empathie entsteht hier nicht als Selbstzweck, sondern als ein konkretes Mittel, die Kommunikation aufrechtzuerhalten. Die Geisel würde also kalkulieren (dies allerdings nicht unbedingt bewusst), wie der Geiselnehmer auf verschiedene Situationen reagieren wird. »Wenn ich x sage oder die Polizei y macht, dann wird der Geiselnehmer z tun.« Soweit ist dies sicher ein ganz normaler Aspekt der dialogischen Kommunikation. In der Kommunikation haben wir Erwartungserwartung. Was im Stockholm-Syndrom hinzukommt, ist, dass die Geisel wahrscheinlich glaubt, sich keinen Fehler erlauben zu können und daher von der Perspektive des Geiselnehmers nicht mehr auf die eigene, vermutlich konträre Perspektive zurückspringen kann. Die Einswerdung findet statt, um die Zweier-Relation aufrechtzuerhalten, kommt jedoch nicht zur Zweierbeziehung zurück.

Das Verhalten der Geisel wäre insofern durchaus rational und zugleich paradox: Die Geisel negiert die eigenen Wünsche und die eigene Position strategisch, adaptiert die Position des anderen, um durch diese Leugnung des eigenen Selbst letztlich das eigene Selbst zu stärken. Dies geschieht auf zweifache, widersprüchliche Art und Weise. Insofern erstens das Selbst der Geisel mit dem Geiselnehmer verschmilzt, fördert jede Stärkung des Geiselnehmers auf psychotische Art und Weise auch das »Selbst« der Geisel, da der andere

---

4 Frans de Waal bemerkt, dass die ranghöheren Schimpansen durchaus registrieren, wer von den niedrigeren Tieren einer Gruppe ihnen Respekt zollt. Zumindest bestrafen sie die weniger respektvollen Gruppenmitglieder häufiger, Frans de Waal, *Der Affe in uns. Warum wir sind, wie wir sind*, München 2006.

ja als Platzhalter des eigenen Selbst verstanden wird. Und insofern zweitens die Geisel dem Geiselnehmer hilft, hofft diese darauf, dass der Geiselnehmer seinerseits auch der Geisel hilft (eine solche Hilfe könnte in dem Schutz bestehen, den ein selbsternannter Guru den Mitgliedern seiner Sekte verspricht, es könnte aber auch das letztendliche Freilassen sein).

Paradox ist die Situation, weil der Geiselnehmer die Geisel einerseits übersehen soll, ihr aber zugleich dankbar sein soll. Nur weil die Grenze zum Geiselnehmer bis zur Identität verschwindet, so könnte die Geisel kalkulieren, ist das Wohlwollen des Geiselnehmers zu erlangen. Und der seinerseits unter Druck stehende Geiselnehmer kann der Geisel dankbar sein, insofern sie seine kritische Aufmerksamkeit nicht in Anspruch nimmt. Die Kommunikation zwischen zwei Personen tendiert im Stockholm-Syndrom also stets zum Umkippen; das Selbstgefühl einer Person (des Geiselnehmers) beherrscht die Beziehung, insofern die Geisel sich zu seinem Teil erklärt und seine Wünsche und Ängste übernimmt.

Ein Vergleich mit der Folter kann diese Überlegungen stützen. In der Folter wird der Folterer vom Gefolterten nur extrem selten positiv besetzt.[5] Einer der Hauptunterschiede von Stockholm-Syndrom und Folter dürfte darin bestehen, dass die Geisel versteht, dass ihr Leiden für den Geiselnehmer ein Mittel zu einem anderen Zweck ist, während das Opfer von politischer Folter die ihm angetane Gewalt dagegen als den Zweck der Operation sehen muss. In der Geiselnahme will der Geiselnehmer etwas für sich: Geld, Freiheit, Gemeinschaft, Aufmerksamkeit oder sexuellen Genuss. Dazu braucht er die Geisel als Mittel. Das Leiden der Geisel kann dabei durchaus ein Schritt zum Erfolg sein. Doch es nicht das Endziel der Geiselnahme. In der Folter dagegen ist das Leiden des Opfers das Ziel, sei es als Endziel (Strafe, Vergeltung), als Teil des Zwecks (Abschreckung) oder als erster Schritt des Richtens (das Erpressen von Geständnissen). Auch wenn Folter eingesetzt wird, um dem Opfer ein Geheimnis zu entlocken, bleibt das Ziel der Tätigkeit des Folterers der Schmerz (und nicht etwa der Genuss des Folterers

---

5 So Freihart Regner: »Unbewußte Liebesbeziehung zum Folterer? Kritik und Alternativen zu einer ›Psychodynamik der traumatischen Reaktion‹«, in: *Zeitschrift für Politische Psychologie* 8 (2000), S. 429-452. Regner kritisiert die psychoanalytische Vorstellung, dass Folter zu einem Regress auf Kindheitsmuster mit dem Folterer als Elternfigur führt.

an seinen Misshandlungen). Weil also die Geisel sich selbst und ihr Leiden selbst noch im Falle der Misshandlung[6] als Mittel zur Beförderung der persönlichen Ziele des Geiselnehmers sehen kann, bleibt es anscheinend möglich, eine positive menschliche Beziehung zum Geiselnehmer aufzubauen (auch wenn dies statistisch nicht die Regel ist). Eine weitere Differenz besteht darin, dass der Geiselnehmer gegenüber der Geisel die einzige Autorität ist, die alles entscheidet, während hinter dem Folterer in der Regel eine Organisation steht, als deren bloßer Repräsentant er auftritt. Das Wohlwollen des Folterers hilft dem Gefangenen nicht.

Zusammenfassend ist vorläufig festzuhalten, dass die Empathie mit dem Geiselnehmer eine Kippfigur zwischen ein und zwei Positionen hervorbringt. Solange die Geisel auf kommunikative Erwiderung aus ist, stehen sich zwei Positionen gegenüber. Doch sobald sich die Geisel mimetisch die vermuteten Wünsche und Ängste des Geiselnehmers zu eigen macht, verschwindet die zweite Position und führt zu einer Verschmelzung beider. Insofern stehen sich hier nicht zwei Dialogpartner gleichwertig gegenüber, sondern befinden sich in einer prekären Situation der Ungleichwertigkeit. Statt einer dialogischen Ich-Du-Beziehung kommt es zu einem »Du mit mir«. Die duale, dialogische Struktur rutscht in Mono-Perspektivismus ab. Dafür scheint es eine doppelte Motivation zu geben: Zum einen hofft die Geisel als Kommunikationspartner des Geiselnehmers auf positive Kommunikation. Die Momente der »kleinen Freundlichkeit« sollen verstärkt werden. Zum anderen will die Geisel sich quasi unsichtbar machen. Je mehr die Geisel mit dem Geiselnehmer eins wird, so die Hoffnung, verschwindet sie aus der Sicht des Geiselnehmers, wird übersehen und entgeht dem Zorn. Die Kommunikation wird daher reduziert auf totale Zustimmung. Dem Verlassen der eigenen Perspektive wohnt, wie das Stockholm-Syndrom zeigt, die Gefahr des Stecken-Bleibens beim anderen inne. Die Rückkehr zur eigenen Perspektive, das Aufspalten des Mono-Perspektivismus in zwei Positionen bleibt das Fernziel am Horizont.

---

6 Zu erwägen wäre, ob das Leiden in der sexuellen Misshandlung als *Mittel* der Erregung des anderen und nicht direkt als Ziel verstanden werden kann. Oder bricht die Unterscheidung zwischen Folter und Geiselnahme hier zusammen?

2. Affen-Tratsch

Ein weiteres wichtiges Element einer Theorie der Empathie, die auf Reziprozität zielt, findet sich in einem Zweig der Evolutionsbiologie. Dort wird seit langem gefragt, was genau der evolutionäre Vorteil der Sprache ist. Dazu muss man wissen, dass Sprachfähigkeit äußerst viel Energie verlangt und also auf Kosten der Entwicklung anderer Organe geht. Sprechen muss also andere Nachteile mehr als ausgleichen. Das Sprechen ist wohl nur einer Art möglich, deren Neocortex (ein Teil der Großhirnrinde) besonders groß ist. Der für das Sprechen verantwortliche Neocortex, also die äußerste Schicht des Gehirns, macht bei niederen Säugetieren zwischen 10 und 40% des Gerhinvolumens aus, bei Affen mehr als 50% und bei Menschen um die 80%. Im Neocortex wird eine ausgesprochen hohe Menge an Energie verbrannt, so dass man davon ausgehen kann, dass die Ausbildung und Unterhaltung eines massiven Neocortex in der Tat mit deutlichen Limitationen anderswo erkauft wird. Immerhin leistet sich nur eine einzige derzeit überlebensfähige Art einen Neocortex von 80% der Gehirnmasse.

Die Frage ist also, was der evolutionäre Vorteil des Sprechens und des großen Neocortex ist, sofern Letzterer auf die Funktion des Sprechens reduziert wird. Angenommen wird dabei, dass Sprechen nicht ein zufälliges Nebenprodukt der Evolution war (was durchaus möglich wäre), sondern unmittelbar einen Überlebensvorteil versprach und also unter Selektionsdruck stand. Ältere Theorien betonen den evolutionären Vorteil des Informationsaustausches, etwa in der Absprache über Jagdstrategien und Information über Gefahrenquellen. Jüngere Theorien dagegen unterstreichen, dass Sprechen soziale Vorteile verspricht und dass der Intelligenzsprung der Menschen sich komplexen Prozessen der Gruppendynamik verdankt (so die sogenannte *cultural intelligence hypothesis*).[7]

Der Psychologe Robin Dunbar, dessen Hypothesen im Folgenden dargestellt werden, vertritt die These, dass Sprache das viel zeitaufwendigere Lausen unter den Affen ablöst.[8] Während die Affen

---

[7] Esther Herrmann, Joseph Call et al., »Humans have evolved specialized skills of social cognition. The cultural intelligence hypothesis«, in: *Science* 317 (2007), S. 1360-1366.

[8] Vgl. Robin Dunbar, *The Human Story. A New History of Mankind's Evolution*,

eine Reihe von tiefen individuellen Beziehungen dadurch pflegen, dass sie sich gegenseitig lausen, können Menschen verbal Gefühle kommunizieren. Während das Lausen durch Endorphine Wärme- und Wohlgefühle erweckt, können Menschen sprachlich ähnliche Effekte des Vertrauens, Wohlbehagens und emotionalen Verstehens auslösen.[9] Sprechen ist dabei effektiver als Lausen, denn Letzteres braucht mehr Zeit. Dunbar errechnet, dass die maximale Gruppengröße einer kohärenten Kraul-Gemeinschaft bei um die 50-70 Individuen liege, wobei er davon ausgeht, dass jeder jeden bisweilen kraulen muss und eine erfolgreiche Kraulsitzung ein Mindestmaß an Zeit erfordert, zugleich aber neben der Nahrungssuche nur ein begrenztes Zeitmaß zur Verfügung steht. Die Sprachgemeinschaft dagegen könne das Maximum der Gruppengröße von 50-70 auf 150 nahezu verdreifachen.[10] Das Kraulen verbindet stets nur zwei Individuen, während Gesprächsgruppen von bis zu vier Individuen, so Dunbar, ähnlich erfolgreich alle miteinander verbinden können. Tatsächlich sieht Dunbar in einer Zahl um 150 auch das Maximum von Personen gegeben, mit denen einer freundschaftlich verbunden sein kann. Bis zu einer Gesamtzahl von 150 Gruppenmitgliedern könne jedes Individuum ein sprachlich-mentales Bild (Theory of Mind) der anderen Gruppenmitglieder besitzen. Dunbar nennt diese Theorie des Sprachursprungs die Klatsch-Theorie (*gossip-theory*). Das Kerngeschäft des Sprechens ist der Klatsch, alles andere, wie der Informationsaustausch über Nahrung und Gefahr, sind in evolutionärer Hinsicht Abfallprodukte dieser Fähigkeit. Ziel des Sprechens ist die soziale Bewerkstelligung von Gemeinschaft.

Man muss nicht der spekulativen Herleitung von Dunbars Thesen zustimmen, um seine Charakterisierung der sozialen Funktion der Sprache ernst zu nehmen. Dunbar diskutiert eine Reihe von evolutionären Faktoren, die die Sprache als Mittel der Gemeinschaft durchgesetzt haben könnten. Neben dem Austausch über Information des Typus »wer-mit-wem«, betont er vor allem die so-

---

London 2004; und Robin Dunbar, *Klatsch und Tratsch. Wie der Mensch zur Sprache fand*, München 2002.

9 Auch: Robin Dunbar, Louise Barrett, John Lycett (Hg.), *Oxford Handbook of Evolutionary Psychology*, Oxford 2007, S. 128-146.

10 Robin Dunbar, »Neocortex size as a constraint on group size in primates«, in: *Journal of Human Evolution* 22 (1992) S. 469-493; und Robin Dunbar, Louise Barrett, John Lycett, *Evolutionary Psychology*, S. 133-135.

ziale Wärme, aber auch die Werbung um Partner beziehungsweise ihre Auswahl und schließlich die Überwachung der faulen Nutznießer der Gemeinschaft (Englisch: »free-rider«, also die sozialen Schwarzfahrer).[11]

Die Perspektiven dieser Thesen sind erstaunlich weitreichend. Der Mensch wird nicht als ein rationales Tier definiert, sondern als ein Tier, das die Methoden der Geselligkeit perfektioniert und aus diesem Grund die Sprache erfindet. Dunbars Thesen sind kontrovers diskutiert worden, zumal für viele der Annahmen Evidenz fehlt.[12] Immerhin kann Dunbar für seine Thesen in Anspruch nehmen, dass die heutigen Menschen die Sprache in 60-70% der Redezeit für soziale Zwecke, Klatsch und Tratsch einsetzen, und diese Sprachfunktion also durchaus als Kandidat des Evolutionsdrucks in Frage kommt.[13] Die Klatsch-Gemeinschaft, so vermutet Dunbar, tritt aufgrund ihrer Kohäsion nach außen hin gefestigt auf und ist im Inneren durch verstärkte Kooperation ausgezeichnet. Ihre Überlebensfähigkeit dürfte hoch sein.

Vieles spricht evolutionsbiologisch wohl dafür, die Herde, Gruppe oder das Rudel als Matrix von Empathie anzusehen. Anders als in den Urszenen der Freudschen Psychoanalyse, die »Identifikation« und Einfühlung allein aus der Kernfamilie mit Vater, Mutter, Kind ableitet, treten in den sozialen Klatsch-Gemeinschaften auch komplexere Dynamiken auf, die sich nicht sofort auf bereits determinierte Zweier- oder Dreierkonstellationen reduzieren lassen. Im Rudel bestehen auch graue Bereiche der Akzeptanz und Geselligkeit, die als soziale Formen gepflegt werden müssen, um den Gesamtzusammenhalt der Gruppe zu stärken. Häufig gerät ein Individuum in die Lage, sich zwischen verschiedenen Lagern entscheiden zu müssen. Die langfristige Kooperation muss zugleich mit den negativen gruppen-spezifischen Gefühlen, wie denen der Konkurrenz, balanciert werden. Das Entscheidende an diesem grauen Bereich von Beziehungen ist, dass er die Latenz zu anderen

---

11 Robin Dunbar, *Klatsch und Tratsch,* Kap. 9.
12 Dunbar ist sich natürlich bewusst, dass seine Hypothese derzeit nicht in allen Punkten beweisbar ist. Immerhin kann er eine Reihe von Befunden, Experimenten und Hilfshypothesen anführen, wie etwa die Theorie, dass Musik den Übergang des Lausens zum Sprechen darstelle, um seine Argumentation zu plausibilisieren.
13 Robin Dunbar, *Klatsch und Tratsch*, Kap. 6, Kap. 9.

Beziehungen in sich trägt. Der entfernte Onkel kann zum Lebensretter werden, kann zum Leittier aufsteigen oder aber könnte sich zum Feind der Kleinfamilie entwickeln, wenn er nicht genügend Aufmerksamkeit erhält. Also ist es wichtig, vorab eine gute Beziehung mit ihm zu unterhalten und ihn verstehen zu lernen, so dass potentiell gefährliche emotionale Veränderungen in ihm rechtzeitig bemerkt werden können. Das Lausen hat damit eine zentrale Funktion. Und wenn das zeitaufwendige Lausen durch andere Formen der Kommunikation und des Verstehens ersetzt werden kann, so besteht hier eine evolutionäre Möglichkeit der Optimierung. Wer lernt, den Onkel anhand einiger Gesten »zu lesen«, der weiß vorab, ob er Arbeit in die Beziehungen stecken muss oder seine Zeit anderswo investieren kann.

Besonders wichtig in diesem Zusammenhang könnte eine eher beiläufige Beobachtung von Dunbar sein, dass wir im sozialen Klatsch und Tratsch wie auf Eierschalen laufen, um nicht die Gefühle des Kommunikationspartners zu verletzen.[14] Wer redet, kalkuliert die Perspektive des anderen mit ins Gespräch ein.[15] Wir schätzen vorab ein, wie der andere das Gesagte aufnehmen wird, was also schwierig für diesen ist, was heikel, und wo um den heißen Brei geredet werden muss. Hierzu gehört auch eine Alltagserfahrung. Im Gespräch tendieren wir bisweilen dazu, mit unserer echten Meinung hinter dem Berg zu halten. (Man denke in diesem Zusammenhang auch an das Solomon-Asch-Experiment zum Konformitätsdruck.) Aus Gründen, die nicht offensichtlich oder zumindest erklärungsbedürftig sind, werden die eigenen Gedanken zumindest vor dem Gegenüber oft verborgen, gemildert, versteckt, umgedreht oder verschönert. Wenn jemand etwa einen Witz über eine andere Gruppe erzählt (etwa: Schwulen-Witze, Friseusen-Witze etc.), wäre es ihm oft peinlich, befände sich ein Mitglied dieser Gruppe unter seinen Zuhörern.

Hier führt der Weg von der Klatsch-Theorie zurück zum Stockholm-Syndrom. Auch im sozialen Gespräch wird die Perspektive des anderen eingenommen und übergroße Vorsicht und Rücksichtnahme demonstriert, um dem anderen nicht zu nahe zu treten. Auch werden die eigenen Interessen zumindest momentan invisibilisiert. Sicherlich vergessen wir, anders als anscheinend beim

---

14 Robin Dunbar, *Klatsch und Tratsch*, Kap. 6.
15 Robin Dunbar, *The Human Story*, S. 119-121.

Stockholm-Syndrom, im Gespräch und Klatsch selten unsere eigene Position und Meinung, auch wenn wir sie nicht direkt präsentieren. Doch auch hier kann es vorkommen – oder stehe ich mit dieser Erfahrung allein? –, dass wir unserer Sache nicht mehr so sicher sind, dass wir der (eingebildeten) Vorstellung des anderen viel Raum zugestehen und dass wir uns also quasi selbst von der Richtigkeit der Position des anderen überzeugen, schlicht, weil wir seine Brille aufgesetzt haben. Wir verlieren unsere eigene Sichtweise zwar nicht – oder doch kurzzeitig? –, aber wir lassen uns beeinflussen beziehungsweise beeinflussen uns selbst, indem wir die Welt durch die Augen des anderen zu sehen versuchen. Möglicherweise gibt es einen Mechanismus, der dem oben anhand des Stockholm-Syndroms beschriebenen ähnelt. Die Perspektive des anderen kann möglicherweise nur eingenommen werden, indem die eigene Perspektive unterdrückt wird. Und nach der Rückkehr zur eigenen Perspketive kann sich diese, durch das Verständnis vom anderen, wandeln. Daher auch sind Gespräche von Angesicht zu Angesicht so viel besser geeignet, Konflikte beizulegen: Wir müssen quasi die Perspektive des anderen einnehmen und sie kurzzeitig als eigene anerkennen.

Es gibt auch im Alltagsgespräch eine gewisse Asymmetrie. Selbst wenn man annehmen kann, dass beide Gesprächspartner sich zueinander wechselseitig asymmetrisch verhalten, so bedeutet dies doch nicht, dass das Machtgefälle ausgeglichen ist. Zu fragen ist vielmehr, wie man die Inthronisierung des anderen im Gespräch erklären kann.

Die Frage der Hierarchie unter den Individuen einer Gruppe beschäftigt Dunbar in seiner Theorie ebenfalls. Einerseits bemerkt er, dass die wechselseitige Perspektivenübernahme soziale Hierarchien abbaut.[16] Insgesamt scheint Dunbar Klatsch weitgehend für eine

---

16 Robin Dunbar, *Klatsch und Tratsch*, Kap. 5. Dunbar stellt fest, dass kommunikativer Austausch, das Sprechen, eine besondere Bedingung besitzt, die er in der Theory of Mind (siehe Kapitel 2) dingfest macht: Wir müssen die Fähigkeit besitzen, die Intention des Sprechers zu erraten und ihm Gefühle, Wünsche, Ängste und Begehren zuzuschreiben. Die Wörter eines Satzes allein sind nicht oder kaum in der Lage, den Zweck eines Sprechaktes zu erklären. Vielmehr muß der Gesprächspartner eine Vorstellung davon haben, warum der Sprecher etwas sagt, was er also bewerkstelligen will, was er damit vielleicht verschweigt, was er hofft oder erwartet. Deutlich werde dieses Zusammenspiel von Sprechen und Theory of Mind dort, wo Letzteres fehlt, also im Autismus. Autisten scheitern daran, den

harmlose, genussvolle Sache anzusehen, die insofern in einfacher Linie von Lausen, Wohlbehagen und Musik stehen könnte und Hierarchien mildert. Auch der negative Klatsch, das Überwachen der Nutznießer oder »free rider« nimmt, laut Dunbar, nur 5% der Kommunikationszeit in Anspruch und wird von ihm daher als Hauptzweck des Klatsches verworfen.[17]

Andererseits liefert Dunbar auch Belege für die aggressiven Dimensionen des Klatsches. Klatsch kann eine Fortsetzung des Kampfes mit anderen Mitteln sein. Der soziale Rang des Einzelnen steigt und fällt mit seinem Stand im Klatsch. Was Dunbar nur am Rande erwähnt, ist dabei die im Klatsch lauernde Gefahr für jedes Mitglied der Gemeinschaft. Wer jetzt noch am Klatsch teilnimmt, kann im nächsten Moment sein Gegenstand sein und an sozialem Status verlieren. Ein solcher Verlust kann radikale Konsequenzen haben für die Chancen, eigenen Nachwuchs zu erzeugen oder erfolgreich aufzuziehen. Das Teilnehmen am Klatsch ist insofern wohl nicht nur Sache von Genuss und Kohärenz – das muss deutlicher noch als von Dunbar betont werden, sondern eine soziale Notwendigkeit, um seinen Status zu behaupten.

Die gesteigerte Fähigkeit, mich dem anderen verbal zu nähern, hat anscheinend nicht nur den Effekt, dass ich die Gedanken des anderen erraten kann (im Sinne der Theory of Mind, Kapitel 2), sondern auch, dass ich mir bewusst bin, dass auch ich lesbar bin.[18] Daraus folgt wiederum die Möglichkeit, die eigenen Intentionen und Gedanken gezielt zu verbergen. Sicherlich wird im Alltag ein nicht geringer Aufwand im Sprechen darauf gerichtet sein, die ei-

---

nicht-wörtlichen Sinn einer Rede zu verstehen, eben weil sie kein Verständnis der Befindlichkeit des anderen und seiner Intention haben. Dunbars Beispiel: Der Autist, der gebeten wird, die Tür hinter sich zu schließen – »pull the door behind you« – hebt die Tür aus den Angeln, um sie hinter sich her zu schleifen (pull wörtlich als ziehen); Robin Dunbar, *Klatsch und Tratsch*, Kap. 5.

17 Robin Dunbar, *Klatsch und Tratsch*, Kap. 9.
18 Anscheinend gilt dies bereits für Nicht-Säugetiere. Wie Nicola Clayton und Kollegen anhand des Scrub-Jay (Busch-Hähers) beobachten, können die Vögel, die selber einmal die versteckte Beute eines anderen Hähers gestohlen haben, erkennen, dass die Gegenwart anderer Vögel beim Verstecken verhängnisvoll sein kann (da diese ebenfalls zu Dieben werden könnten); Nicola Clayton, Joanna Dally, James Gilbert, Anthony Dickinson, »Food caching by Western Scrub-Jays (*Aphelocoma californica*) is sensitive to conditions at recovery«, in: *Journal of Experimental Psychology: Animal Behavior Processes* 31 (2005), S. 115-124.

gene (echte) Absicht zu invisibilisieren und etwa vorgebliche Intentionen anzubieten.

Hier können wir uns nun fragen, wie das Verhältnis des Verlusts der eigenen Perspektive und das Schlüpfen in die Haut des anderen kausal verknüpft sind. Im Stockholm-Syndrom schien es so zu sein, dass wir die eigene Perspektive unterdrücken und *daher* in der Lage sind, die Situation aus den Augen des Geiselnehmers zu sehen. Die Ausstreichung oder Invisibilisierung des Selbst kommt zuerst beziehungsweise ist die Bedingung der Möglichkeit dafür, die Perspektive eines anderen zu übernehmen. Die Überlegungen zur Alltagskommunikation, die hier mithilfe von Dunbar angestellt wurden, stellen die Verknüpfung tendenziell umgekehrt dar. Wir nehmen die Perspektive des anderen ein, sehen uns etwa selbst von außen, und invisibilisieren *daher* unsere eigenen Intentionen, da sie dem anderen anstößig sein könnten. *Weil* wir aus den Augen des anderen sehen, verbergen wir unsere eigenen Anliegen.

Diese Gegensätzlichkeit ist erstaunlich. Zunächst muss sie uns daran erinnern, wie vorläufig alle diese Überlegungen sind. Vieles ist hier Spekulation. Allerdings kann dieser Widerstreit zweier Kausalitäten uns durchaus auch einen Aufschluss liefern, der die vermeintliche Kontradiktion auflöst. Es ist nämlich vor allem zu betonen, dass eine Tendenz zum Mono-Perspektivismus besteht. Anscheinend ist es für das menschliche Bewusstsein nicht (oder nur mit besonderen Anstrengungen) möglich, mehr als eine Perspektive *zugleich* einzunehmen.[19] Daher bedingen das Aufgeben der eigenen Perspektive und das Adaptieren der Perspektive eines anderen sich prinzipiell gegenseitig, dergestalt dass beide wechselseitig die Bedingung des anderen sind. Insofern könnten wirklich beide Kausalitäten parallel bestehen: Weil wir in die Haut des anderen schlüpfen, verschwindet unser eigene Identität. Und weil wir unsere eigene Wahrnehmung unterdrücken, vermögen wir es, die Welt mit den Augen des anderen zu sehen.

Die Symptome des Stockholm-Syndroms ähneln also durchaus

---

19 Dies führt dann dazu, dass empathisches Erleben dort besonders gesteigert wird, wo es zu einer Oszillation zwischen mehreren Perspektiven kommt. Dies ist etwa der Fall in der Anagnorisis, vgl. Eva Geulen, »Anagnorisis statt Identifikation (Raabes *Altershausen*)«, in: *Deutsche Vierteljahrsschrift* (2008), S. 424-447, und Fritz Breithaupt, »Wiedererkennen als Parteinahme«, erscheint in: Claudia Breger und Fritz Breithaupt (Hg.), *Empathie und Erzählung*, Freiburg 2009.

vielen Elementen von Dunbars Klatsch-Theorie. Stockholm-Syndrom und Klatsch sind dabei die Pole einer Skala von Empathie, die dem anderen ein Übergewicht zugesteht. Dies muss wohl nicht heißen, dass der andere immer eine Position der tatsächlichen Macht innehat. Vielmehr impliziert der Akt der Empatie, dass wir dem anderen Bedeutsamkeit zugestehen und ihn also uns gegenüber momentan zum Mächtigen erheben. Zu erwägen wäre etwa, ob als mittleres Phänomen auch viele partnerschaftliche Beziehungen teilweise auf der Selbstaufgabe und Adaption der Perspektive des anderen beruhen, wie Anna Freud erwogen hat. Dies könnte die an sich erstaunliche Stabilität ungleichgewichtiger Ehen erklären. Die Basisstruktur von Empathie könnte sich dann wie folgt darstellen:

1) Die eigene Perspektive wird unterdrückt, verborgen oder zurückgehalten. Im Klatsch und sozialen Austausch wandelt man auf Eierschalen, will dem anderen unter keinen Umständen zu nahe treten.

2) Zugleich wird die Perspektive des anderen alleinig anerkannt. Die Geisel »identifiziert« sich mit dem Geiselnehmer, das heißt, sie stellt sich vor, die Welt durch seine Augen zu sehen. Auch der Gesprächspartner übernimmt die Weltsicht des anderen.

3) Wer (imaginär) die Perspektive des anderen eingenommen hat, sieht nun auch sich selbst aus den Augen des anderen. Dabei kommt es regelmäßig zu einem Beschönigungseffekt: Man versucht, die eigenen Interessen und Meinungen, insofern sie dem anderen, dessen Perspektive man jetzt hat, anstößig sein könnten, zu verbergen. Invisibilisiert wird das Selbst-Interesse vor dem anderen und vielleicht auch vor sich selbst, insofern die Geisel in der Perspektive des Geiselnehmers steckenbleibt. Diese Selbstverbergung kann durchaus mit dem Selbst-Interesse in Einklang gebracht werden, insofern dieses dadurch geschützt wird.

4) Dieses Sich-unsichtbar-machen direkt vor der Nase des anderen kann als soziale Mimikri verstanden werden. Indem man sich den Wünschen und Erwartungen des anderen anähnelt, fällt man, sofern es gelingt, einerseits weniger auf als eigenständiges Individuum, wird aber andererseits als Mitglied eines sozialen Netzes akzeptiert. Das heißt, es gibt bereits im Übersehen-werden eine Form der Erwiderung und Reziprozität: nämlich die stillschweigend unterstellte Anerkennung.

5) Um die paradoxe Struktur dieser Anerkennung zu betonen:

Der Ich-Verlust in der Klatsch-Kommunikation / Geiselsituation wird durch eine Stärkung der eigenen Position belohnt. Weniger paradox gesagt: Das Selbst wird in eine soziale Identität (als Teil einer Gruppe) überführt. Dies heißt aber nicht, dass die eigenen Ziele mit der der Gruppe übereinstimmen müssen, auch wenn sie später »vergessen« werden, so dass die Geisel die Ziele des Geiselnehmers noch nach Ende der Geiselsituation beibehält. Im Klatsch werden die eigenen Ziele wohl selten vergessen, sondern eben nur vor der Gruppe verborgen.

6) Wer auf Erwiderung hofft, kalkuliert eine zeitliche Verschiebung mit ein. Ein langfristiges Ziel der Geisel ist, bewusst oder unbewusst, das Überleben. Und auch im Klatsch kann es aufgeschobene Belohnungen für die Adaption des anderen geben, etwa durch lang anhaltende Sympathie oder auch durch geteilte Information, die der andere offenbart, da er seinen Gesprächspartner auf seiner Seite sieht.

Wenn wir also die Frage der Machtgefälle des Stockholm-Syndroms und die evolutionstheoretische Ableitung von Kommunikation bei Dunbar zusammendenken, ergibt sich eine einfache Schlussfolgerung: Empathie dürfte (psychologisch, evolutionär) dort zu erwarten sein, wo der Empathie-Empfänger besonders geeignet ist, dem Empathisierenden einen wichtigen Dienst zu erweisen, oder wo der Empathie-Empfänger als Gefahrenquelle neutralisiert werden muss. Die Gegengabe des Empathie-Empfängers kann dabei in einer konkreten Leistung bestehen oder auch schlicht in einer Erwiderung von Empathie und also dem Verstehen des Unterdrückten. Entscheidend ist in jedem Fall, dass die Struktur der Empathie Reziprozität involviert, und zwar in der Form der Hoffnung des Empathisierenden auf eine Gegenleistung. Eine solche Hoffnung auf Gegengabe kann gegenüber Mächtigen, Aufstrebenden oder auch Konkurrenten erhoben werden. Derartige strategische Abwägungen müssen keineswegs auf den Menschen beschränkt sein. Frans de Waal beobachtet etwa einmal, dass die Mutter eines angegriffenen Rhesusaffen nach dem Angriff die Anführerin des Angriffs laust und krault, vermutlich um künftige Angriffe zu verhindern.[20]

---

20 Vgl. de Waal, *Der gute Affe*, Kap. 2.

3. Der unsichtbare Dritte

Bisher wurde ein Aspekt des Stockholm-Syndroms und von Dunbars Klatsch-Gemeinschaft vernachlässigt. Dies ist die Rolle des Dritten.

Die Geisel im Stockholm-Syndrom kann sich selbst, trotz aller Gefahr, als bloßes drittes Element einer anderen Beziehung empfinden. Das Beispiel des Banküberfalls von 1973 ist hier besonders deutlich. Die Geiselnehmer befinden sich während der Geiselnahme in fortwährender Unterhandlung mit der Polizei und den Staatsvertretern. Dies ist auch den Geiseln bekannt, die durchaus wissen, dass sie nur Mittel zu einem mit ihnen nur sehr indirekt verbundenen Zweck sind. Die Geiselnehmer wollen ihre eigene Freiheit und Geld dadurch bewirken, dass sie drohen, den Geiseln Schaden anzutun. Es gibt hier also bereits drei Instanzen, die Geiselnehmer, die Polizei und schließlich als Drittes die Geisel, die nur ein Mittel der Kommunikation zwischen Geiselnehmer und Polizei ist. (Zudem kommt vielleicht noch die Beobachtung durch die Medien als vierte Instanz hinzu.)

Es ist wahrscheinlich, dass diese Funktion der Geisel als Drittes in die Wahrnehmung und Selbst-Wahrnehmung der Geisel hineinfließt. Hier bietet sich also eine alternative, über das bisher gesagte hinausgehende Erklärung des Stockholm-Syndroms und auch des Klatsches an. Der Geiselnehmer wird vielleicht deshalb zum Gegenstand von Empathie, weil er auch als Opfer einer höheren Macht erscheint. Der Geiselnehmer ist, trotz allem, gegenüber der Polizei und den Behörden der Schwächere. Und auf dieser Ebene kann die Geisel mit dem Geiselnehmer Mitleid haben beziehungsweise mit ihm sympathisieren, da Geisel und Geiselnehmer eine strukturell ähnliche Position einnehmen. (Vielleicht ist es dabei so, dass der Geiselnehmer zum Empfänger von Sympathie und Identifikation wird, weil er sich mit seinem radikalen Akt gegen die übermächtige Welt der Polizei, der Banken und der Wichtigkeit des Geldes erhebt wie der Held im Schillerschen Trauerspiel.) Beide sind einer höheren Macht unterworfen. Diese Darstellung des Geiselnehmers als Täter und Opfer zugleich dürfte auch die durchaus wohlgesinnte Darstellung in der schwedischen Presse erklären. Die Geiseln stehen zu dem Geiselnehmer also in einem ambivalenten Verhältnis, insofern der Geiselnehmer zum einen als Übeltäter auftritt, zugleich aber auch in einer ähnlichen Lage wie die Geisel selbst gesehen werden kann. Die Medien (und das Gericht) haben diese Opferposition des Geiselnehmers und seines Helfers in Schweden deutlich ausgebaut.

Diese Theorie der strukturellen Ähnlichkeit von Geisel und Geiselnehmer kann, mit nur kleinen Abstrichen, durchaus auch für andere Szenarien des Stockholm-Syndroms gelten, also etwa die Entführung und Einkerkerung. Der Geiselnehmer oder Entführer stellt für die Geiseln das Band zur Welt dar. Anders als die Geisel bewegt er sich zwischen zwei Welten, der normalen Welt und der Welt des Kerkers, in der er Herr ist. Entsprechend kann es von den Geiseln durchaus rational oder emotional verstanden werden, dass ihre Welt des Kerkers für den Geiselnehmer die »bessere Welt« darstellt. Dies ist auch sicherlich der Fall. Der Geiselnehmer baut sich seine bessere Welt auf, in der er etwas zu sagen hat, die ihm etwa die Kinder beschert, die er sonst nicht hätte, oder die ihm sexuelle Hörigkeit und Dominanz verschafft, die ihm anderswo fehlt. Also wäre es nicht erstaunlich, wenn die Geisel durchaus »versteht«, dass ihr Geiselnehmer seinerseits *auch* ein Opfer ist, ein armes Würstchen, dass sich eine Ersatzwelt baut. Die Geisel wäre dann also einerseits Opfer, andererseits Beobachter der primären Relation von Geiselnehmer und Staatsgewalt beziehungsweise Kidnapper und Gesellschaft, in der der Geiselnehmer als Opfer oder zumindest als unterlegen erscheint.

Auf den ersten Blick mag die Konstruktion, dass die Geisel ihren Unterdrücker als »Opfer« wahrnehmen kann, abwegig erscheinen. Immerhin gesteht sie der Geisel ein hohes Maß an Beobachtungsfähigkeit zu. Doch die Beobachtung durch die Geisel muss ja keineswegs distanziert analytisch erfolgen. Vielmehr ist es durchaus naheliegend, dass die Geisel den Geiselnehmer mit allen zur Verfügung stehenden Mitteln zu erfassen versucht, vor allem eben emotional. Und die Wahrnehmung der kleinen Freundlichkeit (*small kindness perception*) gibt ja auch ein Indiz dafür, dass die Geisel vor allem die Zeichen der Menschlichkeit im Geiselnehmer sucht. Die Schwäche des Geiselnehmers, seine Unterlegenheit gegenüber der Polizei, muss sich der Geisel dabei sicherlich geradezu aufdrängen. Wie sollte die Geisel sonst auch die Polizei fürchten lernen?

Um diese Hypothese der Funktion des Dritten zu testen, wäre zu fragen, ob es Szenarien der Geiselnahme gibt, in denen eine (von der Geisel imaginierte) Beziehung zum Dritten ausgeschlossen ist. Gibt es also Fälle, in denen der Geiselnehmer, in den Augen der Geisel, von der Staatsgewalt nichts zu fürchten hat? Ein solches Szenario gibt es durchaus. Es heißt Folter. Zwar steht auch hier hinter dem Folterer ein Staats- oder Parteiapparat, doch die Beziehung von Folterer und Staatsapparat ist wohl eher eine der Identität. Der Folterer repräsentiert in den Augen des Opfers schlicht den Staat oder die Organisation. Und wie oben bemerkt wurde, kommt es in der Folter nur höchst selten zur Ausbildung von Stockholm-Syndrom und entsprechend der Empathie oder Identifikation.[21] (Zu untersuchen wäre, ob Folterer, die sich ihrer Sache nicht sicher sind, deren Missfallen an der Folter deutlich ist, möglicherweise eher zur Identifikation einladen.)

Der Dritte dürfte auch in der Kraul-Klatsch-Gesellschaft eine wichtige Rolle spielen. Dunbar selbst betont, dass die zentrale Leistung des Kraulens und des Klatsches darin bestehe, die Rangordnung unter den Individuen zu etablieren, zu verfestigen oder zu verändern.[22] Auch wenn Dunbar dies nicht sagt, so kann betont werden: Man redet über abwesende Dritte.[23] Klatsch übernimmt insofern evolutionär eben nicht nur die Funktion des Lausens, sondern zugleich diejenige des Kämpfens, um Hackordnungen zu etablieren. Anders aber als im direkten Streit schädigt oder fördert man im Klatsch meist einen Dritten und eben nicht denjenigen, dem man in der jeweiligen Situation im Gespräch gegenüber ist. Ein Kampf kommt mit zwei Kämpfern aus, der Klatsch dagegen verlangt drei Individuen. Die dyadische Streitordnung weicht einem triangulären Netzwerk des Klatsches. Im Gespräch vermeiden wir es meistens, wie oben festgestellt wurde, den anderen direkt zu verletzen, eher attackieren wir einen Abwesenden. Das Gegenüber fassen wir tendenziell mit Samthandschuhen an. (Anders ist es allerdings, wo der andere der Familie angehört und kaum als Gegenüber wahrgenommen wird. Bei meinen Kindern kann

---

21 Freihart Regner: »Unbewußte Liebesbeziehung zum Folterer?«
22 Robin Dunbar, *Klatsch und Tratsch*, Kap. 6; vgl. auch Nicholas Emler, »Gossiping«, in: W. Peter Robinson und Howard Giles (Hg.), *The New Handbook of Social Psychology and Language*, Chichester 2001, S. 317-338.
23 Nicholas Emler spricht in diesem Zusammenhang von der »Triangulation« des Klatsches, die auch die Möglichkeit des Nachprüfens beinhaltet, Nicholas Emler, »Gossiping«, S. 333.

ich beobachten, wie schnell das Gespräch in direkte Formen des Kämpfens abgleitet.)

Der Klatsch stellt eine große Zahl von perfiden Mitteln von der direkten Verleumdung bis zur subtilen Provokation affektiver Reaktion bereit, um der Reputation des abwesenden Dritten zu schaden. Je genauer sich ein Gesprächspartner in sein Gegenüber einfühlt, je mehr er dessen Sicht adaptieren kann, desto deutlicher kann er ihn in seiner Sicht eines Dritten beeinflussen. Im Zweiergespräch kann der Redner sich so sehr an den anderen annähern, mit seiner Position Empathie zeigen und daher die Weltsicht des anderen berücksichtigen, dass Anschwärzungen von Dritten große Überzeugungskraft gewinnen können. Auch das Wohl eines Dritten kann das Ziel sein. Dazu gehört etwa das Gespräch von Eltern und Erzieher über ihre Schützlinge, wie überhaupt das Gespräch über andere, zu denen keine Konkurrenz besteht.

Sowohl im Stockholm-Syndrom als auch im Klatsch spielt der Dritte eine wichtige, wenn auch teilweise verschiedene Rolle. Im Stockholm-Syndrom ist der Dritte ein Vehikel, den anderen emotional zu verstehen: Der andere (der Geiselnehmer) wird als Opfer des Dritten (Polizei, Gesellschaft) wahrgenommen. Dies macht ihn emotional für die Geisel zugänglich, da die Geisel ja ihrerseits ein Opfer ist. Im Klatsch dagegen ist der Dritte ein indirektes Objekt, das mittels der Empathie anvisiert wird. Ego schmiegt sich an Alter an, um den Dritten anzuschwärzen oder ihn zu unterstützen. Ego versucht, die Perspektive von Alter zu adaptieren, das heißt die Differenzen zwischen Ego und Alter unsichtbar zu machen, um Alters Meinungen über die Umwelt und also auch den Dritten zu beeinflussen.

Die Differenz zwischen Stockholm-Syndrom und Klatsch verschwindet aber, wenn man berücksichtigt, dass das Stockholm-Syndrom in dieser Hinsicht nur einen bestimmten Fall der Klatsch-Situation darstellt: Empathie mit dem anderen (dem Geiselnehmer) findet strategisch statt, um dessen Sicht auf seine Umwelt, nämlich die Geisel, zu beeinflussen. Der empathisierende Beobachter (Ego) hat hier zugleich die Position des Dritten (Tertio) inne, dessen Wertschätzung durch den Geiselnehmer (Alter) positiv beeinflusst werden soll.

Der erste Schritt besteht in Egos Beobachtung der Beziehung von Alter und Tertio. Diese Beobachtung veranlasst Ego dazu, eine nähere Beziehung mit Alter zu unterhalten. Ego »versteht« Alter, findet die Nähe zu ihm attraktiv, hält sie für möglich oder nötig und so fort. So kommt es in einem zweiten Schritt zu der Annäherung von Ego an Alter. Diese Annäherung führt in den hier besprochenen Fällen zu einer Figur nahe der identifikatorischen Verschmelzung. Ego sieht die Welt wie aus den Augen von Alter, als wäre er Alter. In beiden Fällen sucht der empathisierende Beobachter die Zuneigung von dem, mit dem er Empathie hat.[24]

Empathie ist Element einer Strategie zur Beförderung von Reziprozität: Empathie streicht die eigene Position strategisch aus oder invisibilisiert sie zumindest, um die Perspektive des anderen zu adaptieren, mit dem Ziel, durch diese imaginäre Annäherung das Verhalten des anderen ihm gegenüber oder gegenüber einem Dritten zu beeinflussen. Der andere wird dabei als ein eigenständiges Wesen mit diversen Beziehungen zu Dritten verstanden. Kurz: Empathie ist die Annäherung an einen anderen durch Selbstausstreichung, um das Verhalten des anderen gegenüber seiner Umwelt zu verändern.

4. Empathie als Gabe
(Exkurs zu Liebe und Kooperation)

Wer ein Geschenk macht, erwartet eine Gegengabe. So mutieren Geschenke zu Forderungen. Auch wer glaubt, dem anderen einen Dienst zu erweisen, erwartet eine Erwiderung. Wer eine Dienstleistung erbringt, kann sich schon als Gläubiger fühlen, selbst wenn der andere nichts von seinem Glück ahnt. Ebendies geschieht auch in bestimmten Formen der Empathie. *Indem* Ego seine Identität aus-

---

[24] Auch die von Rene Girard vorgestellte Theorie des mimetischen Begehrens gehört thematisch und strukturell in diese Konfiguration. Girard argumentiert, dass Liebe und Begehren entstehen, weil wir beobachten oder unterstellen, dass ein ähnlicher Konkurrent ein bestimmtes Objekt begehrt. Wir adaptieren die Perspektive des anderen, und versuchen nun, das von ihm begehrte Objekt vor ihm zu erlangen, vgl. Rene Girard, *Das Heilige und die Gewalt*, Düsseldorf 2006. Ego beobachtet also auch hier empathisch die primäre Beziehung zwischen Alter und Tertio. Dieses empathische Verstehen von Alter wird dann verwendet, um ihn auszuschalten. Die anschließende Reduktion zu einer dyadischen Struktur des Typus »Ego liebt Tertio« zementiert die Verdrängung von Alter noch darin, dass sie Alter nicht einmal mehr erwähnt.

streicht, um die Perspektive von Alter einzunehmen, so scheint Egos Logik zu gehen, hilft Ego Alter bereits – noch bevor es zu dem Erweisen eines tatsächlichen Dienstes kommt: Ich habe mich als Widerstand ausgeräumt. Also hat Ego ein Anrecht auf eine Gegengabe.

Während die Ausstreichung der eigenen Identität im Extremfall des Stockholm-Syndroms als unvermeidliche Notlösung und im Klatsch als beiläufiges Element der Konversation erscheint, zeigt uns ein mittlerer Fall zwischen beiden, dass Ego für die Annäherung durch Selbst-Ausstreichung konkret eine Gegenleistung erhofft und diese bisweilen direkt einfordert. Ein solcher mittlerer Fall liegt in der romantischen Liebe vor. Auch in der romantischen Liebe kommt es zu einer (zumindest momentanen) Aufgabe der eigenen Identität zugunsten des anderen, zu einer Invisibilisierung des Selbst-Interesses und damit der paradoxen Struktur der Selbstaufgabe zur Förderung des eigenen Selbst.[25]

In der romantischen Liebe wird der andere überhöht. Dies kann als eine besondere Form der Theory of Mind (siehe Kapitel 2) verstanden werden, also als Übernahme der Perspektive eines anderen mit dem Zusatz, dass der andere als erhaben und in irgendeiner Form überlegen erscheint. Der empathische Beobachter, also der Verliebte, überhöht den anderen und annihiliert zugleich seine eigene Position. Dieser Akt der Ausstreichung des eigenen Selbst ist in den Fällen der Empathie und der Liebe der gleiche. Und, wie die Liebe zeigt, ist dieser Akt unmittelbar verbunden mit einer Hoffnung auf Erwiderung. Der romantisch Liebende glaubt bereits etwas für den anderen getan zu haben, schlicht weil er sich unterworfen hat und sich als Widerstand ausräumt. Liebe, aber auch Empathie, insofern sie die Minimalstruktur der Selbst-Aufgabe zugunsten des anderen beinhaltet, kann vom Ego bereits als Leistung, als Tat und damit als Forderung verstanden werden. Gefordert wird Reziprozität. Erfolgt diese nicht, so kann Liebe schnell in Hass umschlagen, wie die vielen Liebesrachegeschichten nicht nur der Romantik belegen.

Man könnte jetzt fragen, ob Empathie nicht ganz unter Sympathie und Liebe beziehungsweise negativ unter Antipathie und Hass zu subsummieren wäre. Ganz abwegig ist das nicht. Immerhin könnten Empathie, Sympathie / Antipathie und Liebe alle als For-

25 Niklas Luhmann, *Liebe als Passion. Zur Codierung von Intimität*, Frankfurt am Main 1982.

men der kommunikativen Reziprozität von Emotionen verstanden werden. Doch Empathie hat eine von der Sympathie gesonderte Funktion, insofern die Empathie erst ermittelt, worin in bestimmten Situationen eine Sympathie-Leistung bestehen könnte. Die Geisel muss erst einmal nachvollziehen oder erraten, was genau der Geiselnehmer von ihr erwartet, um diese Leistung erbringen zu können. Und auch im Klatsch-Gespräch hat Empathie die Funktion, die Annäherung der Gesprächspartner zu bewerkstelligen, die dann zu reziproken Verhaltensformen (also etwa der Zustimmung zu einem negativen Urteil über einen Dritten) führen kann.

Ein weiteres Stichwort, welches bisher nicht gefallen ist, ist dasjenige der Kooperation. Die These, die hinter den Überlegungen dieses Kapitels steht, lautet, dass Kooperation nicht ein direktes Ziel der Empathie ist, sondern eher ein abgeleiteter Effekt derselben sein kann. Einige berühmte Experimente stützen die Annahme, dass eine Form der auf Empathie gegründeten Kooperation bereits bei Primaten möglich ist.

In einer Versuchsanordnung befinden sich zwei Affen in aneinanderliegenden Käfigen.[26] Sie können einander sehen und hören und mit den Fingern befühlen, aber nicht von einem Käfig in den anderen klettern. Ein Versuch verlangt die Kooperation von zwei Affen, um Nahrung zu erlangen. Beide Affen müssen je an einem Griff ziehen, damit, für beide sichtbar, ein Brett mit Futternäpfen an die Käfige gezogen wird. Die meisten Affen lernen diese einfache Kooperation schnell. Doch was passiert, wenn nur einer der Näpfe für nur einen der Affen Essen enthält aber dennoch beide ziehen müssen, damit der eine essen kann? Auch dann zeigen sich zumindest die besonders sozialen Kapuzineraffen als willig, Essen zu teilen oder dem anderen zu helfen. Anscheinend verstehen sie die Versuchsanordnung und sind zur Kooperation bereit. Doch warum? Eine Kernfrage der Biologen ist hierbei, ob der helfende Affe aktiv wird, weil er konkret eine Gegengabe erwartet. Diese Frage einer echten, zeitverschobenen Reziprozität wird unterschiedlich beantwortet. Frans de Waal vertritt ausdrücklich die These, dass zeitverschobene Reziprozität bei bestimmten Primaten ein verbreitetes Verhalten ist, sofern man gewohnheitsmäßige Reziprozität

26 Diese Versuchsanordnung geht auf Meredith Crawford zurück, vgl. Meredith Crawford, *The Cooperative Solving of Problems by Young Chimpanzees*, Baltimore 1937.

(*attitudal reciprocity*) hinzurechnet, die nicht unbedingt ein ökonomisches quid-pro-quo aufrechnet, sondern eine gewisse Tendenz zum Altruismus unterstellt, die auf quantitativ unbestimmte Entgegnung spekuliert.[27] Andere halten dagegen, dass diese Formen der Reziprozität auch einfacher, nämlich durch Familienzugehörigkeit erklärt werden können, so dass die Fälle echter zeitverschobener Reziprozität selbst bei den Kapuzineraffen selten sein dürften.[28]

Was es daraus für uns zu lernen gilt, ist zunächst einmal, dass echte (zeitverschobene) Reziprozität selten sein dürfte, und zwar nicht nur bei Affen, sondern auch bei dem anderen Primaten, nämlich dem Menschen. Der Mensch hat in der Geld-Ökonomie die Gesellschaft zwar fest auf Reziprozität gegründet, hat dieser Reziprozität aber den zeitlichen Aufschub genommen. Denn der moderne Mensch erhält für jede Leistung Geld (beziehungsweise es steht ihm kontraktuell zu, als gehörte es ihm schon jetzt). Der Aufschub, den Max Weber noch im Geld zu erblicken vermag, ist damit in einen Präsenz übersetzt. Einfach gesagt: Auch unter Menschen dürfte die zeitlich versetzte Reziprozität die Ausnahme sein. Entsprechend kann es nicht wundern, wenn die in der Empathie aufgebrachte Leistung die schnelle Gegenleistung erwartet und fordert. Geduld ist keine Stärke des Menschen. Und Kooperation dürfte es nicht schlicht deshalb geben, weil wir die Fähigkeit zur Empathie besitzen.

Dieses Kapitel hat drei neue Elemente in unsere Diskussion der Empathie eingeführt: (1) die Rolle der Gewalt und des Konflikts als Empathie induzierende Mittel, (2) die Funktion eines Dritten als indirektes Objekt, Faktor oder als Konkurrent und (3) die Frage des über das empathische Verstehen hinausgehenden Ziels der Empathie. Jedes dieser Elemente verlangt im Folgenden weitere Bearbeitung, doch es soll hier nur unterstrichen werden, dass das

27 Etwa: Frans de Waal und Sarah F. Brosnan, »Simple and complex reciprocity in primates«, in: Peter M. Kappeler und Carel P. van Schaik (Hg.), *Cooperation in Primates and Humans. Mechanisms and Evolution*, Heidelberg und Berlin 2006, S. 85-105. Der Anstoß der neueren Diskussion, ob Tiere (und Menschen) zur echten Reziprozität in der Lage sind, stammt von Robert L. Trivers, »The evolution of reciprocal altruism«, in: *Quarterly Review of Biology* 46 (1971), S. 25-57.
28 John C. Mitani, »Reciprocal exchange in chimapanzees and other primates«, in: Peter M. Kappeler und Carel P. van Schaik (Hg.), *Cooperation in Primates and Humans. Mechanisms and Evolution*, Heidelberg und Berlin 2006, S. 107-120.

im Stockholm-Syndrom zu beobachtende Verhalten wesentliche Einsichten liefert, die ins Zentrum von Empathie führen.

Kapitel 4
Narrative Empathie

Die Ausgangsthese dieses Buches besteht in der Annahme, dass die Filterung, Beschränkung und Blockade von Empathie eine entscheidende kulturelle Leistung sei. Wir können zwar anscheinend kaum anders als bestimmte beobachtete Aktionen anderer im Kopf mitzuvollziehen, doch zugleich gelingt es uns, dieses Mitlaufen nicht notwendig zu vollständiger Identifikation, Sympathie oder zum Mitleid und Perspektivenwechsel auszubauen. Es gibt viel empathisches Geräusch, aber erst die Blockade erzeugt eine Kultur der Empathie.

Nun soll die Frage gestellt werden, was den Fall des Gelingens von menschlicher Empathie ausmacht. Wann wird die empathische Grundbereitschaft zur Empathie freigestellt? Wie bereits angedeutet wurde, besteht die Annahme dieses Buches darin, dass ein Mechanismus der Narration Empathie erlaubt. Dann, wenn »erzählt« wird, lassen wir Empathie (eher) zu. Die Hypothese dieses Kapitels besteht entsprechend darin, dass menschliche Empathie wesentlich durch narratives Denken geprägt ist und aufgrund von narrativen Mustern und Zwängen zustande kommt. Doch was genau ist Erzählen?

Es wird sich im Folgenden zeigen, dass auch Narration wohl nur auf der Basis einer entwickelten Fähigkeit zur Empathie vorstellbar ist. Einfach gesagt: Wir lassen Empathie zu, wenn wir in Geschichten denken, und wir fühlen uns in Narrationen dadurch ein, dass wir Empathie mit anderen und fiktiven Charakteren entwickeln. Entsprechend wird dieses Kapitel Narration und Empathie wechselweise und Schritt für Schritt bestimmen, ohne vorab von einer bestimmten Definition von Narration oder Empathie auszugehen. Die Frage ist, ob beide, Narration und Empathie, ähnliche Strukturen aufweisen, die sie zueinander durchlässig machen.

Eine narrativ hervorgerufene Empathie ist grundsätzlich anders als die Formen der Empathie, die ohne Narration auskommen, selbst wenn etwa die neuronale Basis ähnlich beschaffen sein sollte (allerdings hatten wir im ersten Kapitel ja auch rudimentäre Formen von Narration in der Aktivität der Spiegelneuronen entdeckt).

Entsprechend ist zu fragen, wie sich die hier vorgeschlagene narrative Empathie zu den anderen Formen von Empathie verhält. Sicherlich sind die in den drei vorhergehenden Kapiteln diskutierten Modelle zur Erklärung bestimmter Effekte von Empathie durchaus plausibel. Nun ist zu fragen, ob menschliche Formen von Empathie, die etwa auf Ähnlichkeit (Kapitel 1), Konstruktion (Kapitel 2) oder Erwiderungserwartung (Kapitel 3) basieren, bereits in ein narratives Vermögen eingebettet sind. Mehrere der in den drei vorausgegangenen Kapiteln diskutierten Modelle könnten, so wird am Ende dieses Kapitel spekuliert, Schwundstufen der narrativen Empathie sein.

In den ersten Abschnitten dieses Kapitels gehen wir auf Spurensuche und sammeln Daten, um sie im Laufe der Diskussion zu einem Modell zu kondensieren. Die Abschnitte 1-5 gelten dem narrativen Vermögen und der Narrationstheorie. Abschnitte 6-7 setzen neu an und entwerfen ein Modell von Empathie, welches in den abschließenden Abschnitten 8-10 auf Narration bezogen wird. Die Thesen der einzelnen Abschnitte sind dabei:

1) »Narrative Intelligence Hypothesis«: Wesen mit Fähigkeit zur Narration denken in Alternativen zum Bestehenden und Erkennbaren. Narratives Bewusstsein ist Denken in Hypothesen und Ausreden.

2) Herrschaft der Narrationsfähigkeit: Wesen, die Narrationsfähigkeit besitzen, *können* wohl nicht anders als narrativ denken und produzieren daher ständig »Exzesse« der Narrativität. Auch der ständige Druck, sich zu legitimieren, rührt von dieser Fähigkeit her.

3) Minimalnarration: Narration findet in der Bewegung von temporal-zufälligen Reihen zu kausalen Verknüpfungen statt. Weder die temporale noch die kausale Verknüpfung von Ereignissen ist dabei »narrativ«, sondern die Bewegung von der einen zur anderen. Narrativität besteht in dem ständigen Erzeugen von Erklärungen und alternativen Erklärungen.

4) Die Aristotelische Schere: Diese Tendenz, Alternativen zu Erklärungen zu finden, wird mithilfe von Aristoteles als *Ereignis am Individuum* beschrieben. In der *Katharsis* bricht das Individuum auseinander.

5) Narration besteht mithin in der sich überraschend auftuenden Alterität des *Charakters*. Narration involviert die (Zer)Störung der

Perspektive, aus der die Narration wahrgenommen wird. Empathie in Narration wird dort ermöglicht, wo sie zugleich zu einem Ende kommt.

6) Parteinahme in Dreierszenen: Nun wird die Narrationstheorie verlassen, um einer Spekulation über die Urszene der Empathie Raum zu geben. Empathie, so der Vorschlag, leitet sich aus der Parteinahme in Dreierszenen ab. Dieses Verständnis von Empathie durch Urteil und Parteinahme wird kritisch abgesetzt von der Idee der Empathie als Einfühlung in intimen Zweierszenen. Diskutiert werden die Strategien der Parteinahme und die Annahme, dass Einfühlung die Opfer zu bevorzugen scheint.

7) Dieses Modell der Empathie als Parteinahme wird von dem Ideologem der »Identifikation« abgesetzt.

8) Narrative Empathie: Ausgehend von einem Vergleich der Strukturen der Narration und Empathie (Parteinahme in Dreierszenen) wird folgende Definition von Empathie vorgeschlagen: Empathie ist die Zugehörigkeit, die man empfindet, wenn man die Partei für den einen (und nicht den anderen) ergriffen hat. Hervorgerufen wird diese Zugehörigkeitsempfindung durch die (emotionalen und rationalen) Strategien, durch die man seine Entscheidung zur Parteinahme narrativ legitimiert. Ein mögliches Ende der Zugehörigkeitsempfindung ergibt sich aus dem Ende des Konflikts, in dem sich der andere befindet.

9) *Effi Briest*: Abschließend wird eine Konsequenz aus diesem Zusammenspiel von Narration und Empathie gezogen: Um Parteinahme zu ermöglichen, muss/kann die Affizierung des anderen nötig werden. »Wir« wollen das Leiden des anderen, um Empathie mit ihm empfinden zu können. Diese, in struktureller Hinsicht konsequente Perversion wird anhand einer Lektüre von Fontanes *Effi Briest* entfaltet.

10) Rückblickend wird skizziert, wie sich die in Kapitel 1-3 diskutierten Modelle von Empathie zu dieser narrativen Empathie verhalten.

1. Narration und Bewusstsein
(*narrative intelligence hypothesis*)

Welche Rolle spielt die Narrationsfähigkeit im menschlichen Leben? Eine Spekulation soll uns den ersten Einstieg zu dieser Frage liefern.

Was wäre ein Mensch, der nicht in der Lage ist, Narrationen zu produzieren? Nehmen wir einmal an, dass es möglich wäre, das Vermögen zur Sprache von der Fähigkeit zur Narration zu trennen. Dann wäre es denkbar, dass es einen solchen Menschen geben könnte, der es vermöchte, sprachliche Information zu verstehen (»das Essen steht auf dem Tisch«), zu kommunizieren und zu kalkulieren, und der in vieler Hinsicht geschickt, begabt, intelligent und seiner Umwelt angepasst wäre. Weiter könnten wir annehmen, dass dieser Mensch durchaus in der Lage ist, prozessuale Abläufe zu registrieren und zu erinnern. Also wären das Verarbeiten und Kommunizieren von direkten, mit naturwissenschaftlicher Gewissheit eintretenden Kausalitäten und zeitlichen Wenn-Dann-Strukturen in seinen Fähigkeiten enthalten und könnten auch im Gedächtnis aufbewahrt und abgerufen werden. Er könnte deskriptive Darstellungen liefern.

Was also fehlt diesem Menschen? Oder: Was vermag er, was andere Menschen nicht können? Neutraler gefragt: Wie würde er sich von anderen unterscheiden?

Wer narrativiert (das heißt, erzählt, Narrationen hört und Geschehnisse als Narrationen verarbeitet), schneidet Elemente aus dem Fluss von Geschehnissen aus, umrahmt sie, gibt ihnen eine Perspektive, die der Erzählung eine Zielrichtung, Plausibilität und Kohärenz geben, und entscheidet dadurch, was wie und warum »Bedeutung« hat. Wer narrativ denkt, kann jede Episode unterschiedlich ausschneiden und einrahmen.[1] Erst die Narration macht aus Ge-

---

[1] Dieses Einrahmen wird regelmäßig als Finden eines Kontextes beschrieben. Wie Jacques Derrida betont hat, wird jeder Satz durch seinen Kontext determiniert *und* kann gleichzeitig eine unendliche Vielfalt an möglichen Kontexten aufrufen, siehe Jacques Derrida, »Signatur Ereignis Kontext« in: *Randgänge der Philosophie*, Wien 1988, S. 291-314. Robert Chodat hat kürzlich argumentiert, dass dieses Einbetten in Kontexte die zentrale menschliche Dimension von Narration ist. Anders als ein Computer können Menschen auch zu Fragen wie: »Die Schachtel war in dem Stift. Warum war Johnny froh?« eine Antwort finden; Robert Chodat, »Nat-

schehnissen Ereignisse. Jedes Element der Narration kann akzentuiert werden und dabei zum geheimen oder offensichtlichen Motivationszentrum der Erzähllogik werden. Man muss dabei nicht einmal an Detektivgeschichten oder Freud'sche Traumdeutung denken, um zu wissen, dass jedes Indiz oder Detail im Fortlauf der Erzählung zum Scharnier aller Aktionen werden *könnte*. Die scheinbar harmlose Pfeife am Bildrand könnte sich später als das alles entscheidende Indiz erweisen. Der nicht-narrative Mensch hat diese Bandbreite nicht. Wenn eine kausale Herleitung eines Geschehnisses angenommen wird, so ist diese für ihn die einzig gültige.

Der narrative Mensch dagegen produziert aktiv Varianten zu dem, was ihm nie ein schlichter Sachverhalt ist. Er beschönigt, was er erzählt, und sorgt dafür, dass es seinen Interessen dienlich sein könnte (Stichwort: selbstwertdienliche Verzerrung oder *self-serving bias*). Seine Vergangenheit ist ihm im Fluss. Wenn er eine Episode aus dem Archiv der Vergangenheit holt, so passt er sie der gegebenen Situation des Erzählens an. Seine vergangenen Erfahrungen sind ihm stets an der Oberfläche des Bewusstseins, sind unvollständig, weil jedes Erfahrene von ihm stets neu und anders erfahren werden kann. Nichts ist abgeschlossen, alles kann wieder präsent und aktuell werden. Auch ein zunächst unproblematisch wirkendes Erlebnis kann später plötzlich zum Anlass eines Traumas werden. Der narrative Mensch *kann* das von ihm Dargestellte gar nicht unmanipuliert lassen, wie nicht nur die vielen falschen Zeugenberichte oder Pseudoerinnerungen (im Sinne des *false memory syndrome*) demonstrieren.[2] Erst dieser individuelle Zugriff macht aus dem Geschehen eine Erfahrung, ein Ereignis im Leben des Individuums.[3] Erfahrungen sind ausgewählte Episoden, die auf eine je bestimmte, »subjektive«, individuelle Art und Weise aufgenommen und erzählt werden. Der

uralism and narrative, or, what computers and human beings can't do«, in: *New Literary History* 37 (2007), S. 685-706: hier S. 687.

2 Am besten dokumentiert sind die Fälle der Fehlerinnerungen von scheinbarem sexuellen Missbrauch von Kindern, siehe etwa Elizabeth Loftus, Katherine Ketcham, *The Myth of Repressed Memory. False Memories and Allegations of Sexual Abuse*, New York 1996. Siehe zur sogenannten »Tunnel Vision« von Zeugen etwa Jon Gould, *The Innocence Commission: Preventing Wrongful Convictions and Restoring the Criminal Justice System*, New York 2007.

3 Eine der Implikationen hiervon ist, dass Ereignisse und Erfahrungen nachträglich mental veränderbar sind. Das, was uns wichtig ist, ist wichtig, weil wir weiter daran arbeiten können, weil wir es zur Verfügung haben.

nicht-narrative Mensch dagegen (zumindest wie er in diesem Gedankenexperiment logisch konstruiert wird) kann das Vergangene nur identisch abrufen und deskriptiv als Geschehnis wiedergeben. Er hat an dem Fundus der Vergangenheit ungleich weniger als der narrative Mensch, denn seine Vergangenheit ist ihm schlicht vergangen.[4] Zugleich ist er damit von seiner Vergangenheit frei.

4 Vgl. die von Antonio Damasio referierten Fallstudien von Menschen mit erheblichen Verletzungen des vorderen Cortex. Diese Menschen, wie der berühmte Phineas Gage, hatten auch nach der Verletzung einen normalen IQ, konnten sprechen, rechnen, logisch denken und waren dennoch nicht in der Lage, in praktischen Lebenssituationen vernünftige Entscheidungen zu treffen. Damasio legt dar, wie diese Menschen in den meisten Tests von ethischem Verhalten durchschnittlich abschneiden (nämlich aufgrund ihres vor der Verletzung bereits erworbenen Verständnisses der allgemeinen moralischen Regeln und Grundsätze) und dennoch zugleich nicht in der Lage sind, befriedigende Rechenschaft für ihr eigenes Verhalten abzugeben und im eigenen Leben gute Entscheidungen zu treffen (Antonio Damasio, *Descartes' Irrtum*). Damasio führt diese Entscheidungsunfähigkeit und die resultierenden schlechten Lebensentscheidungen auf einen Mangel an emotionalen Reaktionen zurück, wobei er Emotionen als nahezu automatische Handlungsmechanismen deutet. Wer emotional reagiert, tut dies, weil er aus vergangenen Situation gelernt hat, wie er sich, quasi instinktiv, zu verhalten hat. Damasio verdichtet diese Theorie in der »Somatic-Marker Hypothesis«: Wenn wir Entscheidungen zu treffen haben und plötzlich eine Assoziation haben, uns also ein Bild oder »marker« vor Augen kommt, dann haben wir ein körperliches Gefühl (*soma* = Körper) des (Un)Wohlseins, welches uns zu einer Entscheidung betreffs einer der Handlungsoptionen führt (Antonio Damasio, *Descartes' Irrtum*, Kap. 8). Ebendiese »markers« seien im vorderen Cortex abgelegt. Es scheint naheliegend, diese bildlich verdichteten, emotionserweckenden Verhaltenssequenzen als narrative Kodierungen zu deuten. In dem Bild (marker) ist das erlernte und daher erwartete Resultat möglichen Verhaltens vorweggenommen. Die Emotion verdichtet also eine komplette Verhaltenssequenz zu einer Art narrativem Bild, insofern das Bild »das gute oder schlechte Gefühl« gegenüber dem Verhalten provoziert. In der Tat betont auch Damasio das narrative Defizit seiner Patienten (Antonio Damasio, *Descartes' Irrtum*, Kap. 3). Vgl. zur Diskussion dieser Thesen auch Kapitel 1 des vorliegenden Buches sowie Antonio Damasio et al., »Subcortial and cortial brain activity during the feeling of self-generated emotions«, in: *Nature Neuroscience* 3 (2000), S. 1049-1056. Als Beleg dieser Thesen hat Damasio den sogenannten Iowa Gambling Task konstruiert, vgl. die kritische Evaluation von Barnaby Dunn et al., »The somatic marker hypothesis. A critical evaluation«, in: *Neuroscience & Biobehavorial Reviews* 30 (2006), S. 239-271.

Im Ergebnis ähnlich, wenn auch aufgrund von grundsätzlich anderem Untersuchungsmaterial, argumentiert auch Jaak Panksepp. Für Panksepp sind Affekte hilfreiche *shortcuts*, um zu Entscheidungen zu kommen. Zwar liefert affektives Verhalten wohl nicht die ideale Handlungsreaktion, aber eben in schneller Art und

Dieses Manipulieren der Erinnerung deutet auf eine weitere Facette des narrativen Menschen hin: Er fingiert, findet Ausreden, lügt.[5] Er erzählt Geschichten, wo es nichts zu erzählen gibt. Unter Anklage findet er Kausalketten, die vielleicht kontraintuitiv und auch unwahr sind, ihn aber entlasten.[6] Er sieht magische Zusammenhänge, wo bloß zufällige Geschehnisse zeitlich nah aufeinander erfolgen. Er kreiert psychologische Zusammenhänge, die niemandem sonst plausibel sind. Er macht anderen aus ihrem Verhalten Vorwürfe, indem er ihren Handlungen Intentionen unterschiebt.[7]

Die Rhetorik des Vorwurfs und der Ausrede führt uns auf eine weitere Dimension, nämlich die der Bewertung. Durch die nar-

Weise eine vernünftige, die meist vollkommen ausreichend ist; vgl. Jaak Panksepp, »Affective consciousness«.

[5] Mark Turner hat die menschliche Tendenz des strategischen Anpassens von Informationen an gegebene Umstände und das »blending« als zentrale kognitive Fähigkeiten des Menschen definiert, siehe Mark Turner, »The cognitive study of art, language and literature«, in: *Poetics Today* 23, 1 (2002), S. 9-19. Ebendiese Fähigkeiten des Manipulierens und auch Lügens machen den literarischen Verstand (»literary mind«) des Menschen aus, siehe Mark Turner, *The Literary Mind: The Origins of Thought and Language*, New York, Oxford 1996.

[6] Die Literatur zum Zusammenhang von Narration, Anklage und Ausrede ist groß und kann hier auch nicht ansatzweise gewürdigt werden. Es sei stattdessen nur kurz auf die Arbeiten von Michel Foucault hingewiesen, die den Zusammenhang von Anklage und (durchaus narrativem) Diskurs bis zur Identität steigern, siehe etwa Michel Foucault, *Überwachen und Strafen. Die Geburt des Gefängnisses*, Frankfurt am Main 2006. Zudem sei an Hayden White erinnert, der die »großen Narrationen« als Antwort auf Krisen, eben auch Krisen der Legitimierung, begreift, Hayden White, *The Content of the Form. Narrative Discourse and Historical Representation*, Baltimore und London 1987. Zu den hier und im Folgenden entfalteten Thesen vgl. konkret auch Fritz Breithaupt, *Der Ich-Effekt des Geldes*, S. 23-35.

[7] Es soll hier nur angedeutet werden, dass die narrative Tendenz des »Ausreden-Erfindens« auch eine Alternative zur Frage der »Introspektion« darstellen kann. Peter Carruthers vor allem hat argumentiert, dass wir über uns selbst lernen, indem wir andere beobachten. Die menschliche Fähigkeit zur Selbst-Einsicht, first-person-narrative oder Introspektion, so Carruthers, verdankt sich ganz den Fremdbeobachtungen. Ohne sie gäbe es wohl keine Fähigkeit zum Urteilen und Entscheiden, die direkt auf Introspektion beruht; vgl. Peter Carruthers, »How we know our own minds«; siehe zur Diskussion und Kontextualisierung Thomas Eder, »AUCH: F. Mayröcker«. Der Gegenvorschlag in diesem Kapitel läuft darauf hinaus, dass weniger Introspektion als vielmehr Narrativierbarkeit das menschliche Urteilen und Entscheiden prägt. Es werden die Entscheidungen getroffen, die am besten erzählbar sind.

rative Selektion und Einrahmung schafft der Erzähler erst die Bedingungen, unter denen die Narrationen bewertet werden können, denn wer narrativiert, bewertet jedes Element nach den eigenen Kriterien einer Privatmoral. Der Mensch ohne Erzählvermögen dagegen kann sein Verhalten nicht daraufhin beobachten, ob er es für moralisch richtig oder falsch hält. Er wüsste einzig, ob es effektiv ist und ob es vorgegebenen Normen entspricht.[8] Er wäre also nicht in der Lage, sich und anderen Rechenschaft für sein Verhalten zu geben, außer in den durch allgemeine Regeln (von denen wir einmal schlicht annehmen, dass sie nicht narrativ gegeben sind, was zumindest fraglich ist) geordneten Fällen. Das, was wir Verantwortung nennen, ist ja im Wesentlichen eine Selbst-Steuerung des eigenen Verhaltens nach eigenen Kriterien. Dazu aber ist es notwendig, das eigene Verhalten als Verhalten zu erfassen und zu beobachten. Ohne das Vermögen, Verhalten vielschichtig zu erfassen, das heißt, aus unterschiedlichen Perspektiven zugleich zu betrachten, es überhaupt »aus einer Perspektive« zu betrachten, verschwindet auch die Möglichkeit zur eigentlichen Selbst-Steuerung.[9] Ohne diese Möglichkeit kann Handeln bestenfalls ein logisch schlaues oder ein normgerechtes Verhalten sein, das Gefahr und Strafe ausweicht.[10] Dennoch hat das nicht-narrative Bewusstsein einen Vorteil auf seiner Seite: Es verstrickt und verheddert sich nicht in Moralisierungen, sondern weiß, wo sich jemand im zulässigen Rahmen bewegt und wo nicht. Überhaupt kann man nicht folgern, dass der narrative Mensch ein besseres Kollektivwesen ist – die seiner Selbst-Steuerung zugrunde liegende Privatmoral kann zutiefst asozial sein.

---

8 Eine große und komplizierte Diskussion soll hier nur angedeutet werden: Könnte ein Individuum oder etwa ein Roboter mit einem derzeit noch nicht erreichbaren Rechenvermögen aus reinen Wenn-Dann-Kausalitäten eine echte Moral herleiten? Man kann ja durchaus annehmen, dass eine rationale Moral auf dem Weg einer sehr genauen Nutzenrechnung zu erhalten ist, da es dem Individuum vorteilhaft sein muss, seine eigenen Interessen mit denen einer Gruppe abzugleichen. Vgl. zu dieser Diskussion Wendell Wallach und Colin Allen, *Moral Machines. Teaching Robots Right from Wrong*, Oxford und New York 2009.
9 Zur Umstellung auf Selbst-Steuerung, siehe Marcus Twellmann und Thomas Weitin (Hg.), »Selbstkontrolle als Provokation«, in: *Modern Language Notes* (April 2008).
10 Etwa nach der Skala von Lawrence Kohlberg, *The Measurement of Moral Judgment*, Cambridge, Mass. 1987; oder Jean Piaget, *Das moralische Urteil beim Kinde*, München 1986.

Kurz, der Mensch ist aufgrund seines narrativen Denkens ein Risiko. Zwar ist er verantwortlich, doch er ist nur sich selbst gegenüber verantwortlich und dies nach seinen eigenen Kriterien. Er könnte sich stets anders verhalten, als man erwartet. Nur wenn wir annehmen, dass seine Narrationen durch kulturelle Muster geformt werden, wird seine Unberechenbarkeit aufgefangen.

Sicherlich, dies ist hier Spekulation. Die Frage, ob man ein narratives und ein nicht-narratives Bewusstsein, etwa als unterschiedliche Kreisläufe im Gehirn unterscheiden kann, bleibt zumindest fraglich.[11] Immerhin kann als Beleg für eine solche Unterscheidung angeführt werden, dass Autismus sich durch einen erheblichen Mangel an narrativem Vermögen auszeichnet (Narrative Defizithypothese des Autismus oder *narrative deficit hypothesis of autism*).[12] Die autistische Beeinträchtigung der sozialen Interaktionsfähigkeit könnte dieser These nach darin wurzeln, dass sich Individuen mit Autismus ihrer Umwelt nicht mittels Narrationen nähern können. Autisten verstehen zwar Narrationen insofern, als sie die in

[11] Eine solche Unterscheidung wurde prominent von Jerome Bruner vorgeschlagen, Jerome Bruner, *Actual Minds, Possible Worlds*, Cambridge, Mass., und London 1986. Gegen die Unterscheidung von Bruner hat Michael Richter eingewendet, dass sie letztlich nur eine Variation der Unterscheidung von Geisteswissenschaft versus Naturwissenschaft sei, Michael Richter, *Das narrative Urteil. Erzählerische Problemverhandlungen von Hiob bis Kant*, Berlin 2008, S. 20-28. Anders als Bruner betont die vorliegende Studie das Denken in Alternativen (also das narrative Denken) auch als eine Grundform des Naturwissenschaftlichen. Gegen Studien, die das nicht-narrative Bewusstsein nur als Schattenform des narrativen Bewusstseins verhandeln, sei zudem angedeutet, dass das nicht-narrative Bewusstsein dort komplex wird, wo ambivalente Situationen vorliegen, die für das narrative Bewusstsein relativ unproblematisch sind.

[12] Die sogenannte »Narrative deficit hypothesis of autism« stammt von Jerome Bruner and Carol Feldman, »Theories of Mind and the problem of autism«, in: Simon Baron-Cohen et al. (Hg.), *Understanding other Minds. Perspectives from Autism*, Oxford 1993; jüngere Studien lokalisieren spezifische Defizite, siehe etwa Livia Colle, Simon Baron-Cohen, Sally Wheelwright, Heather K. J. van der Lely, »Narrative discourse in adults with high-functioning autism or Asperger Syndrome«, in: *Journal of Autism and Developmental Disorders* 38 (2008), S. 28-40. Beaumont und Newcombe konnten bei erwachsenen Menschen mit Asperger Syndrom nur geringe Differenzen zu Gleichaltrigen im Narrationsvermögen feststellen. Sie vermuten, dass das narrative Defizit auf Kinder reduziert ist; Renae Beaumont und Peter Newcombe, »Theory of Mind and central coherence in adults with high-functioning autism or Asperberger Syndrome«, in: *Autism* 10 (2006), S. 365-382.

ihnen enthaltenen Informationen wiedergeben können, haben aber Schwierigkeiten in der Nacherzählung. Vor allem scheitern sie an der Betonung der bedeutsamen Ereignisse, also den Einrahmungen des (je subjektiv) Wichtigen.[13]

Diese Spekulationen zum narrativen Menschen legen es nahe, das narrative Denken als eine einschneidende Zäsur in der Evolution des Bewusstseins auszumachen. Dafür ist es auch unerheblich, ob es ein eigentliches »Narrationsvermögen« gibt oder aber, was wahrscheinlicher ist, ein Konglomerat von Fähigkeiten, welche zusammen die Fähigkeit zur Narration ausmachen. Kerstin Dautenhahn hat unter dem Stichwort der »Narrative Intelligence Hypothesis« vorgeschlagen, die Fähigkeit zur Narration als entscheidende Errungenschaft anzusehen, die evolutionär mit der rapiden Steigerung sozialer Komplexität einherging (Stichwort: *social brain hypothesis* bzw. *Macchiavellian mind hypothesis*).[14] Narration mache die natürlichste und erfolgreichste Art und Weise der Gedankenfügung aus.[15] Kleinkinder besitzen die Fähigkeit zur Narration vielleicht von Geburt an.[16] »Narration könnte das ›natürliche‹ Format der Kodierung und Übertragung von sozial bedeutungsvoller Information sein (z. B. von Gefühlen und Absichten von Gruppenmitgliedern)«.[17] In Bezug auf die Studien von Robin Dunbar, die vorschlagen, dass der menschliche Sprachgebrauch evolutionär als Ersatz des zeitaufwendigeren Lausens entstanden sei, ergänzt Dautenhahn, dass die menschliche Tendenz zum Klatsch (»gossip«), die 60-70% des menschlichen Sprachgebrauchs ausmache[18], wesentlich narrativ vollzogen werde.

---

13 Siehe Bruner und Feldman, »Theories of Mind and the problem of autism«.
14 Kerstin Dautenhahn, »The Narrative Intelligence Hypothesis. In search of the transactional format of narratives in human and other social animals«, in: *Lecture Notes in Computer Science* 2117 (2001), S. 248-266.
15 Kerstin Dautenhahn, »The Narrative Intelligence Hypothesis«, S. 252; Jerome Bruner, *Acts of Meaning*, Cambridge 1990.
16 Vgl. Stephen John Read und Lynn Carol Miller, »Stories are fundamental to meaning and memory. For social creatures, could it be otherwise?«, in: Robert S. Wyer (Hg.), *Knowledge and Memory. The Real Story*, Hillsdale, New Jersey, 1995, S. 139-152.
17 Kerstin Dautenhahn, »The Narrative Intelligence Hypothesis«, S. 252 (Übersetzung F.B.).
18 So Robin Dunbar, *Klatsch und Tratsch*; zur Darstellung dieser Thesen von Dunbar, siehe Kapitel 3.

In den Kognitionswissenschaften gibt es unterschiedliche Meinungen über die Sonderstellung des menschlichen Bewusstseins. Eine Reihe prominenter Wissenschaftler legt dar, dass die Gehirnprozesse beim Menschen und anderen Säugetieren trotz des Größenunterschieds des Neocortex weitgehend ähnlich sind und dass auch das Verhalten trotz menschlichen Sprachvermögens sehr ähnlich ist.[19] Insbesondere wird dabei betont, dass Emotionen neurologisch bei Tier und Mensch weitgehend gleich ablaufen und vom Menschen nur differenzierter reflektiert werden als von anderen Tieren.[20] Andere Wissenschaftler dagegen betonen, dass mit dem riesigen menschlichen Neocortex und dem damit einhergehenden Sprachvermögen auch ein grundsätzlich gewandeltes Bewusstsein einhergeht. Michael Tomasello schlägt einen Kompromiss vor: »Meine spezifische These ist nun, daß im kognitiven Bereich die biologische Vererbung beim Menschen derjenigen bei anderen Primaten sehr ähnlich ist. Es gibt nur einen großen Unterschied und der besteht in der Tatsache, dass Menschen sich mit ihren Artgenossen tiefer »identifizieren« als andere Primaten. Diese Identifikation hat nichts Mysteriöses an sich, sondern ist einfach derjenige Vorgang, durch den das Kind versteht, daß andere Personen im Gegensatz zu unbelebten Gegenständen ihm ähnliche Wesen sind.«[21] Kurz: Die Differenz zwischen Menschen und anderen Affen bestünde in der Fähigkeit zur Empathie. Die Hypothesen dieses Kapitels zur narrativen Empathie gehen in diese von Tomasello vorgeschlagene Richtung.

Wenn in dem vorliegenden Buch in der Tat eine grundsätzliche Zäsur zwischen dem narrativen Bewusstsein und anderen Formen des Bewusstseins angenommen wird, so geschieht dies allerdings nur zum Teil aufgrund von evolutionären oder neurologischen Befunden. Ausgang dieser Untersuchung sind zudem Überlegungen zu der Frage, was die Voraussetzungen dafür sind, dass Menschen Fiktionen erzeugen können.

(Es kann hier nicht gefragt werden, ob das vorgeschlagene narrative Bewusstsein Tieren fremd ist. Immerhin besitzen viele Tiere durchaus ein »episodisches Gedächtnis«,[22] können wohl in Bil-

---

19 So Stephanie Preston und Frans de Waal, »Empathy«; dazu das erste Kapitel dieses Buches.
20 So etwa Jaak Panksepp, »Affective consciousness«.
21 Michael Tomasello, *Die kulturelle Entwicklung des menschlichen Denkens*, S. 24.
22 Vgl. Clayton, Dally, Gilbert und Dickinson, »Food caching by Western Scrub-

dern denken und haben Träume. Dautenhahn referiert etwa eine Episode eines Pavianweibchens, das einem Männchen ein Stück Fleisch stahl, indem es ihn erst durch Kraulen zum Entspannen und Hinlegen brachte und dadurch ablenkte.[23] Dautenhahn wertet dieses Verhalten als Beleg des strategisch-narrativen Denkens auch bei Primaten.)

2. Der Zwang zur Narration: Legitimationsdruck und Handlungsselektion

Zu dieser »Narrative Intelligence Hypothesis« müssen wir ein weiteres Element hinzudenken. Das narrative Vermögen ist anscheinend nicht schlicht ein Register, welches bisweilen ein- und ausgeschaltet wird, sondern ein Filter, durch den wir *alle* Ereignisse und *alles* Verhalten wahrnehmen. Selbst dann, wenn ein Ereignis »nicht wirklich« narrativ ist, gibt es eine starke Tendenz im menschlichen Bewusstsein, es narrativ zu verarbeiten. Ein deutliches Beispiel für diese Tendenz zur narrativen Überproduktion stellen die quasi magischen Rationalisierungsversuche von Zufällen dar. Zufällige Ketten von Ereignissen werden in vielen Fällen von der Mehrzahl von Versuchspersonen narrativ aufgefasst.[24]

Ein Experimentaufbau besteht darin, dass Testpersonen evaluieren sollen, welche Ereignisse sie für wahrscheinlicher halten als andere. Ein klassischer Fall ist das Werfen mit einer Münze, in dem jedes Ereignis (Kopf oder Zahl) mit einer 50%igen Wahrscheinlichkeit auftritt. Auch der zweite Wurf der Münze liefert mit 50%iger Wahrscheinlichkeit je eines der beiden Ereignisse. Entsprechend können Reihen aus dem sechsmaligen Werfen einer Münze gebildet werden, die alle je gleich wahrscheinlich sind. Diese Reihen wurden den Testpersonen vorgelegt. Diesen erschien nur eine der Reihen typischerweise als »zufällig«, während alle anderen als

Jays [...]« sowie Colin Allen, »Mirror, mirror in the brain, what's the monkey stand to gain?«, erscheint in: *Noûs* (2009).
23 Kerstin Dautenhahn, »The Narrative Intelligence Hypothesis«.
24 Daniel Kahneman and Amos Tversky, »Subjective probability«, in Daniel Kahneman, Paul Slovic und Amos Tversky (Hg.), *Judgment under Uncertainty. Heuristics and Biases*, Cambridge 1982, S. 32-47: hier S. 36.

nicht-zufällige Serien und also als »unwahrscheinlicher« gedeutet wurden. Das heißt, obwohl XOXOXO gleich wahrscheinlich ist wie XOXOOX, hielten die meisten Testpersonen die erste Folge für unwahrscheinlicher.[25]

Wir sehen anscheinend bevorzugt Muster und deuten Ereignisse quasi automatisch als kausal aufeinander bezogen. Unsere Neigung, allen möglichen Verhaltensformen ein narratives Muster zu unterstellen, ist dabei offenbar so ausgeprägt, dass es zu zahlreichen Exzessen, Überschätzungen und Fehlbefunden kommt. Hierzu gehören etwa Animismus, Hexenkult, Aberglaube, Magie im Glücksspiel[26] und die selbstzentrierten Beobachtungen weltpolitischer Ereignisse. Es ist mithin naheliegend, narratives Denken nicht nur als Fähigkeit, sondern auch als (unfreiwillige) *Form* des menschlichen Bewusstseins zu denken.

Dieser Automatismus der Narrativität, so steht zu vermuten, ist auch eine Wurzel der Alltagsmoral, also der Tendenz, alle kleinen Handlungen von anderen zu bewerten und die eigenen Handlungen zu legitimieren. Narrationen verleihen jeder Episode und jedem Element einer Erzählung ihre Bedeutsamkeit und ihren Wert. Daher sind Narrativierungen stets auch Legitimierungen von Verhalten. Wer narrativiert, kann sich in unklaren Fällen rechtfertigen. Zugleich kann es den Vorwurf und die Anklage erst geben, wenn narratives Denken vorliegt. *Weil* wir das Vermögen zur Narration besitzen, klagen wir uns und andere an, weisen ihnen Schuld zu und entschuldigen uns. Und weil wir unter Anklage stehen, unter dem Gebot zur Gottesfurcht und der Pflicht zur Geselligkeit etwa, deshalb erst narrativieren wir unser Verhalten, um die Frage unserer Schuld zu klären.

Die Zäsur, die hier zwischen Wesen mit und ohne Narrationsfähigkeit angenommen wird, ist mithin auch diejenige zwischen sich selbst legitimierenden Tieren und solchen, die dies nicht tun. Der Mensch fällt in die erste Kategorie. Der jetzige moderne Mensch, der sich über Bioethik und Umweltverschmutzung Gedanken macht, ist in dieser Hinsicht sicher nicht grundsätzlich von früheren Menschen unterschieden, die sich über die Religiosität des

---

25 Daniel Kahneman and Amos Tversky, »A subjective probability. A judgment of representativeness«, in: *Cognitive Psychology* 3 (1972), S. 430-454.
26 Vergleiche das bisher unveröffentlichte Buch von Jesse Molesworth, *The Spell of Chance. Realism and Re-Enchantment in the Eighteenth-Century Novel*.

eigenen Verhaltens Gedanken machten oder sich fragten, warum sie ihr Schicksal verdient haben. Menschen verbringen keinen kleinen Teil ihrer Zeit mit der (narrativen) Verhandlung über die Legitimität oder Moralität von Verhalten. Zum einen ist das Rechtssystem in allen Gesellschaften sehr ausgeprägt und vielfach institutionalisiert, zum anderen sind die Individuen selbst in jedem Moment in der Lage, eine Legitimation für ihr Verhalten zu produzieren, selbst dort, wo sie wissen, dass ihr Verhalten zumindest kontrovers ist. Jürgen Fohrmann hat die glückliche Formel gefunden, dass die moderne Autobiographie *jeden* Augenblick des eigenen Lebens als *alles* entscheidenden Moment zu narrativieren vermag.[27]

Manches deutet insofern auf eine Gleichursprünglichkeit von Narration und Anklage/Ausrede hin. Narration ist ein Mittel, eine Situation diskursiv zu gestalten und umzugestalten, so dass das Verhalten zumindest eines der Handelnden legitimiert oder eben nicht legitimiert erscheint. Den Narrativierungen kommt also, zumindest vor der Hand, die Funktion der Bannung und Beschwichtigung von Anklagen zu. Im Modus des Narrativen haben alle potentiell Mitschuld und haben zugleich das Mittel an der Hand, den Kopf aus der Schlinge zu ziehen.[28] Doch ohne Narrationsvermögen keine Anklage. Narratives Denken hat mithin mindestens zwei Tendenzen: Einerseits ist die Narrativierung eine Entschärfung, insofern sie die Krise einer Anklage oder Forderung umschifft, andererseits ist sie aber das Medium, in dem Schuldfragen verhandelt und also überhaupt erst als Schuld dargestellt und verstanden werden können. In vielen Fällen entscheiden wir uns für und gegen andere im Modus der Narration.

Dieses Kapitel ist reich und vielleicht überreich an Spekulationen, daher soll eine weitere Spekulation, die für unser zentrales Argument zur Struktur von Empathie weniger bedeutsam ist, hier nur angedeutet werden. Ich vermute, dass es einen ursächlichen Zusammenhang zwischen Gottesbegriff und Narration gibt, und zwar dergestalt, dass der Begriff »Gott« eine Forderung beinhaltet, ihm gemäß zu leben. Da niemand weiß, wie das geht und wer Gott ist, werden rituelle Kommunikationen erfunden, die behaupten,

---

27 Jürgen Fohrmann, »Einleitung«, in: ders. (Hg.), *Lebensläufe um 1800*, Stuttgart 1999, S. 1-15.

28 Vgl. Natalie Zenon Davis, *Fiction in the Archives: Pardon Tales and Their Tellers in Sixteenth-Century France*, Stanford 1987.

diesem Gottesbegriff zu entsprechen, Narrationen also, die den Platz der (unbestimmten) Forderung Gottes durch konkrete Handlungsanweisungen ersetzen. Narrationen entstehen als Ersatzkommunikationen des Nicht-Kommunizierbaren.[29] Diese Form der narrativen Ersetzung betrifft dann nicht nur den Gott, sondern alle »Begriffe« wie etwa Liebe, Nation, Ich, Gerechtigkeit und so fort. Für den vorliegenden Zusammenhang ist es immerhin bedeutsam zu erkennen, dass sowohl Anklage und Vorwurf als auch Verteidigung und Ausrede narrativ stattfinden. Erst durch das narrative Denken wird die Anklage möglich; zugleich schafft das narrative Denken die Bedingungen, unter denen Anklagen zu tendenziell infiniten Regressen führen können, da jede Narration von Ursachen andere Narrationen von Ursachen hinter den Ursachen ermöglicht und auch impliziert. Kurz: In der Form der Anklage schafft sich das narrative Denken eine narrative Rückkopplung, die ein Ende von Narration mit narrativen Mitteln unmöglich macht. Narration gebiert nur noch Narration.

Das narrative Denken ist, dies tritt nun deutlich hervor, möglicherweise nicht auf Wahrnehmungs- und Interpretationsmuster beschränkt. Es ist zudem zu vermuten, dass die Narrationsfähigkeit bereits *vor* Ausführung von Handlungen deren Selektion erlauben könnte. Im Zustand der Narrationsfähigkeit, so diese Vermutung, werden die Handlungen so ausgewählt und durchgeführt, dass sie den erlernten Formen der Narrativierbarkeit entsprechen. Das hieße, die Narrationsfähigkeit wäre nicht allein ein Medium der Retrospektion und des Erlebens, sondern zudem auch ein Auswahlmechanismus, der Handlungen privilegiert, die bestimmten narrativen Darstellungen entsprechen. Dies heißt allerdings nicht, dass alle Handlungen vorab durch narrativen Sinn gesättigt sind und dass die retrospektiven Darstellungen einer Handlung identisch sind mit den Narrationen, die ihre Selektion begünstigt haben. Eine solche Selektion von Handlungen nach narrativen Mustern oder Sequenzen könnte aber helfen, die schnelle, vor-bewusste Entscheidung zu Handlungen zu erklären.[30]

---

29 Vgl. zu dieser Struktur der Ersetzung Niklas Luhmanns Definition des Ritus als »Kommunikationsvermeidungskommunikation«, siehe Niklas Luhmann, *Gesellschaft der Gesellschaft*, Frankfurt am Main 1997, S. 235.

30 Hier ist auf die Arbeiten der Gehirnforscher Gerhard Roth und Wolf Singer zu verweisen, die die Fiktion eines »Bewusstseins« als Entscheidungsinstanz ableh-

Narration ist also zugleich ein ausgesprochen effektives Speichermedium von Information, ein Interpretationsmechanismus und vielleicht auch ein Selektionsprozess vor und während des Handelns. Erratisches Verhalten und eher zufälliges Handeln (das ja erst aus einer narrativen Perspektive als solches erscheint) kann (muss aber nicht) entsprechend vorab ausgeschlossen werden. Wir handeln auf bestimmte Art und Weise, weil die Handlung dem bereits gelernten Muster von Narration genügt. Das kann heißen, dass wir bestimmte Handlungen vornehmen, damit wir sie später uns und anderen erzählen können. Allgemeiner heißt es aber, dass wir die narrativen Formen unserer Handlungen haben, *bevor oder während* wir handeln. Wir verleihen unseren Handlungen vorab eine formale Sinnhaftigkeit, die aus den narrativen Mustern erwächst. Dies heißt nicht, dass wir diesen »Sinn« nicht später ändern. Es heißt auch nicht, dass die narrative Form als Selektionsmechanismus immer eingreift. In vielen Fällen sollte wohl einfacher davon gesprochen werden, dass parallel zum Ausführen der Handlung ein Beobachtungsmechanismus aktiv wird, der der Handlung eine narrative Form gibt. Doch auch hier bleibt die Möglichkeit von Selektion. Die narrativen Formen könnten den Handlungen modellhafte Sequenzen liefern. Zudem könnten die narrativen Formen Teil des Veto-Mechanismus des Bewusstseins sein, der bestimmte Handlungen noch vor der Ausführung unterdrückt.[31]

Die narrative Form bereitet uns auf unsere Zukunft vor. Weniges wird uns essentiell überraschen, weil unsere Fähigkeit zur Narration bereits einen Rahmen bereitstellt, mittels dessen wir künftige Ereignisse und das Handeln der anderen erfassen, erzählen, verarbeiten können, so dass wir sie schnell verarbeiten und später ebenso schnell wieder auf vergangene Ereignisse zugreifen können.

Ein solches Handeln gemäss einer narrativen Logik ist wohl vor

nen, Gerhard Roth, *Fühlen, Denken, Handeln*; Wolf Singer, »*Verschaltungen legen uns fest. Wir sollten aufhören, von Freiheit zu sprechen*«, in: Christian Geyer (Hg.), *Hirnforschung und Willensfreiheit. Zur Deutung der neuesten Experimente,* Frankfurt am Main 2004, S. 30-65.

31 Benjamin Libet schlägt, wie bereits erwähnt, vor, dem Bewusstsein eine Veto-Funktion in Bezug auf Handlungen und Entscheidungen zuzugestehen. Trotz aller (etwa von Gerhard Roth und Wolf Singer) hervorgehobenen Formen des nicht-bewussten Entscheidens vermutet Libet, dass es im menschlichen Entscheidungsprozess eine sehr kurze Phase der bewussten Korrektur gibt, Benjamin Libet, *Mind Time.* Zur Kritik vgl. Gerhard Roth, *Fühlen, Denken, Handeln,* S. 518-524.

allem in sozialen Situationen förderlich, wie wir in Kapitel 2 und 3 dargestellt haben, wenn das Wissen und Denken der anderen einkalkuliert werden muss. Dazu gehört das strategische Planen von Handlungen, wie etwa der oben berichtete Nahrungsdiebstahl eines Pavianweibchens durch die Ablenkungsstrategie des Lausens. Und dazu gehört die Legitimierbarkeit des Handelns vor den anderen (»Komme ich damit vor Gericht durch?«, »Schade ich meinem Ansehen, wenn…?« etc.). In der Nahrungsaufnahme oder der Befriedigung anderer Bedürfnisse ohne soziale Situation dagegen ist ein narrativer Rahmen wohl nur begrenzt vorteilhaft (etwa im Planen des Nacheinanders von mehreren Handlungen).

Der Unterschied zwischen Wesen mit und ohne Fähigkeit zur Narration, um die einleitende Spekulation zu Ende zu führen, besteht mithin in drei Aspekten: Erstens in der Fähigkeit des narrativen Manipulierens von Ereignissen, zweitens der (strategischen) Kommunikation von Erfahrungen und der damit verbundenen Möglichkeit, durch die Erfahrungen von anderen zu lernen, und drittens in dem Regime der Narrationsfähigkeit. Der dritte Punkt ist von besonderer Bedeutung, da er eine prinzipielle Umgestaltung der Kontrollinstanzen von Verhalten und der Fakultäten des Entscheidens involviert. Wer die Fähigkeit zur Narration besitzt, speichert (eigenes und fremdes) Verhalten nicht nur narrativ im Gedächtnis ab, sondern beobachtet und selektiert Verhalten von vornherein nach narrativen Gesichtspunkten und schaltet diese narrative Selbstbeobachtung schon dort ein, wo Handlungen sich vollziehen, stattfinden und noch nicht vollzogen sind. Die Textur des Bewusstseins besteht zumindest zum Teil aus Narration.

3. Narration: Was ist das?

Bisher wurde über die funktionale Bedeutung von Narration für das Bewusstsein spekuliert, ohne aber zu fragen, was genau Narration ausmacht. Dies soll in den folgenden Abschnitten geschehen. Narration wird dabei als eine Gruppierung von Handlungselementen betrachtet, die noch vor der Unterscheidung von literarischen oder nicht-literarischen Gattungen operiert. Narration in diesem Sinne gibt es also in Prosa, Drama und den meisten Formen der Lyrik ebenso wie in vielen Formen von Alltagserzählungen.

Was also ist die Form von Narration? Seit langem gibt es das Bestreben, eine minimale Form von Narration zu bestimmen. Diese minimalistische Auffassung hat ihren Ursprung in Überlegungen der russischen Formalisten und der Strukturalisten, die das kleinste Grundmodell von Narration in kausalen oder temporalen Formen von Wenn-Dann-Ereignissen mit einem einzigen Aktanten und seinen Intentionen erblicken. Das Verständnis (und weniger die Kommunikation) eines solchen Minimalereignisses wird dann zum Ursprung des narrativen Vermögens erklärt.

Das minimalistische Modell entspringt einer langen Tradition in der Wissenschaftsgeschichte, die nach Elementarteilchen sucht, die mittels einfacher Operationen zu Komplexität geführt werden können. Die Annahme ist, dass Menschen (und andere Wesen) Narration Schritt für Schritt erlernen können und dass die Strukturen der komplexeren Narrationen in den simpleren Narrationen noch nicht vorliegen beziehungsweise zu ihrem Verständnis nicht nötig sind. Man sollte dann also annehmen, dass es eine Fülle von solchen primitiven Narrationen gibt, die von früheren Kulturen, von Kindern oder etwa von Lernbehinderten erzeugt werden. Nun gibt es auch durchaus eine Vielzahl von Dokumenten früher Narrationen wie das Gilgamesch-Epos und den Pentateuch sowie »Einfache Formen« von Narration wie Märchen und Legenden sowie Fernseh-Narrationen für Kleinkinder wie etwa die erfolgreiche britische Serie der »Teletubbies«, um nur einige zu benennen. Doch bereits ein kurzer Blick in diese Narrationen zeigt, dass es schwierig ist, etwas besonders »Einfaches« in ihnen ausfindig zu machen.[32] Die Minimal-Narration des einzelnen Aktanten mit einem Wenn-dann-Ereignis findet sich dort zwar durchaus, aber eben in der Regel integriert in komplexeren Ereignissen und meist durch das Hinzuziehen einer zweiten Perspektive: Ein Teletubby (die unwiderstehliche Po) erhält als ein Weihnachtsgeschenk ein Paket voller Girlanden. Dies sieht der Nunu (ein auto-mobiler und animierter Staubsauger). Der Nunu saugt nun die Girlanden komplett ein. Darauf jagen die Tubbies vereint hinter dem »bösen Nunu« her, der das Geschenk

---

32 André Jolles, von dem die Formulierung der Einfachen Form stammt, kann mit seiner Theorie der performativen und formgebenden »Sprachgebärde« da noch am weitesten kommen, insofern er die Genese und Selbstabschließung von Gattungen gemäß den sprachlichen Grundformen (wie dem Passiv beim Märchen) diskutiert, André Jolles, *Einfache Formen*, Darmstadt 1958 [1930].

geklaut hat. Kurz bervor sie ihn zur Strecke bringen, spuckt dieser die Girlanden wieder aus und, oh Wunder, dekoriert das Haus der Teletubbies dabei komplett mit den Girlanden. Die Tubbies umarmen den nun »guten Nunu« und freuen sich an dem Weihnachtsschmuck. Die spätere Handlung des Dekorierens macht es grundsätzlich fraglich, ob der Nunu eigentlich »böse« (naughty) war und sich nur unter Druck eines Besseren besonnen hat oder ob er von Anfang an Gutes plante. Die beiden Perspektiven des Vorher und Nachher stoßen hier aneinander, ohne einer eindeutigen Kausalität zu weichen, und ebendies scheint neben der rasanten Verfolgungsjagd auch den Reiz der Folge auszumachen.[33]

Sicherlich sind die Teletubbies von Erwachsenen produziert, so dass es sehr fraglich sein muss, inwiefern derartige Kinderfilme überhaupt irgendetwas über Kindergehirne aussagen können. Die Teletubbies haben allerdings den Erfolg auf ihrer Seite, denn es ist weltweit eines der erfolgreichsten Programme für Kleinkinder. Es ist zumindest bemerkenswert, dass die bekanntesten Erfolgsserien für sehr kleine Kinder stets komplexe Narrationen aufweisen.

Bereits hier kann man nun vermuten, dass statt der *simple stories* solche Narrationen bevorzugt werden, die ein Moment der Überraschung involvieren. Versuche erhärten diese Vermutung. Versuchspersonen wurden Geschichten erzählt, die ein a) intuitives, b) intuitives, aber bizzares und c) ein kontraintuitives Ereignis enthielten. Dann wurde getestet, wie diese Ereignisse (drei Monate) später erinnert wurden beziehungsweise wie diese Ereignisse einige »Generationen« des Weitererzählens überstanden. Dabei stellte sich heraus, dass die Geschichten am genauesten und getreuesten erinnert oder weitergegeben wurden, die nicht schlicht erwartungsgemäß abliefen, sondern ein kontraintuitives Element enthielten, und zwar ein »minimal kontraintuitives« und kein »maximal kontraintuitives«.[34]

---

33 Vielleicht entspringt diese Betonung der Komplexität der Teletubbies auch nur den Phantasien eines schlaflosen Vaters, dessen jüngster Sprössling eben für diese Wesen eine Vorliebe entwickelt hat. Wer diese Folgen regelmäßig zu schauen hatte, muss sie entweder für genial halten oder sich fragen, was er da mit seinem Sohn macht.

34 Ara Norenzayan et al., »Memory and mystery. The cultural selection of minimally counterintuitive narratives«, in: *Cognitive Science: A Multidisciplinary Journal* 30 (2006), S. 531-553. Die Autoren testen ihre Hypothese dann an den erfolgreichen und nicht-erfolgreichen (nicht populären) Grimmschen Märchen.

Anscheinend ist die in kognitiver Hinsicht optimale Narration also keine Minimalnarration.

Die minimalistische Theorie wird nun nicht schlicht dadurch disqualifiziert, dass sich diese einfachen Narrationen in dieser Form selten oder gar nicht finden lassen. Dennoch müssen wir uns fragen, ob der Versuch, Elementarteile von Narration ausfindig zu machen, nicht verfehlt ist. Wladimir Propp hat vor bald hundert Jahren versucht, anhand des russischen Zaubermärchens eine simple Struktur von Narration zu bestimmen. Ihm gelang es denn auch, die Vielfalt von russischen Zaubermärchen auf eine Generalstruktur zurückzuführen, deren idealer Ablauf aus 7 Aktanten und 31 Schritten oder Funktionen besteht (etwa: 11. der Held verlässt das Haus. 12. der Held wird herausgefordert, getestet [...] 14. der Held erhält magischen Beistand [...]).[35] Keines der untersuchten Märchen enthält diese Sequenz in Reinform, doch besteht jedes aus einer Variation vieler dieser Schritte oder Funktionen in der von Propp aufgefundenen Anordnung. Allerdings konnte Propp diese Abfolge der Funktionen nicht weiter auf eine Grundform reduzieren. Das heißt, selbst die scheinbar einfache Form des Märchens tendiert zwar durchaus zu sequentiellen Mustern, ist aber zugleich auf vielschichtige Prozesse mit vielen Aktanten und differierenden Intentionen und Konflikten gerichtet.

Die »Grundform« von Narration scheint, so kann gefolgert werden, wohl weniger aus einem minimalen »wenn-dann« zu bestehen. Stattdessen muss mindestens ein weiteres Element hinzugedacht werden.

Die klassische Studie von E. M. Forster, *Aspects of the Novel* (1927), liefert eine Beschreibung der Minimalnarration anhand eines Beispiels:
1) Der König starb und dann starb die Königin.
2) Der König starb und dann starb die Königin aus Trauer.

Forster argumentiert, dass der erste Satz eine bloße deskriptive Abfolge darstelle (»story«), der zweite dagegen eigentlich narrativ sei (»plot«).[36] Narration ist mithin gemäß Forster eine kausale Abfolge

---

35 Wladimir Propp, *Morphologie des Märchens*, München 1984 [1928].
36 Forster nennt den Fall der bloßen Abfolge »narrativ« und die höhere Form der kausalen Verknüpfung »plot«. Forster verwendet »narrativ« also anders als die vorliegende Studie, die für den zweiten Fall von Forster den Begriff des Narrativen reserviert. Vgl. E. M. Forster, *Aspects of the Novel*, San Diego, 1985 [1927], hier S. 86.

von Ereignissen, die über die rein zeitliche Aufeinanderfolge der »story« (und dann? ...) hinausgehe. Zu Recht ist mit und gegen Forster argumentiert worden, dass bereits die erste Satzfügung uns über eine innere Verknüpfung der beiden Hauptsätze spekulieren lässt.[37] So sieht auch etwa der prominente Narratologe David Herman bereits in Satz 1 die implizite Tendenz zur Narrativierung.[38] Doch zugleich reduziert er diese Narrativierung auf die ihm anscheinend plausibelste Variante, dass die Königin wohl aus Trauer starb, also Satz 2.

David Herman definiert Narration in dem Bereich zwischen dem Einzelsatz und dem impliziten Weltwissen einer Geschichte. Seine Theorie soll hier stellvertretend für das generative Modell der jüngeren Narratologie-Bewegung dargestellt werden. Herman geht von einer allen Narrationen gemeinsamen Grundstruktur des Narrativen aus, die er analog der universellen Sprachform sieht, die Noam Chomsky allen Sprachen hypothetisch zugrunde gelegt hat.[39] Es macht dieser Auffassung nach prinzipiell keinen Unterschied für das Vermögen zur Narration, ob ein oder mehrere Aktanten agieren und ob ihre Handlungen komplex miteinander verflochten sind oder nicht. Alle diese Formen sind zugleich mit der Grundform von Narration gegeben. Auch die scheinbar simplen Formen (ein Aktant, ein Wenn-Dann-Ereignis, Intentionalität) implizieren gemäß

---

[37] So bereits der Einwand von Seymour Chatman: »das Interessante ist, dass wir unaufhaltsam Struktur suchen, und dass wir sie selbst produzieren, wo dies nötig ist. Wenn sie nicht anders angewiesen werden, tendieren Leser zu der Annahme, dass selbst ›Der König starb und dann starb die Königin‹ eine kausale Verknüpfung darstellt und dass der Tod des Königs mit demjenigen der Königin verbunden ist«, Seymour Chatman, *Story and Discourse. Narrative Structure in Fiction and Film*, Ithaca 1978, S. 45-46 (Übersetzung F.B.), zitiert nach David Herman, *Story Logic. Problems and Possibilities of Narrative*, Lincoln und London 2002, S. 98. Herman kommentiert zu Recht: »jeder Akt des Erzählens verlangt wohl, dass der Rezipient [...] die Narration in Bewegung bringt, um die Geschichte mitzuproduzieren [co-create]«, S. 98 (Übersetzung F.B.).

[38] Herman sei hier stellvertretend genannt auch für andere Vertreter der Narratologie-Bewegung, die seit den Theorievorstößen von Tzwetan Todorov, Gérard Genette und Roland Barthes Narration zum Gegenstand der Forschung gewählt haben. Dazu gehören etwa Mieke Bal, Monika Fludernik, David Herman, Manfred Jahn, James Phelan und Judith Ryan. Die folgende Kritik an Herman gilt allerdings nicht für alle dieser Autoren, wie angedeutet werden wird.

[39] Vgl. David Herman, *Universal Grammar and Narrative Form*, Durham, NC, 1995.

dem generativen Ansatz bereits das übergeordnete Modell, dessen Schwundstufe sie darstellen.

In einem thematisch verknüpften Gedankenexperiment versucht Herman entsprechend Narrationen durch den Rahmen eines plausiblen Weltwissens zu beschränken. Herman vergleicht die unterschiedliche Intensivität der Narrativierung ähnlicher Sätze und fragt, welcher der folgenden Sätze »narrativer« sei:

3. A splubba walked in. A gingy beeped the yuck, and the splubba was orped.
4. A splubba fibblo. Sim a gingy beebie the yuck i the splubba orpia.
5. A bad man walked in. Then a beneficent sorcerer pulled the level, and the bad man was instantaneously inebriated.
6. A splubba walked in. A gingy pulled the level, and the splubba was instantaneously inebriated.[40]

Herman stellt fest, dass die Sätze in der Abfolge von 4, 3, 6, 5 eine »zunehmende Narrativität« (»increasing narrativity«) besäßen.[41]

Um seine Auswahl zu begründen, argumentiert Herman: »Es gibt eine unmittelbare Korrelation zwischen dem Narrativitätsgrad einer Sequenz und der Reichweite und Komplexität des Weltwissens, welches in der Interpretation von (der Form) der Sequenz ins Spiel gebracht wird«.[42] Dies mag, vielleicht, stimmen, sofern man die von den Sätzen direkt vorgegebenen Elemente als *alleinige* Matrix zur Interpretation begreift. Was Herman hier als Intensität der »Narrativierung« versteht, ist dann nichts anderes als mehr oder weniger identisch übertragbare und abbildbare Prozessverläufe, also eine in eine konkret implizierte »Welt« eingebundene »Story«. Satz 5 kommuniziert, scheinbar, genauere Limitierungen als die anderen Sätze. Doch was Herman unterschlägt, ist, dass gerade Sätze wie »A splubba walked in. A gingy beeped the yuck, and the splubba was

---

40 Auf Deutsch etwa:
 3. Ein Splubba kam rein. Ein Gingie piepte den Juck, und der Splubba wurde georpt.
 4. Ein Splubba fibblo. Sim ein Gingie piebie den Juck e der Splubba orpia.
 5. Ein böser Mann kam rein. Dann zog ein wohlmeinender Zauberer den Hebel, und der böse Mann war sofort benebelt.
 6. Ein Splubba kam rein. Ein Gingie zog den Hebel, und der Splubba war sofort benebelt.
41 David Herman, *Story Logic*, S. 100-105.
42 David Herman, *Story* Logic, S. 103 (Übersetzung F.B.).

orped« einen ungeheuren Reichtum an Narrationsmöglichkeiten entfachen. Alleine das Verb »orpen« könnte in dem einen das Echo von »Orbit« (als »in den Orbit werfen«; damit wird die Geschichte zur Science-Fiction), in dem anderen von »Orpheus« erwecken; wieder ein anderer könnte jenseits von alliterativen Anklängen eine neue Bedeutung erfinden. Herman und mit ihm viele Narratologen, die eine Narratologie aus sprachlich-grammatischen Strukturen ableiten, halten derartige freigesetzte kreative Phantasien, die über den gesicherten Boden der Grammatik hinausgehen, anscheinend für irrelevant. Die universelle Grammatik Hermans erweist sich als restriktiv. Entsprechend werden diese freizügigen Alteritäten tendenziell eleminiert.[43] Hermans Satz 5 wiederum reduziert den Leser (weitgehend) zum Rezipienten, für den die Sequenz als solider Block erscheint, der einer Deutung nicht mehr bedarf. Sogar wer gut und böse ist, ist bereits vorgegeben. Die Narrativierung verkümmert zu einem Schema beziehungsweise zu einer festen Fügung aller Ereignisse.

Um das Wesen des Narrativen in den Blick zu bekommen, müssen meiner Ansicht nach dagegen ebendiese Effekte der Entfachung zahlreicher Narrativierungen und Kontra-Narrativierungen berücksichtigt werden. Narration findet im Kopf des Betrachters statt als Bewegung *in Richtung zur* Kausalität.[44] Insofern teile ich durchaus den Befund von Forster und Herman, dass kausale Reihen zum Wesen der Narration gehören. Allerdings scheint es mir entscheidend zu sein, dass diese kausalen Reihen stets auch das Siegel der möglichen Differenz an sich tragen. Alles könnte je auch anders sein; eine weitere Kausalität könnte hinter der ersten stecken. Jede narrative Abfolge *ist* diese eine Abfolge *und* trägt zugleich bereits die Möglichkeit einer anderen Abfolge in sich. Die temporale,

---

43 Anders allerdings die kritischen Überlegungen von Mieke Bal, die diese Eleminierung thematisiert, Mieke Bal, »The story of W«, in: dies., *Double Exposures. The Subject of Cultural Analysis*, London, New York, 1996, S. 225-254; und Claudia Breger, die die Möglichkeit der Andersheit der Charaktere zum Ausgang ihrer Überlegungen zur Empathie im Film macht, Claudia Breger, »Precarious identifications. The aesthetic management of empathy in *Schläfer* (2005) and *Paradise Now* (2005)«, in: *Deutsche Vierteljahrsschrift* (2008), S. 494-516.

44 Roman Ingardens klassische Abhandlung *Das literarische Kunstwerk* (1930) spricht in diesem Zusammenhang von einer Konkretisierung der Erzählung durch den Leser. Wolfgang Iser hat dies in seiner Theorie der Leerstelle erweitert.

zufällige, rhythmische Abfolge ist *auf dem Sprung* zum Kausalen. Das Vorher-Nachher wird nicht durch einen festen Damm zusammengehalten, der beide zu einem Kontinent fügt, sondern durch eine spontane Bewegung, einen gewagten Brückenschlag, der den Fluten wieder anheim fallen kann. Narration findet in dem Aufspannen einer möglichen Brücke statt, die versucht, den Verkehr von anderen Brücken auf sich umzuleiten.

Wer Satz 1 liest, beginnt also bereits über die möglichen Erklärungen des Doppeltodes zu spekulieren. Dabei entstehen nebeneinander und parallel verschiedene Varianten von Satz 2, etwa:

1→2 a) Der König starb. Dann starb die Königin aus Trauer.
1→2 b) Der König starb. Dann starb die Königin aus Schuldgefühl.
1→2 c) Der König starb. Dann starb die Königin, weil …
1→2 d) Der König starb. Dann starb die Königin trotzdem.

Narratives Denken ist Denken im Konjunktiv oder Futur II. »Es wird alles anders gewesen sein.«

Narration kann nicht auf die von einer Sequenz von Sätzen abgesteckte plausibelste kausale Abfolge reduziert werden. Stets gibt es eine andere Möglichkeit und ihr verdankt sich die Dringlichkeit der Narration. Diese andere Möglichkeit kann durchaus auch verborgen und unterdrückt werden, oder sie bietet eine verbotene, vielleicht perverse Freude, sie erzeugt Spannung und sie verlangt unsere Aufmerksamkeit.[45] Narrationen sind insofern Symptome desjenigen, der sie erzeugt. In jedem Märchen gibt es die Möglichkeit, dass der Schlund des Wolfes oder die verbotene Schreckenskammer von Blaubart die Endstation darstellt. Anders gesagt, noch die einfache Form der Narration ist geprägt von der Abgründigkeit, dass alles anders sein könnte. Auch der »Nunu« hat Teil am Diabolischen, welches Herman einem »Splubba« und »Gingy« abspricht. Von dieser Möglichkeit der Andersheit leitet sich dann auch die Faszination des Narrativen ab. Wir wittern, dass da etwas in der Luft liegt. Das narrative Bewusstsein erkennt

---

45 Neben den genannten Arbeiten von Mieke Bal und Claudia Breger siehe zur Andersheit und den scheinbaren Identitäten als konstitutives Element von Narration auch Monika Fludernik: »man könnte argumentieren, dass das Narrative im Grunde der Darstellung und Rettung von Andersheit gilt«; Monika Fludernik, »Identity/alterity«, in: David Herman (Hg.), *The Cambridge Companion to Narrative*, Cambridge 2007, S. 260-273: hier S. 264 (Übersetzung F.B.).

nicht nur vorliegende Kausalitäten und registriert sprachlich gelieferte Erklärungen, sondern *erfindet, produziert* und *simuliert* in einem fort Verknüpfungen, Alternativen, Überraschungen, Ausreden, Lösungen und dei-ex-machina. Statt diese Alterität als Randphänomen des Narrativen zu beschreiben, scheint es mir geboten, sie ins Zentrum der Frage nach dem Narrativen zu stellen. Vorhersage (siehe Kapitel 1) ist ein Grundzug der Narration. Narration gibt es eben von dem Moment an, in dem die eine Story zugleich zusammen- und auseinanderfällt.

Narratives Denken leistet also zweierlei. Bevor eine feste Kausalität erkannt ist, leistet es eine erste hypothetische Kausalität. Dort, wo die zwingende Logik nicht verstanden wird, liefern der Mythos, der Aberglaube und die Spekulation eine Als-ob-Erklärung. Insofern wird narratives Denken gerne als eine primitive Denkform beschrieben. Zugleich aber ist es ebendas narrative Denken, welches bereits bestehende Erklärungen (auch diejenigen der Mythologie und der Wissenschaft) hinterfragt und Alternativen auffindet. Auch die wissenschaftliche Tätigkeit, die ebendas angreift, was bereits als Wahrheit akzeptiert ist, kann insofern als Variante des narrativen Denkens verstanden werden. Narration kann im wissenschaftlichen Denken mithin als kreatives Element auftreten.

Wer also errichtet die Narration: der Erzähler, Text (Schauspiel, Film) oder der Leser (Zuhörer, Zuschauer)? Aufbauend auf den obigen Argumentationen können wir nun sagen: der Leser. Noch in der banalsten Abfolge der Geschehnisse wird die Kette vom Leser (in verschiedenen Varianten) aufgespannt. Ohne den Leser treten die Geschehnisse schlicht zu einem Block oder einer festen prozessualen Abfolge zusammen, der keine Narration involviert.

Walter Benjamin hat dieses Potential des Narrativen, seine »Keimkraft«, darin gesehen, dass es sich genau nicht verausgabt und stets etwas, eine Alternative, zurückhält. Er referiert die Herodot-Geschichte des gefangenen Königs Psammenit, der gedemütigt werden soll. Ihm wird vorgeführt, wie seine Tochter zur Sklavin wird und sein Sohn zur Enthauptung gebracht wird. Doch der König verzieht keine Miene. Erst als er, zufällig, einen alten armen Diener von sich unter den Gefangenen entdeckt, zeigt er laut alle Zeichen von Trauer und schlägt sich mit den Fäusten gegen den Kopf. Doch warum? Herodot liefert keine Begründung. Benjamin referiert zwar verschiedene Theorien, warum der König nun weint, doch eben dass die autoritative Begründung nicht geliefert wird, mache die Kraft der Narration aus.[46]

Wir könnten nun definieren, dass Narration aus einer Ansammlung von Elementen besteht, die sich auf dem Sprung zu einer kausalen Fügung befinden. Doch einer solchen Definiton des Narrativen würde etwas Entscheidendes fehlen. Es wird sich zeigen, dass diese sonderbar formal anmutende Definition erst dann wirklich Aufschluss über die Narration insgesamt liefert, wenn wir Empathie mitdenken. Wir müssen weiter fragen, wie genau wir diese Tendenz des Narrativen zur Andersheit, Alterität, Anklage, Ausrede und Abgründigkeit beschreiben können.

4. Die Schere des Aristoteles

Wir kommen an dieser Stelle weiter, wenn wir die Frage des Charakters mitbedenken. Für ein erfolgreiches narratives Werk ist es notwendig, dass die Hörer, Leser oder Zuschauer eine gewisse Anteilnahme am Schicksal der Akteure nehmen. Sonst interessiert uns der Tod eines Königspaars nicht und auch nicht die möglichen Arten, wie die Königin den Tod des Gemahls aufnimmt.

Das Auseinanderklaffen der Kausalerklärungen steht auch im Zentrum des ältesten westlichen und sicherlich meist zitierten Textes zur Frage, was eine erfolgreiche narrative Darstellung einer Handlung ausmacht, nämlich der *Poetik* des Aristoteles. Sie wird uns einen Fingerzeig geben, wie die Frage der Empathie mit der Frage der Alterität verbunden ist. In diesem Text liefert Aristoteles eine Antwort darauf, wann eine Nachahmung einer Handlung in der Tragödie erfolgreich ist.

Die Nachahmung hat nicht nur eine in sich geschlossene Handlung zum Gegenstand, sondern auch Schaudererregendes und Jammervolles. Diese Wirkungen kommen vor allem dann zustande, wenn die Ereignisse wider Erwarten eintreten und gleichwohl folgerichtig auseinander hervorgehen.[47]

---

46 »Die Information hat ihren Lohn mit dem Augenblick dahin […]. Anders die Erzählung; sie verausgabt sich nicht. Sie bewahrt ihre Kraft gesammelt und ist noch nach langer Zeit der Entfaltung fähig«; Walter Benjamin, »Der Erzähler«, in: ders., *Gesammelte Schriften*, hg. v. Rolf Tiedemann und Hermann Schweppenhäuser, Frankfurt am Main, 1991, Bd. II. S. 445-446.

47 Aristoteles, *Poetik*, hg. v. Manfred Fuhrmann, Stuttgart 1994, S. 33 [1452a].

Zwei Entwicklungslinien treffen sich: zum einen die (von einem Charakter und mit ihm vom Zuschauer) projizierte Handlungslinie, zum anderen die ihrerseits »folgerichtig« tatsächlich eintretende und gegenteilige Ereignisabfolge. Ebendiese »Schere« von Projektion eines Charakters und den tatsächlichen Ereignissen wird als Voraussetzung für Jammer und Schaudern bezeichnet. Die durchaus rationalen Erwartungen des Charakters werden durch die tatsächlichen Ereignisse mit ihrer internen Logik durchschnitten, durchkreuzt. Die erwartete und die tatsächliche Kausalkette von Ereignissen treten auseinander. Die Alterität des Narrativen, die wir oben eher als hypothetische Möglichkeit dargestellt haben, wird zum konkreten Ereignis. Dieses Auseinandertreten der subjektiven Erwartung und der tatsächlichen Geschehnisse, also die »Schere«, ist das konstitutive Ereignis der Tragödie. Bis zu diesem Punkt in der Handlung befinden sich Situation und Charakter, Geschehnisse und Erwartungen sowie Historie und Poesie (gemäß Aristoteles' Unterscheidung von Geschichtsschreibung und Dichtkunst im selben Text) im Einklang. Der Charakter war verständlich, agierte mehr oder weniger erwartungsgemäß und wurde entsprechend durch die Situation determiniert. Um so erschütternder ist daher das Ergebnis des Auseinandertretens der Tendenzen.

Dieses Auseinandertreten von zwei Tendenzen hebt Aristoteles an den zentralen Stellen der *Poetik* hervor.

Die Peripetie ist, wie schon gesagt wurde, der Umschlag dessen, was erreicht werden soll, in das Gegenteil, und zwar, wie wir soeben sagten, gemäß der Wahrscheinlichkeit oder mit Notwendigkeit.[48]

Auch zur Anagnorisis (Wiedererkennung) heißt es:

Die Wiedererkennung ist, wie schon die Bezeichnung andeutet, ein Umschlag von Unkenntnis in Kenntnis, mit der Folge, daß Freundschaft oder Feindschaft eintritt, je nachdem die Beteiligten zu Glück oder Unglück bestimmt sind.[49]

Die Erweiterung der Kenntnis ist, der Text betont es vielfach, nicht einfach ein reines Additum, ein reines Hinzufügen einer weiteren Information. Vielmehr handelt es sich wie bei *König Ödipus* um eine derart entscheidende Kenntnis, dass davon potentiell alle Kenntnisbereiche affiziert werden: Freunde werden Feinde und umgekehrt.

48 Aristoteles, *Poetik*, S. 35 [1452a].
49 Aristoteles, *Poetik*, S. 35 [1452a].

»Am besten ist die Wiedererkennung, wenn sie zugleich mit der Peripetie eintritt, wie es bei der im *Ödipus* der Fall ist«.[50] Wenn Peripetie und Anagnorisis zusammenkommen, so Aristoteles, können Jammer und Schaudern maximal gesteigert werden. Was in der Überlagerung beider passiert, ist, dass der Charakter nicht nur in einer Erwartung fehlgeht, sondern damit auch in seiner Fähigkeit, Erwartungen zu haben. Verändert werden nicht nur die Erwartung und der Plan, sondern die Erwartbarkeit und Planbarkeit der Zukunft. Mit anderen Worten, alles was den Charakter bislang gekennzeichnet hat: Seine spezifische »Erkenntnisfähigkeit« und sein spezifisches zielgerichtetes Handeln werden erschüttert. Später heißt es in der Tat, die Anagnorisis »ruft Erschütterung hervor«.[51] Die Wiedererkennung verändert nicht nur eine Ansicht, sondern damit zugleich den gesamten Gesichtskreis, nicht nur ein bestimmtes Erkennen, sondern damit zugleich die Fähigkeit der Erkenntnis und nicht nur das Wie einer Beziehung, sondern damit zugleich das Wie des gesamten Charakters. Ödipus wird seiner Identität nach zum Vatermörder und Muttergemahl. Diese Erschütterung führt mithin zu einer erheblichen Unklarheit über den Charakter, denn dieser ist definiert durch seine Bestimmtheit, seine Aufgabe, seine Ausrichtung auf die Zukunft.[52] Anders gesagt, die tragische Schere

---

50 Aristoteles, *Poetik*, S. 35 [1452a]
51 Aristoteles, *Poetik*, S. 45 [1454a]. Diese Stelle bezieht sich auf den Fall, dass die Wiedererkennung eine nachträgliche Erkenntnis über einen bereits ausgeführten Akt beinhaltet.
52 Ein Blick auf die Konzeptionen von Charakter, Mensch und Held in der Antike ist hier sehr aufschlussreich. Für die (vor-aristotelischen) Menschen und Helden gilt noch, dass ihre Taten ihnen peripher bleiben. Wie Seth Benardete aufgezeigt hat, sind die Helden (*heroi*) durch ihre göttliche Abstammung einerseits und ihr künftiges Schicksal andererseits bestimmt. Die Menschen (*anthropoi*) dagegen sind geprägt durch die allgemeine Rolle (Vater, Frau etc.), die sie in der Gegenwart spielen; Seth Benardete, *Achilles and Hector. The Homeric Hero*, South Bend 2005, S. 14-16. Doch für Aristoteles fügt sich die individuelle Handlung engstens an die Person. Wie Jean-Pierre Vernant zeigt, rücken die Kategorien der Intention (*boulēma*) und der Handlungsentscheidung (*proairesis*) nun ins Zentrum der Kategorie des Individuums. Der individuelle Mensch ist wesentlich der »Vater« seiner Handlungen, haftet daher auch juristisch als ganze Person für die Tat. Entscheidend sind dabei nicht der (Aristoteles fremde) freie Wille oder psychologische Mechanismen, sondern allein die Verknüpfung von Entscheidung, Tat und der Person als Ganzes; vgl. Jean-Pierre Vernant, »Mythe et Tragédie«, in: Pierre Vidal-Naquet und Jean-Pierre Vernant (Hg.), *Mythe et tragédie en Grèce*

raubt dem Charakter sein Dasein als Charakter. Die Katharsis eliminiert, verflüssigt, das Charakterhafte.

Im Folgenden soll aufbauend auf diese Überlegungen des Aristoteles gefragt werden, wie diese Erschütterung des Charakters sich zu den obigen Erwägungen zum Narrativen verhält. Für Aristoteles sind anscheinend die Erschütterung des Gefüges des Charakters, und eben nicht direkt sein Schmerz, das entscheidende Mittel der Tragödie, um Jammern und Schaudern hervorzurufen.[53] Der Zuschauer wird erregt, weil der Charakter konturlos wird. In dieser Erschütterung wird der Charakter aufgeschlossen, mit sich uneins, nichtidentisch, offen, anders. Die narrative Andersheit einer Kausalkette (Abschnitt 3) erfasst den Charakter. Doch wieso ruft dies Jammern und Schaudern hervor?

Wir müssen hier über das von Aristoteles Benannte hinausgehen. Aristoteles verwendet nicht die moderne Sprache der Identifikation. Dass der Zuschauer »sich« mit dem Charakter »identifiziert«, ist nirgends gesagt. Eine Identifikation im modernen Sinne, als ein »sich in die Haut eines anderen versetzen« kann es ja nicht sein, da der andere hier seiner Andersheit beraubt wurde. Der Zuschauer, darin ist Aristoteles konsequent, jammert und schaudert, aber einen Akt wie das Sich-Identifizieren, Sich-Einfühlen, vollzieht er nicht. Die Erregung von Jammern und Schaudern eines Zuschauers findet statt, wenn der Charakter in seiner zuvor durchaus vorhandenen und klar umzeichneten Struktur plötzlich affiziert und aufgebrochen wird.

Man könnte nun, mit dem Geist der Aufklärung des achtzehnten Jahrhunderts, denken, dass der resultierende charakterlose Cha-

ancienne, Paris 1972. Vgl. auch Amélie Oksenberg Rorty (Hg.), *Essays on Aristotle's ›Poetics‹*, Princeton 1992.

53 Von hier können wir kurz beleuchten, was Aristoteles zu Beginn scheinbar paradox formulierte: »Die Tragödie ist Nachahmung einer guten und in sich geschlossenen Handlung […], die Jammer und Schaudern hervorruft und hierdurch eine Reinigung von derartigen Erregungszuständen bewirkt« (S. 19 [1449b]). Das Rätsel dieses Satzes liegt darin, dass Jammer und Schaudern dadurch gereinigt (beendet) werden, dass sie überhaupt erregt wurden. Dies wird durch die späteren Zusätze erklärt: Der Erregungszustand von Jammer und Schaudern gilt, solange der Charakter grundsätzlich erschüttert ist. Entscheidend ist der Moment, in dem der Charakter seiner Kontur verlustig geht und also kein Charakter mehr ist in dem Sinne, den Aristoteles dem Begriff von Charakter verleiht (S. 21). (Wohlgemerkt betrifft dies die Grundkonzeption von Charakter und weniger die konkreten Arten unterschiedlicher Charaktere.)

rakter der Inbegriff des Menschen an sich ist, weil der Charakter alles Spezifische verliert, das ihn von anderen trennt. Man könnte in ihm also den Menschen in seiner Allgemeinheit oder dergleichen suchen. Doch dafür fehlt die Evidenz. Nicht einmal von einer »Gemeinsamkeit« von Zuschauer und Charakter ist in der *Poetik* explizit die Rede. Hier sollte auch an die berühmte Stelle aus der *Rhetorik* erinnert werden. Dort heißt es, dass man »Mitleid« nicht mit einem Angehörigen haben kann, »denn diesen Letzteren gegenüber befinden wir uns in der gleichen seelischen Verfassung, wie wenn wir selbst davon betroffen wären«.[54] Anscheinend stehen uns die Angehörigen bereits zu nahe, um als Mitleidempfänger in Frage zu kommen. All dies deutet darauf hin, dass der Kern der tragischen Narration nicht im Gleichmachen von Charakter und Zuschauer besteht.

Es scheint auch nicht der Fall zu sein, dass der Charakter die gleichen Affekte hat wie der Zuschauer. Der Charakter muss nicht jammern, um das Jammern des Zuschauers auszulösen. Zumindest bezieht Aristoteles die Wörter »Jammern« und »Schaudern« meist nur auf den Zuschauer.[55]

An dieser Stelle können unsere Überlegungen zur narrativen Theorie (Abschnitt 2-3) weiterhelfen. In der Sprache der narrativen Theorie könnten wir die Situation der Tragödie wie folgt kennzeichnen: Die Zuschauer errichten/verstehen/narrativieren die Kausalkette, die das Handeln des Charakters erklärt, und ebendiese Kausalkette versagt. Oder noch schlimmer: Die vom Charakter anvisierte Handlungskette, an der auch der Zuschauer mitschmiedet, wird zum Gewicht, das den Charakter in die Tiefe zieht. Eine zweite Kausalkette von Geschehnissen erweist sich dabei als fatal, nicht schlicht weil sie der ersten entgegengesetzt ist, sondern weil der Charakter nicht von der ersten loslassen kann. Die Zuschauer sind in die Ereignisse impliziert, nicht nur weil sie die (zweite) narrative Kausalkette mitbauen, die zur Zerstörung der (ersten) Kausalkette der Motivation des Charakters führt, sondern weil sie bereits die

---

54 Aristoteles, *Rhetorik*, hg. und übersetzt v. Franz G. Sieveke, München 1980, S. 111 [1386a].
55 Allerdings argumentiert Aristoteles, dass der Schauspieler der bessere sei, der, wenn er einen erregten Charakter zu spielen hat, selbst erregt ist (siehe S. 55). Aber meistens, wie in den genannten Stellen (etwa: 19 ff.), werden die Erregungen explizit nur auf den Zuschauer bezogen.

erste Motivationskette des Charakters zusammengefügt haben, die dem Charakter zum Verhängnis wird, weil er sich ihr anvertraut. Die Zuschauer werden dazu gebracht, mit dem Charakter Kausalketten aufzubauen, die sich als für den Charakter fatal erweisen. Sie entscheiden sich dabei für den Charakter, um ihm zugleich zu schaden. Die Zuschauer machen das Verhalten des Charakters legitim, verständlich, konsequent, um ihm (wie Ödipus) der Illegitimität und der schrecklichsten (göttlichen) Anklage auszusetzen. Die Hauptleistung der Zuschauer ist mithin nicht das Verstehen, nicht die Einfühlung, sondern dieses Impliziert-Sein.

Insofern kann es nicht wundern, dass die griechischen Tragödien stets Tragödien über Schuld, Verschulden und den Versuch des Wiedererringens von Legitimität sind. Die Zuschauer erleben selbst, durch ihr Impliziert-Sein, das Verschulden. Doch zugleich können sie sich von ihrem Verschulden im höchsten Moment des Spiels wieder distanzieren. Der Grund hierfür ist wohl weniger der kleine Patzer (harmatia) des Charakters, also sein vorheriges Verschulden, als vielmehr das Faktum, dass er aufhört, Charakter zu sein. Von nun an können die Zuschauer nicht mehr vorhersagen, was der Charakter tun wird, und mit dem Ende dieser Vorhersagbarkeit sind die Zuschauer wieder auf sich gestellt, frei. Statt sich ihre (Mit)Schuld einzugestehen, können sie ihre Hände in Unschuld waschen, können den Charakter allein lassen, was vermutlich den Genuss der Zuschauer bewirkt. Die zugelassene Empathie kann wieder abgezogen werden.

Die Zuschauer gehen also eine Liaison mit dem Charakter ein, indem sie eine Kausalkette errichten, die den Charakter verständlich und schuldig macht, und sie werden im Moment höchster Erregung von ihrer Parteinahme wieder freigelassen. Der tragische Höhepunkt ist insofern der Punkt maximalen Mitleids mit dem Charakter, da sein Charakter-Sein die härteste Probe erfährt, und es ist zugleich der Moment, an dem der Zuschauer von dem Charakter losgelassen wird, weil hier alles auseinanderfällt. Katharsis ist die Paarung der höchsten Erregung *und* des Offenbarwerdens von Schuld und Mitschuld (des Zuschauers) *und* der Moment des Abwaschens der Erregung im Zuschauer. Wir, als Zuschauer, treten in dem Moment ins Geschehen ein, in dem wir zugleich aus ihm heraustreten können. Narrative Empathie gibt es gepaart mit einer Ausstiegsstratgie.

Bevor wir zusammenfassen, ist hier ein kurzer Hinweis auf das filmische Erzählen, sofern es sich um ein Erzählen handelt, am Platz. Sicherlich gibt es Filme, für die das oben gesagte ebenfalls gilt. Die Zuschauer erstellen die Kausalketten zwischen Ereignissen, die im Film als bloße Abfolge (Montage) hintereinanderstehen. Und sie partizipieren an den Helden, deren Aufstieg und Fall denen der Aristotelischen Trägodie ähneln mag. Dennoch bietet der Film andere Möglichkeiten der Teilnahme außerhalb des Narrativen. Zum einen ist der Film bestens geeignet, Affekte wie die emotionale Ansteckung hervorzurufen, oder mittels der Spiegelneuronen unmittelbare Synchronisation mit den Zuschauern zu bewirken.[56] Zum anderen kann die durch die Kamera vorgegebene Perspektive (etwa: »subjektive Kamera«) dem Zuschauer die Auswahl einer Perspektive abnehmen. Insofern dem Zuschauer damit ein Teil seiner Entscheidung abgenommen wird, erweist sich der Film als weniger narrativ, da der Zuschauer weniger Spielraum findet (und seiner Parteinahme teilweise enthoben ist, vgl. Abschnitt 6-8). Die neue und nichtnarrative Aufgabe, die dem Zuschauer damit zufällt, ist diejenige der schnellen Anpassung an vorgegebene Perspektivwechsel.

5. Theorie der Narration

Aristoteles gibt uns einen Hinweis auf das, was in unseren Überlegungen zur Minimalnarration bisher fehlte: der Charakter, für den wir uns entscheiden und mit dem wir die Ereignisse mitfühlend erleben. Die alternativen Perspektiven und Kausalbrücken des Narrativen spielen nur deshalb eine derartig zentrale Rolle in unserem Denken, weil der Leib und die Psyche desjenigen, den wir da beobachten, zum Resonanzkörper unseren Erlebens, Handelns und Empfindens werden. Narration gibt es nur, wenn die Ereignisse einen Körper betreffen, mit dem wir leiden und erleben.

Narratologen verhandeln diese impliziten Perspektiven eines Textes unter dem Stichwort der Fokalisierung.[57] (Diese glatte Inte-

---

56 Vgl. Amy Coplan, »Understanding characters' emotions«.
57 Zur Übersicht der Entwicklung dieser Kategorie in der Narratologie-Bewegung vgl. Manfred Jahn, »Focalization«, in: David Herman (Hg.), *The Cambridge Companion to Narrative*, Cambridge 2007, S. 94-108.

gration der »Fokalisierung« in die Narratologie scheint mir problematisch zu sein, da sie ein dem Narrativen fremdes Element enthält. Dies wird weiter unten, in Abschnitt 8, ausgeführt. An dieser Stelle würde uns die Kritik noch nicht helfen.)

Damit das Aufklaffen der narrativen Alternativen und Alteritäten (Abschnitt 3) Bedeutung hat, müssen wir eine Erwartung haben, was der »Normalfall« ist, denn sonst kann es keine Überraschung und kein Ereignis geben. Diese Erwartung wird zur Person verdichtet, also zum Charakter mit Intention und Ziel wie in der Tragödie. Nur aus der Perspektive dieser Person oder dieses Charakters, das heißt, der als körperhaft gedachten Perspektive, können Handlungen Bedeutung haben und können Beobachter Erwartungen und Intentionen generieren. Das Vorhersagen der Handlungen eines anderen ist stets ein spezifisches Antizipieren, was er in einer spezifischen Situation tun wird.

Auch das Moment von Alterität und Überraschung oder das kontraintuitive Moment der Narration muss aus Sicht der Person oder des Charakters verstanden werden. Die vom Zuschauer miterrichtete Erwartung einer Person oder eines Charakters wird durch das Eintreten eines anderen Ereignisses mit seiner eigenen, anderen »folgerichtigen« Logik suspendiert. Das Eintreffen des Anderen, Andersartigen, dies die Einsicht Aristoteles', affiziert den mit der Perspektive assoziierten Körper und die mit der Perspektive assoziierte Psyche. Der Körper und die Psyche des Inhabers der Perspektive sind der Resonanzkörper des Ereignisses. Und insofern der Zuschauer oder Beobachter mit dieser Perspektive verbunden ist, insofern er sie mitermöglicht hat, wird auch er betroffen, schwingt mit und wird im Falle des kathartischen Zerreißens des Charakters zum maximalen Klang gebracht – und zugleich hinausgeworfen. Die mögliche Andersheit der kausalen Verknüpfungen erfasst die Person/den Charakter: Der Charakter wird – anders.

Es ist an der Zeit, dass wir die bisher vorgetragenen Überlegungen zur Narration zusammenführen, bevor wir mit einer Überraschung für den Leser aufwarten.

Die Alterität des Narrativen, dass alles stets auch anders sein könnte (Abschnitt 3) ist gemäß Aristoteles (Abschnitt 4) das Ereignis am Charakter. Der Charakter, dessen Perspektive den Rahmen der Ereignisse vorgibt, wird, zumindest im Falle der Tragödie, durch das Ereignis derartig affiziert, dass seine Perspektive erschüttert wird, dass seine Sicht der Dinge keinen Rahmen der Bedeutsamkeit der Ereignisse mehr vorgeben kann und dass er aufhört, die Sicht des Zuschauers zu bündeln.

So das Ende. Wie aber kommt es zum Anfang der Beziehung des Zuschauers zum Charakter? Wie kommt es dazu, dass wir als Zuschauer oder Beobachter die Perspektive einer anderen Person, eines Charakters oder auch nur einer als Person gedachten narrativen Stimme einnehmen/teilen/miterrichten? Unsere skizzierte Lektüre von Aristoteles offeriert eine starke Antwort auf diese Frage. Wir nehmen die Perspektive des Charakters ein, *weil* sie affiziert und suspendiert wird und *weil* wir sie als affizierbar und suspendierbar errichten. Wir teilen seine Sicht auf das Kommende, *weil* wir ahnen, dass es anders kommen wird. Solange der Charakter mit Zuversicht seine Pläne schmiedet, ist er privatisiert. Erst wenn das Ereignis, also das Durchkreuzen seiner Pläne, Erwartungen oder Routinen, eintritt oder ahnbar wird, wenn das Ereignis am anderen stattfindet, stehen wir ihm bei. Wir treten auf seine Seite, wenn wir zum Verrat bereit sind und eine andere, vielleicht fatale Kette von Ereignissen erwägen. Unsere Mitschuld verstrickt uns ins Geschehen. Und erst wenn alles für den Charakter verloren ist, ziehen wir uns wieder zurück, streiten unsere Schuld ab.

Wir selektieren die Person, deren Perspektive wir einnehmen, also nicht notwendig vor dem Höhepunkt der Handlung (wobei eine Kenntnis der Person ebenso wie etwas Sympathie sicher förderlich sein können), sondern werden eher abrupt von dieser Perspektive erfasst, und zwar in dem Moment, in dem diese Perspektive selbst affiziert wird. Dieser Befund mag zunächst erstaunen. Doch wenn man daran denkt, wie schnell wir in Filmen und Fiktionen die Perspektiven zwischen Charakteren wechseln können und etwa wechselweise »Mitleid« haben können, erscheint diese These schon weniger abwegig. Im Gegenteil. Wie wir sehen werden, kann diese Überlegung helfen, eine Reihe von Aporien der Empathie zu klären. Nur wer die Perspektive eines beteiligten Charakters oder einer beteiligten Person einnimmt, kann die Bedeutsamkeit der Ereignisse registrieren und empfinden. Zugleich gilt, dass die Perspektive einer anderen Person nur deshalb eingenommen oder geteilt wird, weil das Ereignis diese Perspektive affiziert, lädiert, korumpiert, destruiert. Eingenommen wird also eine Perspektive, die aufhören wird, eine Perspektive zu sein. Empathie in dieser höchsten Steigerung ist die Form der Identifikation, die zugleich jede Identifikation suspendiert. Empathie ist der Höhepunkt der Erregung mit oder nahe dem anderen, und es ist die Reinigung von Erregung. Empathie ist maximal gesteigertes Mitleiden, welches sich im Augenblick erschöpft.

Empathie, selbst wenn sie zugelassen wird, muss blockiert werden können. Also wird genau die Form von Empathie zugelassen, die in ihrer Struktur bereits ihr Ende, ihre Suspendierbarkeit oder Blockierbarkeit enthält. Es hilft hier, sich an das Risiko der Empathie zu erinnern: Selbstverlust. Wer zu dicht an den anderen rückt, sich in ihn hineinlebt, verliert sich selbst. Entsprechend ist es der schönste Trick des Narrativen, solche Narrationen bereitzustellen, die den Zuschauer zu sich selbst zurückrufen und ihn damit von dem Zuviel der (Mit)Erregung reinigen.

Entsprechend stellt auch die Tragödie nicht nur eine narrative Gattung unter vielen dar, sondern ist die bislang am weitesten zugespitzte, radikalisierteste Form von narrativer Empathie. Andere Formen und Gattungen wie Ironie und Komödie müssen den Rückruf anders bewältigen. (Wohlgemerkt wird das Tragische dabei als ein bestimmtes *arrangement* von Narration verstanden, welches in jeder literarischen Gattung und Erzählform auftreten kann. Die klassische Komödie hat ebenfalls ein solches tragisches Element, welches darin besteht, dass das überzogene Selbstbild eines Charakters sich als bloßes Hirngespinst oder Wolke entpuppt, wie Hegel es prominent darstellt.) Insgesamt gilt sicher, dass Empathiebereitschaft gegenüber fiktiven Charakteren größer ist als gegenüber lebenden Menschen, schlicht weil die Gefahr des Selbstverlusts bei einem fiktionalen Konstrukt tendenziell geringer ist als bei einem lebenden Wesen. Vor allem mündet Empathie mit einem fiktiven Charakter nicht in Hörigkeit, wie dies etwa im Falle des Stockholm-Syndroms der Fall sein kann. Das fiktionale Konstrukt kann qua Projektion stärker der eigenen Position geähnelt werden. Dennoch oder gerade deshalb muss auch Fiktion die Blockade von Empathie ermöglichen und existiert nur aufgrund ihrer spezifischen Empathieblockaden.

Die Affizierbarkeit der Perspektive, an der der Zuschauer oder Beobachter teilhat, indem er sie plausibel macht und narrativiert, ist mithin der Schlüssel zur narrativen Empathie. Anscheinend gibt es eine strukturelle Nähe zwischen der Teilnahme des Zuschauers / Beobachters am Beobachteten und der Affizierbarkeit des Beobachteten, seine Suspendierung, die den Rückruf des Zuschauers zu sich bewirkt. Diese Affizierbarkeit des Charakters, so erscheint es zumindest bei Aristoteles, zeigt sich im Verlust der Integrität des Charakters, seiner Des-Integrität. Auch wenn der extreme Fall des Zerfalls des Charakters auf wenige höchst artifizielle Tragödien beschränkt sein mag, so sind wohl dennoch zahlreiche Alltagsformen der Empathie an diesem Modell orientiert; Empathie wird etwa dann empfunden, wenn die Pläne der anderen fehlschlagen oder fehlzuschlagen drohen. Auch im Alltag hat Empathie regelmäßig die Form einer Doppelung des Auftuns einer Perspektive (Erwartung, Vorhersage) einerseits und ihres Auseinanderfalls (Alterität, andere Ereignisse, Unfall) andererseits. Der Tragödie ist es gelungen, diese latente Form zu steigern.

Unterstrichen werden soll hier die Zumutung, die die eben vorgebrachten Thesen enthalten. Der empathische Zuschauer oder Beobachter »will« die Affizierbarkeit des anderen, denn ohne sie gäbe es keine Empathie. Wie wir später sehen werden, ist der Schritt zum Wollen des Unglücks des anderen damit nah, denn es ist das Unglück des anderen, das uns zur Empathie einlädt (siehe die Lektüre von *Effi Briest*). Doch spätestens hier kommen wir ans Ende dessen, was wir mithilfe der – durch Aristoteles erweiterten – Narrationstheorie folgern können.

Um diese wechselseitige Bedingtheit von Narration und Empathie weiter zu klären, ist es daher förderlich, über den engen Rahmen der Narrationstheorie hinauszugehen und nun ausgehend von Empathie zurück zu Fragen der Narration zu kommen. Abschließend zu diesem Strang der Überlegung wollen wir daher zusammenfassend die Thesen zur Narrationstheorie Revue passieren lassen.

a) Narration wird gekennzeichnet durch kausale Fügungen, die zugleich die Möglichkeit einer unerwarteten Andersheit implizieren. Narration ist insofern immer auf dem Sprung von temporalem Nacheinander (und damit etwa auch von lyrischem Versmaß, der Musik, von angehäuften Zufällen, Unsinnigem, Verwirrendem) zu einer festen kausalen Fügung, von *story* zu *plot*. Vorhersage, wie wir sie im ersten Kapitel beschrieben haben, ist insofern immer mehr als nur *eine* Vorhersage.

b) Diese Andersheit *kann* als Rezeptionsprozess beschrieben werden (Leser, Zuschauer registrieren, dass Dinge anders sein können, als es scheint). Diese Andersheit kann aber zugleich auch am Horizont der Handlung erscheinen, wenn eine angebotene Logik durchbrochen und durch eine andere ersetzt wird. Nicht das erwartete Ereignis oder eine erwartete Reaktion trifft ein, sondern ein anderes Ereignis. Die Minimalform von Narration ist daher nicht:

1) Der König starb und dann starb die Königin.

Und nicht:

2) Der König starb und dann starb die Königin aus Trauer.

Denn der erste Satz sagt zu wenig, der zweite zu viel. Näher an eine minimale Narration kommt etwa:

1→2 d) Der König starb und dann starb die Königin trotzdem.

In diesem Satz wird eine mehr als temporale Fügung von dem ersten und zweiten Glied angedeutet, die einfache Dann ... Dann-Fügung wird irritiert durch eine zweite Verknüpfung, die einen möglichen Effekt des ersten Ereignisses auf das zweite zumindest denkbar macht. Eine direkte kausale Kette wird aber gerade nicht geliefert, da ja das »trotzdem« auf das Gegenteil der erwarteten Kausalität hinausläuft. Kurz: Es wird angedeutet, dass Ereignis 1 und 2 in einer mehr als temporalen Beziehung zueinander stehen, doch die wirkliche Beziehung gibt es nur im Zustand der Virtualität im Kopf des Lesers.

c) Dennoch ist diese »Trotzdem«-Fügung nicht hinreichend für eine Narration in ihrer Minimalform. Was fehlt?

d) Es fehlt die Perspektive aus Sicht der Person (»Fokalisierung«), für die die Ereignisse je relevant sind und auf der sie abgebildet werden. Wir erleben das Ereignis auf der Haut des anderen; er ist der Resonanzkörper unseres Empfindens. Ohne ein Mitempfinden mit der Königin beziehungsweise eine Konstruktion der Königin gibt es keine Narration. Das Ereignis der Narration, der Moment zwischen dem Vorher und Nachher, ist der Moment der Affizierung dieser als Person verdichteten Perspektive. Dies beschreibt Aristoteles als eine Schere: Ein Mensch hat einen Plan von der Zukunft, eine Logik, die jedoch von anderen Ereignissen, die ihrerseits »folgerichtig« und logisch eintreten, durchschnitten wird. Die Aristotelische Schere ist insofern eine, vielleicht die Grundform narrativer Andersheit, da sich in ihr ein Charakter der eigenen Andersartigkeit ausgesetzt sieht, so dass der Charakter aufhört, Form zu haben. Die Alterität, die wir in der narrativen Theorie beschrieben haben, erfasst den Charakter.

e) In dieser Affizierung der als Körper gedachten Perspektive ist der Zuschauer impliziert, denn er war es, der diese Perspektive aufbaute, dem Charakter Zuversicht gab, und ihn damit in das Fiasko hineintrieb. Die Mitschuld des Zuschauers ist Ursache seiner emotionalen Erregung. Er durchläuft widersprüchliche Empfindungen etwa vom Mitleid bis zur Freude und von dem eigenen Schuldgefühl bis zum Schuldvorwurf gegenüber dem Charakter.

f) Dieses Zerfallen des Charakters impliziert den Zuschauer, aber es nötigt ihn auch zur Distanz, ermöglicht Distanz. Der Zuschauer kann dieses Miterrichten einer Logik und das Mitempfinden wieder blockieren, tut es in der Regel wohl auch, um seiner Mitschuld zu entgehen. Entsprechend ist die Form der tragischen Narration die Kulmination des Narrativen: Empathieeinladung und Empathieblockade gehen Hand in Hand, sind strukturell eins. Der Zuschauer darf daher einerseits Empathie leben und entgeht andererseits der Gefahr des Selbstverlusts wie der an den Mast gefesselte Odysseus.

Eine Vielzahl von Charakteren der Literaturgeschichte weist eine Struktur auf, die sie auf ein derartiges narratives Schema beziehen. Ganz unsystematisch sei hier erinnert an: Noah, Oedipus, Orest, Iphigenie, Paulus, Augustinus, viele Helden Boccaccios, Shakespeares Hamlet, Macbeth und Romeo & Julia, Emilia Galotti, insgesamt die Helden und Heldinnen fast aller Tragödien und Trauerspiele, im Deutschen besonders von Schiller, Richardsons Heldinnen wie Clarissa und Pamela, Wilhelm Meister, Medardus aus den *Elexieren des Teufels*, Madame Bovary, der grüne Heinrich, Effi Briest, die Situationen und Personen der meisten Detektivgeschichten, Fassbinders Maria Braun, Marcello aus *Dolce Vita*, *Terminator II* sowie die Mehrzahl der Horror-Filme.

Nun ist es Zeit, diese Befunde umzustülpen und ausgehend von Fragen der Empathie zur Narration zurückzukommen.

6. Empathie als Parteinahme in Dreierszenen

Die Mehrzahl der Theorien der Empathie, die wir in den ersten drei Kapiteln dieses Buches beschrieben und diskutiert haben, geht von einer Zweierszene aus: Ein Beobachter registriert das Verhalten und die Emotionen eines anderen »als wäre er selbst der Handelnde«. Dies stimmt sicherlich für die Aktivität der Spiegelneuronen (Kapitel 1) und die Theory of Mind (Kapitel 2). Nur im dritten Kapitel zur Beobachtung des anderen in Situationen der Machtdifferenz hat uns eine Überlegung dazu geführt, die mögliche Beteiligung eines Dritten zu erwägen. In allen diesen Theorien geht Empathie fast vollständig in Beobachtung auf. Empathie wird als eine besonders genaue Beobachtung dargestellt, die auch die Intentionen und Emotionen des anderen aufnimmt. Die Beobachtungen werden dabei, so die Theorien, entweder im eigenen neuronalen Erleben kopiert beziehungsweise parallel zur Handlung mental mitvollzogen (Spiegelneuronen, siehe Kapitel 1), zu einem funktionalen, berechenbaren Ganzen der Person zusammengefügt (Theory of Mind, siehe Kapitel 2) oder als Spurensuche der Schwachstellen des anderen ausgelegt (Stockholm-Syndrom, siehe Kapitel 3). Kurz, die herrschende Meinung ist, dass Empathie eine besonders genaue Form der Beobachtung in einer Zweierszene darstellt.

Sicherlich basiert Empathie auf Beobachtung, doch dies heißt nicht, dass Empathie als eine besondere Form der Beobachtung hinreichend gekennzeichnet ist. Und während die Zweierszenen evolutionsbiologisch gesprochen ubiquitär sind und etwa als Infant-Mutter-Beziehung nicht nur für Primaten, sondern für alle Säugetiere prägend sind, zeichnet gerade die Primaten die Möglichkeit zu sozialen Szenen mit 3+ Individuen aus, und es sind eben die Primaten, die anscheinend am empathiefähigsten sind. Womöglich liegt also gerade in den sozialen Szenen der Ursprung einer weiterentwickelten Empathie, oder umgekehrt, soziale Gefüge wurden aufgrund von Empathie überhaupt erst möglich.

Im Folgenden möchte ich vorschlagen, Empathie als eine Form der *Parteinahme in einer Dreierszene* zu beschreiben.[58] Empathie,

---

[58] Auf anderem Wege kommt auch Rüdiger Campe in seiner Kritik der Einfühlung bei Theodor Lipps zu einem dreigliedrigen Modell der Fürsprache, siehe Rüdiger Campe, »An outline for a critical history of *Fürsprache. Synegoria* and advocacy«, in: *Deutsche Vierteljahrsschrift* (2008), S. 355-381.

so die einfache These, kann entstehen, wenn ein Beobachter die nicht-harmonische Interaktion von mindestens zwei Individuen beobachtet und mental Partei für eine der beiden Seiten ergreift, ohne aber notwendigerweise in die Handlung einzugreifen. Nicht-harmonisch heißt hier schlicht, dass beide beobachtete Individuen mit unterschiedlichen Interessen aufeinander zukommen. Dies kann in direkten Konflikten der Fall sein wie im Kampf, Streit, Streitgespräch oder in ritualisierten Konflikten wie Wettbewerben oder Gerichtsverhandlungen. Dies kann aber auch in indirekten Konflikten der Fall sein, wie im Falle auseinandergehender Meinungen, wie eine Gruppe sich zu verhalten habe, oder in Popularitätswettbewerben, in Klatsch, politischer Werbung oder erotischem Verhalten. Überhaupt gehören hier auch alle Gruppen und Konstellationen dazu, in denen die Individuen je eine unterschiedliche Rolle innehaben. In der Familie etwa haben die Individuen als Vater, Mutter, Kind 1, Kind 2, Kind 3 je eine verschiedene Verhaltensnische inne, die unausweichlich Konflikte produziert. Selbst wenn kein offener Streit ausbricht, kann man entsprechend von einem nicht-harmonischen Zustand ausgehen (selbst in den glücklichen Familien, die ich allen herzlich wünsche).

Narrative Fiktion als Ganzes ist sicherlich durch derartige nicht-harmonische Interaktionen gekennzeichnet, die von einem Dritten (Leser, Zuschauer) registriert und beobachtet werden.[59] William Flesch hat in diesem Sinne kürzlich vorgeschlagen, dass unser Interesse an Fiktion im Kern ein Interesse an der Beobachtung, dem Lob und der Bestrafung der fiktionalen Charaktere ist. Menschen als soziale Wesen können kooperieren, so Fleschs an der Evolutionsbiologie orientiertes Argument, weil diejenigen, die nicht kooperieren bestraft werden und mit ihnen auch die Nicht-Kooperanden zweiter Ordnung, nämlich diejenigen, die es versäumen, die Nicht-Kooperierenden ihrerseits zu bestrafen. Genaue Beobachtung und

---

59 Zu erwägen ist auch, inwiefern die Grundsituation der Pornographie hierher gehört. Pornographie und Voyeurismus sind sicherlich zentrale Phänomene der Empathie. Und auch in ihnen beobachtet einer zwei andere in ihren erotisch-geschlechtlich differenzierten Rollen. Zu fragen wäre also, ob der Beobachter imaginär die »Partei« einer der beiden Seiten ergreift und so an deren Aktionen partizipiert. Die »Parteinahme« für den einen schließt dabei sicher nicht aus, dass die empathische Aufmerksamkeit abwechselnd von dem einen zum anderen springt. Ebendieses Hin- und Herspringen könnte den Reiz der Beobachtung verstärken.

nicht die naive Identifikation sei daher die allgemeinere Basis von Fiktion.[60] Gegen Fleschs Argument muss man allerdings an die Studien von Robin Dunbar erinnern, die dem negativen Klatsch nur einen sehr kleinen Anteil am Alltagsgespräch einräumen.[61] Ich würde daher vorschlagen, die Hypothese von Flesch insofern zu korrigieren, als der Impetus des Beobachters im positiven Urteil liegt, also der Parteinahme für jemanden (und weniger: gegen den anderen).[62] Der Beobachter von Konflikten und Spannungen tendiert dazu, sich auf die Seite des einen oder anderen zu schlagen, und erst von dieser Position her wird der andere dann sekundär das Objekt des Unwillens.

Literarische und filmische Fiktion antwortet auf diese Suche der Parteinahme durch eine allen Lesern, Hörern und Zuschauern vertraute, fundamentale und dennoch schwer zu analysierende Strukturvorgabe: Es gibt gute und schlechte Charaktere. Im wirklichen Leben, dies ist ebenso offensichtlich, gilt diese Unterscheidung nicht. Selbst den Menschen, die wir nicht mögen, werden wir höchst selten unterstellen, sie seien böse. Diese Kategorie ist für wenige Tyrannen reserviert und selbst dort fraglich. Fiktion aber weist diese Unterscheidung auf, weil, so meine Vermutung, sie der

---

60 Die Argumentation von Fleschs brillianter Studie geht dabei einen Schritt weiter als die meine, insofern Flesch den Altruismus von Gabe und Strafe zur Basis von Gemeinschaft erklärt. Wenn ich im Folgenden »Parteinahme« setze, soll darin der Gedanke des »Eigennutzes« (self-interest) des Parteigängers erhalten bleiben. Etwas vorschnell scheint mir Flesch die Theoreme der »Identifikation« und »Mimesis« (und mit ihnen Empathie) abzutun. Sicherlich teile ich die Bedenken Fleschs, dass »Identifikation« unser Interesse an Fiktion nicht hinreichend erklärt. Dennoch unterschätzt er, meiner Ansicht nach, wie unsere Identifikationen und Parteinahmen unser Urteil und unser Bestreben zu Lob und Tadel unterminieren. Anders gesagt, Flesch unterschätzt in seiner wegweisenden Studie die rhetorische oder empathische Dimension des Literarischen; William Flesch, *Comeuppance. Costly Signaling, Altruistic Punishment, and Other Biological Components of Fiction*, Cambridge und London 2007.
61 Siehe das dritte Kapitel, zweiter Abschnitt.
62 Neben der Arbeit von Flesch sind vor allem zwei neue Arbeiten zu nennen, die das Verhältnis von Urteil und Narration ins Zentrum stellen: James Phelan, *Experiencing Fiction. Judgements, Progressions, and the Rhetorical Theory of Narrative*, Columbus 2007, und Michael Richter, *Das narrative Urteil*. Während für Richter das Urteil letztlich von einer Position oberhalb der Empathie getroffen wird, erwägt auch Phelans vorsichtige Untersuchung, wie Beobachtung, Empathie und Urteil aufeinander Einfluss nehmen.

Aufgabe der Parteinahme des Lesers entgegenkommt. Indem der Leser sich richtig entscheidet, wird sein Urteilsvermögen geehrt.[63] (Es ist wohl auch nicht so, dass nur die modernen Werke dem Leser Schwierigkeiten in den Weg legen.) Doch hier soll nun nicht nur die Rede von Fiktion sein, sondern von einer menschlichen Befähigung.

Parteinahme setzt zunächst voraus, dass der Streit oder Konflikt als solcher registriert wird. Dies beinhaltet, dass die unterschiedlichen Tendenzen der Kontrahenten vom Beobachter erkannt werden. Das Wort der »Tendenz« wird hier gegenüber dem geläufigeren Begriff der »Intention« bevorzugt, da »Intentionen« sich oft auf nicht äußerlich wahrnehmbare Zustände des Glaubens beziehen, während eine »Tendenz« in der Aktion selbst angelegt ist. Um in einer Situation Partei zu ergreifen, muss eine Position bezogen werden, die der einen Tendenz und der einen Partei Priorität über die andere einräumt.

Eine Annahme dieses Modells besteht darin, dass die Entscheidung zur Parteinahme vielfältigen Einflüssen zwischen Rationalität und Rhetorik beziehungsweise zwischen Bewusstsein und Unbewusstem ausgesetzt ist.[64] Bevor man auch nur fragt, nach welchen Kriterien sich der Beobachter positionieren kann, muss unterstrichen werden, *dass* für soziale Wesen die Möglichkeit der Positionierung besteht. Damit ist aber nicht gesagt, dass die Kriterien gegeben sind, nach denen man sich entscheiden könnte. Zumindest scheint es viele Situationen zu geben, in denen die Parteinahme nicht schlicht prädeterminiert ist. Primaten ergreifen nicht automatisch die Partei des dominanten Individuums. Und warum ich für welches meiner Kinder in bestimmten Situationen Partei ergreife, wenn sie sich wieder einmal in den Haaren liegen, ist auch mir nicht so ganz klar. Dieser Raum zur Entscheidung scheint mir von essentieller Bedeutung auch für Empathie zu sein. *Könnte nicht ebenhier die Urszene der Empathie liegen, hier in der Möglichkeit und*

63 Insofern hat Fiktion mit dem zu tun, was Carl Schmitt das Politische nennt; Carl Schmitt, *Der Begriff des Politischen*, Berlin 1932.
64 Zu den zahlreichen Komplikationen von Entscheidungen und Urteilen sei auf die Studie von Leslie Paul Thiele verwiesen, Leslie Paul Thiele, *The Heart of Judgment. Practical Wisdom, Neuroscience, and Narrative*, Cambridge, New York u. a., 2006. Dass Entscheiden und Urteilen in Situationen der Empathie nicht auf unmittelbarer Introspektion beruht, dafür argumentiert Peter Carruthers, »How we know our own minds«.

Notwendigkeit, sich für jemanden zu entscheiden? Empathie wäre dann ein abgeleiteter Akt, eine Konsequenz der Parteinahme. Ich fühle mit dem anderen mit, weil ich mich für ihn entschieden habe.

Auf den ersten und vielleicht auch noch auf den zweiten Blick scheint dies abstrus: Ich habe Mitgefühl, *weil* ich mich für jemanden entschieden und seine Partei ergriffen habe. Man würde wohl erwarten: Ich entscheide mich für jemanden, weil ich Mitgefühl habe. Ein vielen vertrautes Beispiel kann diese These vielleicht plausibilisieren: Sportwettkämpfe. Fussball. Wer ein Spiel beobachtet, dessen Ausgang ihn nicht betrifft, kann durchaus die spielerischen Leistungen würdigen. Doch spannend wird es erst, wenn er oder sie sich für die eine Mannschaft entschieden hat und von nun an mitzittert. Dann erst werden die Ereignisse im Spiel erlebbar, dann erst kann der gekonnte Schuss entweder zur Schrecksekunde oder zum Hoffnungsmoment werden. Auch jedes Foul wird erst dann zum emotionalen Ereignis, weil man entweder den Schmerz des Spielers mitfühlt und den foulenden Gegner verflucht oder aber den am Boden liegenden Spieler als Simulanten abtut.

In den USA, wo während der Abfassung dieser Zeilen der Wahlkampf tobt, sind auch die politischen Wahlkämpfe derart personalisiert, dass dort ähnliche Strukturen zu beobachten sind. Ob »Barack oder Hillary« oder Obama gegen McCain – die Reden und Debatten werden telegen zu Empathie-Ereignissen, *weil* die meisten Amerikaner bereits vorab Partei ergriffen haben. Entsprechend können die verbalen Attacken vom Einzelnen jeweils als Beleidigung, Lüge oder Stimme der Wahrheit zelebriert werden. Die Parteinahme *ermöglicht* auch hier Mitgefühl, Empathie. Es sind daher wohl, wie oft gesagt wird, selten die Argumente, die jemanden zum Wechseln der Partei bewegen, als vielmehr die Momente, die die Struktur der Person derart betreffen, dass jemand als Person Kontur verliert. Entsprechend suchen die politischen Gegner an ihrem Widersacher stets die Momente der Widersprüchlichkeit, Inkonsistenz, Profillosigkeit und Charakterlosigkeit zu betonen, denn wer als Mensch wenig Kontur hat, dessen Partei ergreift man selten. Vermutlich haben, um bei der amerikanischen Wahl zu bleiben, die sogenannten »Flip-Flop«-Angriffe dem Demokraten Kerry 2004 mehr geschadet als alle direkten Kritiken seiner Programmpunkte zusammen.

Wenden wir uns also der Struktur der Parteinahme zu. Da jede

Parteinahme auf einer freien Entscheidung beruht, ist sie schwankend, ungewiss und einer Legitimierung bedürftig. Die Parteinahme setzt durch die hervorgerufene Empathie sekundär Emotionen und Affekte frei, die sie selbst wiederum bestätigen. Insofern kann Empathie als ein Mechanismus der Selbst-Stärkung der Entscheidung betrachtet werden. Je deutlicher ich den Schmerz desjenigen mitfühle, für den ich mich entschieden habe, desto stärker wird meine Wut gegen den Kontrahenten und desto mehr bin ich für denjenigen, für den ich mich bereits entschieden habe. Umgekehrt kann das Leiden des Kontrahenten, gegen den ich mich entschieden habe, negative Empathie auslösen, Schadenfreude etwa. Ich fühle durchaus mit ihm mit, aber eben nicht sympathetisch. Insofern sind Schadenfreude und negative Empathie ebenfalls Mittel zur Legitimierung der eigenen Parteinahme und also zur Verhinderung des Desertierens. Der Sinn der Empathie liegt entsprechend schlicht darin, Parteinahme zu befestigen und geschaffene Bündnisse zu bestätigen. Empathie ist das Medium, in dem sich der schnelle Akt der Parteinahme zeitlich verlängert. Insofern hilft Empathie sicherlich zur Konsolidierung von Familienverbänden (wobei sich Empathie wohl nicht zur Festigung überpersönlicher Institutionen eignet, wie im Ausblick vorgeschlagen wird).

Allerdings gilt sicherlich auch, dass ich mich für jemanden entscheide, weil ich mit ihm mitfühlen *kann*. Empathie ist, so die These, der nachgeordnete Akt, der aber bereits in die Entscheidung zur Parteinahme hineinspielt und also sachlich mit der Parteinahme verbunden ist.

Wie also wählt man bei der Parteinahme aus, sofern man nicht vorab oder quasi automatisch, wie etwa im Falle von Familienzugehörigkeit, mit einer Partei verbunden ist?

Für die Entscheidung steht eine Reihe von Formen zur Verfügung. Es sollen im Folgenden nur die für uns interessantesten herausgegriffen werden.

a) Eine *strategische* Entscheidung kann nach Kriterien des Eigennutzes (*self interest*) getroffen werden. Dies kann, muss aber nicht, dazu führen, dass man sich für den wahrscheinlichen Gewinner eines Konflikts entscheidet, dem man durch Zeichen von Sympathie den Beistand versichert. Geht der Konflikt so aus, wie es zu erwarten war, kann dies unmittelbar positive Folgen für den Parteinehmer haben. Es sei angemerkt, dass eine strategische Entscheidung auch durchaus bewusst für den Schwächeren der Kontrahenten erfolgen kann. Dies kann zwei positive Konsequenzen für den Parteinehmer haben. Erstens kann er vielleicht als einer von wenigen Parteigängern ein entsprechend großes Maß an Dankbarkeit erwarten, wenn »sein« Kandidat gewinnt. Und zweitens kann die Sympathiebekundung (denn für einen anderen ist wahrgenommene Empathie meist: Sympathie) mit dem Schwächeren dem dominanten Gewinner die Freude am Sieg nehmen und zu weniger exzessiven Bestrafungsverhalten dem Unterlegenen gegenüber führen. Derartig können die Stratifikationen in einer Gruppe langfristig gemildert werden und »flacheren« Gesellschaftsordnungen weichen.

Diese strategische Entscheidung grenzt an narrativen Formen, setzt sie aber nicht notwendig voraus. Vor allem die strategische Entscheidung, die Partei des Stärkeren zu ergreifen, kann schlicht habituell erfolgen. Je mehr jedoch die Konsequenzen des Wenn-Dann einen Teil der strategischen Überlegungen des Parteigängers ausmachen, desto narrativer wird seine Entscheidung.

b) Eine *judikative* Entscheidung kann getroffen werden, wenn aufgerechnet wird, welcher der Kontrahenten im Recht ist. Dabei werden Geschehnisse herangezogen, die außerhalb des unmittelbar beobachteten Konflikts liegen und die narrative Formen annehmen. *Weil* einer der Kontrahenten bestimmte Dinge getan hat, so wird hier gefolgert, kann er nur im (Un)Recht sein. Hier kann angenüpft werden an die Überlegungen, dass narrative Formen regelmäßig Anklage und Ausrede implizieren (Abschnitt 1 und 2). Wer das Verhalten von anderen (und sich selbst) bewertet, muss es stets in der einen oder anderen Weise erzählen können. Dies gilt durchaus sowohl für das vormoderne Recht des Auge-um-Auge als auch für die moderne Gerechtigkeit.[65] Im ersten Fall des Auge-um-Auge wird narrativ aufgerechnet, was der eine dem anderen getan hat. Im zweiten Fall der abstrahierten Gerechtigkeit kommen ebenfalls narrative Verfahren ins Spiel, insofern der individuelle Handlungsspielraum (also in etwa der subjektive Tatbestand) ausgelotet wird. Narration entsteht im Spannen von kausalen Brücken, die jemanden belasten oder legitimieren. Legitimiert ist man dabei nicht notwendig vor einem universalen Recht. Man kann auch legitimiert sein, weil man seiner Psyche gemäß handelt, seinen Obsessionen nachgibt, oder pragmatisch das Richtige zu tun scheint.

65 Zu dieser Unterscheidung siehe etwa Rene Girard, *Das Heilige und die Gewalt*.

c) Eine *selbst-reflexive* Entscheidung kann getroffen werden, wenn der Beobachter seine eigene Position der Beobachtung zur Grundlage der Parteinahme erhebt. Dies ist erklärungsbedürftig und verlangt Verständigung darüber, was eigentlich »Beobachtung« ausmacht. Um beobachten zu können, enthält sich der Beobachter der eigenen Aktivität, also des Einschreitens, Mitmachens, Sprechens und so fort.[66] Der Grund für die Enthaltsamkeit kann in Vielem bestehen. Vielleicht ist der Beobachter zu hilflos, um etwa helfend in das Beobachtete einschreiten zu können. Oder er ist faktisch nicht in der Lage zum Einschreiten wie bei der Rezeption eines Berichts oder einer Fiktion, deren Ereignisse ihm nur mitgeteilt werden. Oder er will nicht einschreiten, etwa weil ihm das Beobachtete gefällt. In jedem Fall aber prägt diese freiwillige oder unfreiwillige »aktive Inaktivität« das, was wir Beobachtung nennen. Der Verzicht oder die Unmöglichkeit zur Handlung verweist den Beobachter auf eine Position der Passivität, die wiederum die Aktivität der Beobachtung erst ermöglicht. Diese Position der Passivität, so kann spekuliert werden, *prädisponiert* den Beobachter zur Parteinahme mit den tendenziell passiveren Beobachteten, den Opfern und Leidenden, den Schwächeren oder schlicht den Empfängern von Handlung. (Man denke hier daran, dass im älteren Sprachgebrauch »Leiden« das passive Empfangen einer Handlung heißt.) Weil er selbst den »Akt der Inaktivität« (Beobachtung) ausübt, kann der Beobachter seine strukturelle Ähnlichkeit zum passiveren Aktanden, den er beobachtet, registrieren. Zumindest steht zu vermuten, dass der Beobachter durch seine eigene (In)Aktivität der Beobachtung dergestalt bestimmt wird, dass er ähnliche sich zurückhaltende, passive, unterlegene Aktanden bevorzugt beobachtet und ihre Partei ergreift. Diese selbst-reflexive Form der Parteinahme hat dabei durchaus narrative Züge, insofern die Opferrolle des Schwächeren, des *underdog*, erkannt und aufgewertet werden muss.

Hier ist aber zugleich zu ergänzen, dass die Privilegierung des Schwächeren und die Passivität der Beobachtung als Form der Anteilnahme durchaus auch kulturell kodiert sind. In der christlichen Tradition des Westens gibt es sicherlich eine doppelte Tendenz,

---

66 Jackson, Brunet, Meltzoff und Decety, »Empathy examined through the neural mechanisms involved in imagining how I feel versus how you feel pain«, in: *Neuropsychologia* 44 (2006), S. 752-761.

die dem oben gesagten entspricht: Christliche Kunst fordert Kontemplation, also aktive Inaktivität vor dem Werk, und christliche Religion privilegiert zugleich Mitleid und Passivität (»wer deine Linke schlägt, dem biete auch die Rechte«). Zentrale Identifikationsfiguren im christlichen Kunst-Religions-Komplex sind seit zwei Jahrtausenden der leidende Christus, die gefolterten Märtyrer und die stille(nde) Maria. Doch andere Kulte wie die prä-hellenischen kannten wohl diese Kultur der Beobachtung und Kontemplation nicht. Wer einem Kult beiwohnt, ist Teilnehmer. Und die Werke dieser Kunst sind offensichtlich anders als die späteren christlichen nicht auf das Primat der Leidensfigur bezogen, es sind Heldenverehrungen. Die Schwächeren, Unterlegenen werden in den Bildern herabgesetzt. Erst im Hellenismus kommt es dazu, dass sowohl triumphierende als auch leidende Figuren zum Hauptgegenstand der Kunst werden. Anders gesagt, erst in der Kulturform der kontemplativen Beobachtung wird diese Form der Passivität und des Mitleidens zentral.

Bisher sind wir davon ausgegangen, dass der Akt der Parteinahme Primat vor der Empathie besitzt. Wer sich in der Parteinahme für jemanden entscheidet, erlernt in Folge Empathie, *weil* er sich für den anderen entschieden hat. Doch wie wir gesehen haben, ist Parteinahme labil, anfällig für diverse Einflüsse und Formen. Daher kann nun auch vermutet werden, dass man mit größerer Wahrscheinlichkeit die Partei dessen ergreift, mit dem man Empathie haben kann. Der Sympathie der Parteinahme wird durch die Empathie der Weg gewiesen.[67] Empathie bewirkt, dass die konkrete Entscheidung, die im Akt der Parteinahme enthalten ist, suggestiv ausgehebelt wird. Doch wie ist eine solche Rückkoppelung, die den Einfluss der Empathie auf die vorgängige Parteinahme erlaubt, möglich? Wie wir sehen werden, kommen hier narrative Elemente ins Spiel.[68]

[67] Douglas Chismar unterscheidet Empathie und Sympathie wie folgt: »Im Falle der Empathie scheint die Vertrautheit mit dem Empfänger und seiner Situation das zentrale Paradigma zu sein, während im Falle der Sympathie die Zustimmung mit dem Empfänger, das Mögen von ihm und wofür er steht, das Vorliegen von geteilten Anliegen die wichtigen Variablen zu sein scheinen«; Douglas Chismar, »Empathy and sympathy«, S. 60-261 (Übersetzung F.B.).

[68] Für diese Thesen und den Zusammenhang von Urteil (wie in der Entscheidung zur Parteinahme) und Narration im Allgemeinen, vgl. Leslie Paul Thiele, *The Heart of Judgment*.

Zunächst kann festgestellt werden, dass es für die Parteien eines Konflikts vorteilhaft sein kann, mögliche Beobachter auf ihre Seite zu ziehen. Immerhin können Beobachter einschreiten, sich zu Richtern erheben oder später zum Geschehen befragt werden. Die Agierenden in einem Konflikt handeln entsprechend wohl regelmäßig so, dass ihr Verhalten einen Beobachter für sie gewinnen könnte. Sie streiten »fair« und geben sich Mühe, überzeugend, heldenhaft, ehrlich, vertrauenerweckend und so fort aufzutreten. Überhaupt ist die Vorstellung, dass Empathie ein Akt allein des Beobachters ist, aus der Perspektive der narrativen Empathie naiv. Die Streitenden sind nicht blind gegen die Möglichkeit der Beobachtung durch Dritte. Mit zunehmendem narrativem Bewusstsein beobachten sie sich ja auch selbst verschärft. Insofern sind sie nicht ganz unterschieden von den Charakteren in Fiktionen, die ja nur aus Sicht eines Dritten, dem Leser / Zuschauer, als Charaktere existieren. Und dabei ziehen narrative Strategien in das Verhalten der Individuen im Konflikt ein, die es den Beobachtern erleichtern, das Schicksal des Handelnden zu narrativieren und dadurch Empathie mit ihnen zu entwickeln und damit wiederum endlich ihre Partei zu ergreifen.

Entsprechend dürfte der Einfluss von Empathie auf Parteinahmen auch evolutionär relevant sein. Wenn bestimmtes Verhalten eines Individuums bei anderen (positive) Empathie induziert, dann wird dieses Verhalten gefördert, weil es (häufig, wenn auch nicht notwendig) günstige Parteinahme nach sich zieht. Es kann also, evolutionär gesprochen, vorteilhaft sein, sich selbst als lesbar zu präsentieren (vor allem in Situationen, die mitleids- und sympathierelevant sind). Ob dies allerdings ein die Evolution antreibender Faktor ist oder nur ein günstiger Nebeneffekt, kann hier nicht entschieden werden. Einladungen zur Empathie sind insofern Versuche, die Parteinahme zu manipulieren, denn Empathie hebelt den Entscheidungsprozess aus und nistet sich an seiner Stelle an.

Auch Emotionen spielen hier eine große Rolle. Emotionen (verstanden als nach außen gezeigte Gefühle) bieten dem Beobachter einen Einstieg zum Verstehen und Mitfühlen. Insofern sind Emotionen mediale Angebote zum Verstehen der subjektiven Perspektive eines anderen, denn sie verleihen dem Innenleben eines anderen Wahrnehmbarkeit und Bedeutsamkeit. Emotionen haben entsprechend einen Authentizitätseffekt, der wohl darauf zurückzuführen ist, *dass* das Innenleben einer Person sichtbar zu werden scheint. Und daher sind Emotionen auch ein derart wichtiges Vehikel, Empathie bei anderen zu erwecken. Man darf sich zumindest fragen, ob hier, in dieser persuasiven Wirkung, nicht auch der Ursprung der Emotionen, also des Zeigens von Gefühlen, liegt.

Zum Erwecken von Empathie förderlich sind neben den Emotionen etwa die Verständlichkeit (Kapitel 1), Berechenbarkeit (Kapitel 2) und das Faszinosum der Macht (Kapitel 3). Ein berechenbarer Charakter, besonders wenn er sich als emotional affizierbar erweist, kann Empathie erregen, auch wenn er in moralischer und juristischer Hinsicht nicht zur Parteinahme einlädt, und dadurch indirekt doch wieder zum Sympathieträger werden. In Werken der Fiktion wiederum kann der Leser die Position von einem Charakter ergreifen, der ihm eigentlich wenig sympathisch sein dürfte, schlicht weil der Charakter so dargestellt wird, dass Empathie mit ihm möglich wird.

Auch zu den drei genannten Formen der Entscheidung zur Parteinahme (strategisch, judikativ, selbst-reflexiv) gibt es je eine entsprechende Form der Empathie, die der Entscheidung einerseits logisch nachgeordnet ist, die andererseits aber bereits Einfluss auf die Parteinahme selbst ausübt.

Im Fall der strategischen Entscheidung kann Partei mit demjenigen ergriffen werden, der am ehesten geeignet scheint, Verständnis (Empathie) und Sympathie für den Beobachter zu haben (so die Empathie der Reziprozität, siehe Kapitel 3). Empathie wird hier also zum Beobachtungskriterium.

Im Falle der judikativen Entscheidung für den, der Recht zu haben scheint, beinhaltet die Parteinahme in einem gewissen Grad, dass man den anderen zu verstehen glaubt (etwa im Sinne der Theory of Mind, siehe Kapitel 2) und daher beurteilen kann, dass seine Intentionen legitim waren. Mithin wird eher für den (judikativ) Partei ergriffen, der verständlich war (außer natürlich, man versteht die böse Absicht des anderen). Zudem mag es auch gelten, dass die Entscheidung für den einen zur Empathie nötigt. *Weil* Partei mit ihm ergriffen wurde, muss seine Motivation als legitim simuliert und empathisch beschönigt aufgebaut werden.

Empathie prägt auch die selbst-reflexive Parteinahme; die Partei dessen wird ergriffen, der passiv ist, vielleicht als Opfer oder *underdog* qualifiziert, und also Mitleid einwirbt. Diese Tendenz zum Passiven steht scheinbar im Widerspruch zu den Thesen in Kapitel 3, insofern dort Empathie mit dem Mächtigen privilegiert wurde. Doch auch in Fällen des Stockholm-Syndroms hatten wir vorgeschlagen, dass der Geiselnehmer nicht zuletzt deshalb zum Empathieempfänger werden kann, weil er gegenüber den staatlichen Ordnungsmächten wiederum der Schwächere ist. Wenn man diese Vermutung anstellt, wird die Geisel zum parteinehmenden Beobachter des Konflikts zwischen Geiselnehmer und Polizei; die Geisel entscheidet dann entsprechend der selbst-reflexiven Form der Empathie und empathisiert mit demjenigen, der die entsprechende Position wie sie selbst innehat. Empathieempfangsfähigkeit wird auch hier zum Selektionskriterium der Parteinahme.

Parteinahme ist ein zentrales soziales Phänomen, und entsprechend wichtig ist es für Gruppen und Individuen, wie die Parteinahmen ausfallen. Entsprechend könnte es nicht allzu verwunderlich sein, wenn Empathie ein Prozess ist, den die potentiellen Empathieempfänger zu steuern versuchen.

Für ein Individuum sind die evolutionären Vorteile dieser Empathieerregung schwer einzuschätzen. Zwar stimmt es, dass ein Individuum, mit dem man Empathie haben kann, eher Parteinahme auf sich zieht. Aber man muss dann auch davon ausgehen, dass entsprechend alle Konkurrenten ihrerseits ihre Empathiewürdigkeit steigern, so dass es zu einem Wettrüsten von Empathieempfänglichkeit kommt. Doch es kann vermutet werden, dass der Evolutionsvorteil der Gruppe erheblich ist. Gruppen, in denen es zur Parteinahme in Dreierszenen kommt, besitzen das Potential, Konflikte weniger blutig zu entscheiden, indem dem Kollektiv als Ganzes die Aufgabe übertragen wird, sie zu entschärfen. Die Ereignisse, die eine Gruppe spalten könnten, etwa wenn zwei Familienoberhäupte sich streiten, könnten zu einem die Gruppe befestigenden Moment werden, insofern alle zum Richter werden. Und in den Streitigkeiten werden »fairere«, »ehrlichere« oder »normgerechtere« Streitformen gefördert, das heißt natürlich solche Streitformen, die im Modus der Narrativität im günstigeren Licht erscheinen. Man darf vermuten, dass diese Verhaltensformen im Allgemeinen der Befestigung der Gruppe dienen. Hier dürfte denn auch der evolutionäre Vorteil für die Gruppe liegen: Sie kann größer werden, ohne auseinanderzufallen, und damit mit anderen Gruppen besser konkurrieren (siehe zu diesem Argument das dritte Kapitel mit der Diskussion der Studien von Robin Dunbar). Dass latente Hass- und Konkurrenzgefühle in der Großgruppe damit nicht ausgeschlossen werden, sondern vermutlich gefördert werden, ist zugleich zu betonen. Empathie stärkt die Gruppe trotz und mittels der negativen Gefühle, die es in ihr gibt.

Es bedarf nicht übermäßig viel Vorstellungskraft, wenn man vermutet, dass hier der Ursprung des Konzepts der Gerechtigkeit zu suchen ist. Eine Vorstellung von »Gerechtigkeit« kann notwendig werden, wenn Beobachter versuchen, ihre Parteinahme in einem Konflikt retrospektiv vor sich und anderen zu legitimieren. Je stärker sich diese »Gerechtigkeit« dabei von dem individuellen Gusto des Beobachters entfernt, als desto persuasiver kann sie sich letztlich erweisen und als desto stabilisierender für die Gruppe.

Evidenz für dieses Modell der Empathie als Parteinahme in einer Dreierszene gibt es neben den genannten Indizien wie dem Sportwettkampf, den Überlegungen zur Evolution von sozialer Intelligenz und natürlich der Soziologie von Gruppen in dem Faktum, dass Menschen Fiktionen erzeugen. Die Existenz von (durch Menschen erzeugte) Fiktionen ist sicherlich eines der nach wie vor aufschlussreichsten Indizien für das Verständnis der Vorgänge im Gehirn, wenn es um Phänomene wie Empathie, Gedankenlesen und Mitleid geht. Fiktionen können insofern als Kristallisationen der mentalen Fähigkeiten der Empathie verstanden werden: Die bevorzugten Situationen von Fiktion dürften diejenigen sein, die dem empathischen Vermögen am genauesten entgegenkommen. Das Sonderbare ist ja, dass für uns die Charaktere der Fiktionen lebendig werden, auch wenn sie nur »durch wenige Striche« gezeichnet und durch wenige Handlungen gekennzeichnet werden. Anscheinend sind für unser Vorstellungsvermögen diese wenigen Striche und Kennzeichen ausreichend, um einen kompletten Charakter mit einer Intention hinzuzudichten. Dies gelingt, so mein Vorschlag, weil wir nicht eigentlich den Charakter, sondern seine Handlungen in spezifischen Situationen vorhersagen. Und eben auf diese Vorhersagen sind unsere kognitiven Kräfte programmiert (vgl. Kapitel 1).

Die Grundsituation der Fiktion entspricht dabei der genannten Dreiersituation, insofern die für den Zuschauer/Leser reservierte Rolle eines Dritten darin besteht, imaginär Partei für einen der Charaktere zu ergreifen. Narration ohne die Minimalkonstellation von drei Positionen, also dem Leser/Zuschauer und mindestens zwei anderen, ist die seltene Ausnahme.[69] Der Akt des Lesers/Zuschauers ist nicht nur eine Beobachtung, sondern darüber hinausgehend eine Form des Hervorbringens und der Entscheidung. Der Leser/Zuschauer leistet zweierlei: Er spannt die kausale Verknüpfung zwischen den einzelnen Begebenheiten oder er unterminiert die vorliegenden Erklärungen durch alternative Projektionen und erzeugt dadurch erst das narrative Ereignis. Und er entscheidet in diesem Brückenschlag, wessen Position er ergreift.[70] Die Parteinahme und der narrative Brückenbau sind entsprechend funktional miteinander verknüpfte Akte.

(Man kann solcherart auch für den »Bösewicht« Partei ergreifen, und auch diese Entscheidung kann durch narrative Empathie legitimiert werden. Die Legitimation kann etwa aus der Spannung, ob er erwischt wird, ein Mitzittern mit ihm hervorbringen, ein Mitleiden also. Auch der Bösewicht wird zum Menschen, wenn er aufs Schafott kommt, so warnte schon Adam Smith. Legitimation für die Parteinahme kann auch, wider moralisches Empfinden, daraus hervorgehen, dass der Bösewicht der interessantere, coolere Charakter ist, der etwa das tut oder ausspricht, was niemand sonst sich traut.)

7. Parteinahme versus »Identifikation«

An dieser Stelle ist es hilfreich, sich über die Differenz des hier vorgeschlagenen Modells der Parteinahme zur Identifikation zu verständigen. Identifikation beinhaltet die imaginäre Verschmelzung der Perspektiven von Beobachter und Beobachtetem bis hin zur vollständigen Ersetzung des einen durch den anderen. Identifikati-

---

69 Und in den Ausnahmefällen von radikal monologischen Texten haben wir es mit komplexen Texten zu tun, die in der Regel doch in einen Plural von Positionen münden. Etwa befindet sich die monologische Person im Konflikt mit sich selbst und steht zwischen einer früheren und einer jetzigen Identität. Dies gilt auch für die Tragödie, die Aristoteles zugrunde legt. Ödipus' Planen wird durchkreuzt von einer anderen Logik, die wiederum auf andere Handelnde, andere zu Personen verdichtete Logiken, inklusive der Götter, zurückgeht. Wie wir oben diskutiert haben, ist es das Auseinanderfallen von Ödipus, welches den Zuschauer zum Mitgefühl und zur Parteinahme bewegt.
70 Die primäre Funktion des Beurteilens hebt auch William Flesch hervor, siehe William Flesch, *Comeuppance*.

on ist tendenziell total und situationsunabhängig, während Parteinahme an die eine Situation des Konflikts gebunden bleibt. Bereits im nächsten Konflikt kann man die Partei eines anderen ergreifen.

Die Theorie der Identifikation beruht auf dem Vorurteil, dass wir etwas wie »ein Ich« besitzen, welches unsere Identität ausmacht. Wenn die Identität eines anderen wirklich in einem solchen Ich besteht, dann kann man den anderen nur von seinem Ich her (emotional, kognitiv oder rational) verstehen – statt von seiner konkreten Situation her, in der er sich befindet. Doch ein solches Ich ist ein eher kulturell determiniertes Konstrukt, dessen Erfindung auf die Epoche des späten achtzehnten Jahrhunderts datiert ist und welches sich in zahlreichen Praktiken verdichtet hat, die dieses Ich beweisen sollen.[71] Im ersten Kapitel hatten wir gegen diese Vorstellung einer substantiellen Identität kritisch eine Theorie der Unterbrechung gehalten, der zufolge ein »Ich« nicht mehr sei als der Effekt einer Aufspaltung eines unbestimmten »Wir«. Wenn wir also ein substantielles Ich als Basis der individuellen Identität in Frage stellen, dann wird auch die Vorstellung der »Identifikation« als einer Verschmelzung à la Theodor Lipps problematisch.[72]

Und noch in einer zweiten Hinsicht dürfte die Vorstellung einer Identifikation oder intimen Zweierbeziehung als Kernstruktur von Empathie ein eher kulturell-historisch determiniertes Vorurteil sein. Historisch parallel mit der Ideologie des Ich hat sich in der kontinental-europäischen Kultur die Kernfamilie von Vater-Mutter-Kind durchgesetzt.[73] Diese Kern- oder Kleinfamilie löst die größeren Familienverbände ab, die neben Verwandten unterschiedlichen Grades auch das Gesinde mit in den Haushalt integrierte. Von den Ideologen der Kernfamilie wie Rousseau und Pestalozzi wurde die Beziehung von Mutter und Kind ins Zentrum gestellt und als die Matrix der Persönlichkeitsbildung entdeckt.[74] Rousseaus *Emile* ist nicht nur einer der ersten Texte, die von einem (substantivierten) Ich, *le moi*, sprechen, sondern zudem eine Streitschrift gegen die Ammen als Ersatzmütter: Nur die echte Mutter sei dem Kind an-

---

71 Vgl. Fritz Breithaupt, *Der Ich-Effekt des Geldes*.
72 Vgl. zur Kritik auch Rüdiger Campe, »An outline for a critical history of *Fürsprache*«.
73 Albrecht Koschorke, *Die heilige Familie*, Frankfurt am Main 2000.
74 Vgl. zur Ideologie der Kernfamilie etwa Friedrich Kittler, *Dichter, Mutter, Kind*, und Niklas Luhmann, *Liebe als Passion*.

gemessen. Das Band von Mutter und Kind wird später bekanntlich die Grundlage der Freudschen Psychoanalyse und, so kann man diese Historie verlängern, auch zur Urszene von Empathie erhoben. In dem Band von Mutter und Kind, so die Annahme, wird die Einfühlung in den anderen zum ersten Mal nötig und möglich. Entsprechend sind viele Theorien der Empathie an dem Modell der Mutter-Kind-Beziehung modelliert, teilweise sicherlich durchaus mit sachlichem Recht, teilweise wohl aber auch schlicht aufgrund kultureller Muster.

Nun ist die ungeheure Bedeutsamkeit der Mutter-Kind-Beziehung keineswegs abzustreiten und auch nicht, dass Empathie eine durchaus wichtige Rolle in der mütterlichen Pflege ausmachen kann.[75] Allerdings scheinen zahlreiche Lebewesen, die sehr ausgeprägte Pflegeverhalten aufweisen, wie etwa Stichlinge, dazu nicht unbedingt Empathie zu benötigen. Zudem ist die Mutter-Kind- oder Eltern-Kind-Empathie in der Regel beschränkt auf die unmittelbaren Bedürfnisse wie Ernährung und auf direkte Bedrohungen und Gefahren. Komplexere Intentionen der Jungtiere müssen die Eltern in der Regel nicht verstehen beziehungsweise reduzieren sie auf die ihnen vertrauten Bedürfnisse.[76] (Vielleicht rächen die Kinder sich in den Teenager-Jahren dann damit, dass sie ihr generelles Verkannt-Sein ins Zentrum der Eltern-Kind-Kommunikation stellen; aber das habe ich bisher nicht selbst erlebt und sollte daher nicht mutmaßen.)

Wenn man die Familie der Empathie als Matrix zugrunde legen will, dann scheint es mir angebrachter zu sein, die Empathie des Kindes gegenüber den Eltern zum Ausgang der Überlegungen zu

---

75 Vgl. Stephanie D. Preston und Frans de Waal, »Empathy«, S. 8-9, und Marco Iacoboni, *Mirroring people*, S. 134-135, zitiert oben in Kapitel 1, Abschnitt 6.

76 Sigmund Freud hat einen komplexeren Identifikationsbegriff ins Feld geführt. Für ihn ist Identifikation geprägt durch den Wunsch der Aneignung bestimmter Qualitäten oder Besitztümer des anderen bei gleichzeitigem Wunsch seiner »Beseitigung« (Sigmund Freud, »Dostojewski und die Vatertötung« in: ders., *Gesammelte Werke*, Band 14, Frankfurt am Main 1999, S. 397-418) oder Bestrafung (*Traumdeutung*). Freuds Theorie impliziert dabei bereits eine Dualität des anderen und seiner Position, also als Mensch und etwa als Besitzer, denn um die Position des anderen besetzen zu können, muss dieser selbst beseitigt werden. Hier beginnt das dyadische Modell eines Theodor Lipps einer komplexeren triadischen Konstellation zu weichen.

wählen. Eine nicht zu unterschätzende Leistung des Kindes besteht darin, bevor es die Eltern »versteht«, sich zwischen ihnen zu entscheiden und je einen Favoriten zu wählen. Diese Entscheidung scheint mir dabei, anders als Freud es vorschlägt, nicht so sehr eine permanente Orientierung darzustellen, sondern je eine spontane Allianz zu erzeugen, die schnell wechseln kann. Wie etwa mein zweijähriger Sohn dabei jeweils zu seiner Entscheidung für meine Frau oder für mich kommt und entsprechend gegen den anderen, ist mir ein Rätsel. Aber daran, dass die Parteinahme je mit großen Erwartungen verbunden ist, lässt er keinen Zweifel. Es scheint sogar, als wären diese Erwartungen aus seiner Sicht geradezu eine Belohnung für seine Parteinahme. Weil er (diesmal) für mich war, darf (und muss) ich jetzt sofort laut singend mit ihm im Huckepack ums Haus rennen (ein zweifelhaftes Vergnügen). Identifikation ist dies, glaube ich, nicht. Eher wird in diesen kindlichen Techniken der Favorisierung Parteinahme eingeübt, der emotionales Verstehen folgen kann.

Im Hinblick auf das, was eine Narration ausmacht, ist eine »Identifikation« als Einswerdung, Horizontverschmelzung oder imaginäre Annahme der Identität eines anderen vielleicht nicht notwendig (allerdings möglich). Notwendig ist allein, dass der Horizont des anderen, seine Intention verständlich wird (im Sinne der Theory of Mind, siehe Kapitel 2). Aus diesem Grund ist auch die Betonung des »Mitleids« in der *Poetik* des Aristoteles hinreichend, ein Mitleid welches aus dem Durchkreuzen der intendierten Trajektionslinie resultiert. Mehr bedarf die Tragödie nicht und mehr bedarf auch die Narration nicht, was nicht heißt, dass es nicht zu Effekten der Identifikation kommen kann.

Parteinahme ist allerdings notwendig. Ständen sich die Kontrahenten in der Tragödie einfach gegenüber, ohne dass die Zuschauer für die eine Seite (oder auch beide) Partei ergriffen, wäre das Schauspiel schal und leer. Es erginge diesen Zuschauern wie den Zuschauern bei einem Sportwettkampf, der sie nicht betrifft. Nur die Fans können Ereignisse wie »Ballverlust« aus der Sicht ihrer Helden als gravierende Kehrtwende wahrnehmen.

Auch der Doppeltod von König und Königin kann keine Narration werden, wenn nicht eine gewisse Anteilnahme vorliegt. Das Leiden der Königin erlaubt uns (etwa aufgrund der selbst-reflexiven Form der Parteinahme, weil wir in ihrem passiven Erleiden die Passivität unserer Beobachtung widergespiegelt sehen) die Parteinahme für sie. Ist dazu jedoch Identifikation notwendig?

Auch die neuronalen Befunde zeigen, dass es zwar eine Überlappung zwischen Fremd- und Eigenwahrnehmung gibt, dass aber zugleich signifikante Differenzen bestehen. Eine Reihe von Experimenten belegt, dass bei der Vorstellung von eigenem und fremdem Schmerz der eigene Schmerz schneller und stärker imaginiert wird.[77] Testpersonen werden dazu aufgefordert, sich eine bestimmte schmerzhafte Situation für sich oder für einen anderen vorzustellen, und den Schmerz auf einer Skala von 1-10 zu bewerten. Die Bewertung des Schmerzes eines anderen fällt dabei durchschnittlich deutlich geringer aus als die des eigenen. In dem Einnehmen der Perspektive eines anderen wird anscheinend zugleich eine Unterscheidung von Selbst und anderem aktiviert, auch dort, wo zum Teil die gleichen Mechanismen im Gehirn zur Schmerzerfahrung oder dem Verarbeiten von Bewegung und Emotionen aktiviert werden.[78] Selbstverlust wird verhindert.

Identifikation als eine imaginäre Einswerdung mit Helden in Fiktionen oder der Anähnelung mit einem Helden in der Wirklichkeit oder einer Imitatio Christi mündet im Selbstverlust. Anscheinend lässt unser Vorstellungsvermögen diesen Exzess zu. Allerdings wird dieser Exzess durch Mechanismen aufgefangen, die nicht aus der Identifikation hervorgehen, wie dem Mechanismus des Rückrufs zu sich selbst und der Differenzierung von ich und anderem. Diese Mechanismen können als Elemente der Parteinahme und der empathischen Parteinahme gedacht werden. Es scheint mir entsprechend plausibler zu sein, diesen in sich balancierten Mechanismus der empathischen Parteinahme als die Grundform anzusehen und die Identifikation als Radikalisierung nur eines Aspekts bei gleichzeitiger Ausschaltung der anderen Aspekte zu begreifen.

---

77 Vgl. Philip L. Jackson, Eric Brunet, Andrew N. Meltzoff und Jean Decety, »Empathy examined through the neural mechanisms involved in imagining how I feel versus how you feel pain«, sowie Philip L. Jackson und Jean Decety, »Motor cognition. A new paradigm to study self-other interactions«, in: *Current Opinion in Neurobiology* 14 (2004), S. 259-263.
78 Siehe hierzu die Diskussion des »Perception Action Models« im ersten Kapitel. Das »PAM« besteht aus der Annahme, dass die gleichen neuronalen Fakultäten bei der Wahrnehmung und der Exekution einer Handlung aktiviert werden.

8. Narrative Empathie

Nun liegen alle Fäden in unserer Hand, um die Frage des Narrativen, der Parteinahme in Dreiersituationen und der Empathie-Blockade zusammenzuführen. Dies wird uns auch endlich zu einer Definition von narrativer Empathie führen.

Zunächst können wir die in der Einleitung angesprochene Hypothese der Blockade-Mechanismen der Empathie konkretisieren. Die Mechanismen der Narration sind darauf ausgerichtet, partielle Empathie-Blockaden zu errichten und die Ausnahmesituationen zu schaffen, unter denen die Blockade umgangen werden kann. Blockiert wird Empathie stets dort, wo der Beobachter keinen Spielraum zur Beteiligung hat. Wo alles gegeben ist, wo keine zeitliche Entwicklung vorliegt, wo keine Vorhersage (»predictability«) möglich ist, wo eine temporal-kausale Kette allzu offensichtlich ist, kein Konflikt zur Entscheidung drängt und keine Alternative zulässt, dort gibt es keine Empathie. Auch der körperliche Schmerz des anderen führt nur zur Beteiligung, wenn es ein erkennbar zeitlicher Schmerz ist, ein Schmerz also, der an ein Ereignis gebunden ist, der narrativierbar ist. Doch selbst wenn Empathie zugelassen wird, schafft Narration die Bedingungen, unter denen Empathie wieder aufgehoben wird. Katharsis ist Höhepunkt *und* Reinigung der Erregung. Narration mit Anfang, Mitte und Ende zieht einen Schlussstrich auch für die Empathie.

Ebendieser Struktur der narrativen Beteiligung an einem anderen entspricht auch die der Parteinahme in einer Dreierszene wie nun hervortritt. In dem Zusammenspiel von Narration und Parteinahme in Dreierszenen können wir auch das Wesen der narrativen Empathie erkennen.

Narration und Parteinahme in Dreierszenen bedingen einander. Narration – zumindest in dem spezifischen Sinne der obigen Ausführungen – impliziert Parteinahme. Dies bedeutet, dass der Hörer sich für den einen (und nicht den anderen) Charakter entscheiden muss.[79] Der Charakter verdichtet sich für den Leser/Hörer/Zuschauer/Erzähler zu Leib und Psyche und wird ihm dabei zum

---

79 Natürlich kann der Hörer in dialogischen Situationen schnell von einem zum anderen springen, doch auch hier kann er sich in jedem Moment stets nur für einen entscheiden.

Resonanzkörper des Erlebens. Durch diese Wahl einer Perspektive wird der Hörer aus dem Zustand der Nicht-Beteiligung in einen konkreten Erfahrungsraum mit bestimmten Entscheidungsmöglichkeiten gezogen. Insofern setzt Narration den Akt der Entscheidung für den einen, also die Parteinahme voraus.

Die Narrationstheorie stellt für diese Parteinahme den Namen »Fokalisierung« bereit. Doch wie bereits oben kurz angedeutet wurde, ist diese glatte Namensgebung irreführend. Eigentlich nämlich ist die sogenannte »Fokalisierung« ein dem Narrativen fremdes Element. Körper und Psyche gehören anderen Dimensionen an als der des Narrativen (die Elemente des Narrativen sind, ganz im Sinne David Hermans, Satzfügungen und inhärentes Wissen; oder, mit Roland Barthes gesprochen, die fünf Codes[80]). In der »Fokalisierung« ist ein narrationsfremdes Element enthalten – ohne dass aber Narration nicht zu denken ist.[81] Die Konsequenz daraus sollte, meines Erachtens, nicht sein, diese »Fokalisierung« heimlich dem Narrativen zuzuschlagen. Damit macht sich das Gerede vom Narrativen der theoretischen Unschärfe schuldig, wie es etwa Galen Strawson attestiert.[82] Stattdessen halte ich es für angemessener, die in sich unabgeschlossene Form des Narrativen zu konstatieren. Damit eine Narration als Narration zustande kommen kann, muss jemand die Vogelperspektive aufgeben und Partei ergreifen. Erst wenn und weil der Leser / Hörer / Erzähler sich für den einen und nicht den anderen entschieden hat, nimmt er Anteil, konstruiert dessen Geschichte, narrativiert. Was dem rein Narrativen fehlt, ist ebendieser menschliche Akt der Parteinahme.

Das Entsprechende gilt auch für die Struktur der Parteinahme in Dreierszenen. Auch die Parteinahme ist tendenziell auf ein ihr fremdes Element verwiesen. Parteinahme ist ein einmaliger Akt, der schnell zu einem Ende kommt. Im nächsten Moment kann man sich anders entscheiden. Man kann dies an sich selbst beobachten, wenn man seine empathische Aufmerksamkeit in größeren Gruppen dabei verfolgt, wie sie von einem zum anderen springt. Damit die Parteinahme sich verfestigen kann, bedarf sie einer Bestätigung

---

80 Roland Barthes, *S/Z*, Frankfurt am Main 1976.
81 Ähnlich argumentiert auch Merleau-Ponty, dass der Akt des Urteilens der Wahrnehmung fremd bleibe, vgl. Maurice Merleau-Ponty, *Die Phänomenologie der Wahrnehmung*, Berlin 1965, S. 47-59.
82 Galen Strawson, »Against narrativity«, in: *Ratio* 17.4 (2004), S. 428-452.

und Legitimierung. Die am besten legitimierbare Entscheidung zur Parteinahme setzt sich tendenziell durch (sofern man annimmt, dass äußere Faktoren eliminiert sind) und bleibt über den Augenblick hinaus bestehen. Dies kann die Parteinahme für denjenigen sein, dessen Geschichte man erzählen kann. Dieses Verstehen / Erzählen impliziert eine temporale Konstruktion. Es geht in derartigen Legitimationen etwa um die narrative Zuordnung von ursächlicher Verschuldung des Konflikts (judikative Parteinahme)[83] oder um narratives Erraten der Konsequenzen des Konflikts und der Parteinahme (strategische Parteinahme) beziehungsweise der Darstellung der einen Seite als Opfer der anderen, des in der jüdisch-christlichen Tradition privilegierten Narrationsmusters (selbst-reflexive Parteinahme). Kurz: Die Narrativierung perpetuiert die Parteinahme, indem sie durch ihre narrative Kette eine logische Struktur schafft, die den einen Konflikt überstehen kann (aber nicht muss). Das Aufrufen von narrativen Registern macht aus der einmaligen Parteinahme einen perpetuierbaren, institutionsbegründenden sozialen Akt.

Narration verlangt Parteinahme – und Parteinahme begünstigt Narration. Dieses symbiotische Zusammenspiel von Narration und Parteinahme in Dreierszenen ist in vielfacher Hinsicht produktiv.

Besonders bemerkenswert ist die gemeinschaftsfördernde Tendenz der narrativen Parteinahme. Parteinahme als spontaner Akt muss wiederholt oder konsolidiert werden. Dies könnten – statt der Narrationen – auch Rituale und Institutionen wie etwa das Lehensverhältnis im Feudalismus leisten. Dort aber ist Parteinahme absolut bindend und also ohne Endpunkt. Wem man mitgegeben ist, dem bleibt man mitgegeben. Die narrative Parteinahme dagegen verlängert den ersten Akt der Parteinahme und ermöglicht zugleich einen Endpunkt. Wenn nämlich ein Konflikt entschieden ist, dann ist derjenige, dessen Partei ergriffen wurde, entweder der Sieger oder der Verlierer. Er wird ein anderer, jemand, mit dem man nicht mehr Parteigänger sein muss. An diesem Punkt kann dann die Partei aufgekündigt und die Perspektive des anderen verlassen werden. Der kathartische Höhepunkt, in dem der Charakter

---

83 Der Beobachter reiht die Elemente der (Vor)Geschichte des Konflikts aneinander, so dass er etwa die anklagenden und entlastenden Handlungen als eine kausale Kette auslegt: »Weil A zuvor x getan hat, ist er Schuld an dem Konflikt. Entsprechend ist B das unschuldige Opfer ...«

auseinanderfällt, erlaubt ein Ende der Implikation des Hörers / Zuschauers / Beobachters. Das Auseinanderfallen des Helden, welches Aristoteles beschreibt, ist insofern zentral auch für den Prozessverlauf von empathischer Anteilnahme. Man lässt sich auf Empathie ein, weil man bereits ahnt, dass ein Ende kommt.

Diese Veränderung nicht nur des Verlierers, sondern auch des Siegers, ist ein geläufiges Schema in Werken der narrativen Fiktion: Der Sieger wird zum Tyrann. Seine früheren Parteigänger kommen an den Punkt, an dem sie ihm die Gefolgschaft aufkündigen oder aufkündigen sollten. Dies ist etwa die Form von *Macbeth* bis zu *Lawrence of Arabia*. In den meisten Werken der Fiktion fällt der Vorhang daher an dem Punkt des Sieges oder der Niederlage, um diesen Umbruch zu vermeiden. Und im Alltag endet das Mitgefühl mit dem Erreichen eines Ziels, dem Umschiffen einer schwierigen Situation oder ebendem Festsitzen im Leiden ohne weitere Entwicklung.

Insofern Narration und Parteinahme in Dreierszenen zusammenwirken, schaffen sie die Bedingungen, unter denen die Parteinahme über den einen Konflikt hinausgehen kann, ohne sich aber ins Unendliche des temporal-narrativen Und-dann-und-dann zu verlieren. Derjenige, dessen Partei man ergreift, bleibt Charakter und Sympathieempfänger nur bis zu dem Punkt höchster Erregung; anschließend ist der Parteigänger wieder frei.[84] Der narrative Input in die Struktur der Parteinahme leistet einerseits die Potenzierung und Verfestigung der Parteinahme, erwirkt andererseits aber auch einen Endpunkt. Ebendieser Prozess der zeitlich begrenzten Anteilnahme wird in diesem Buch als narrative Empathie bezeichnet.

Eine Gegenüberstellung beider Ausgangsmodelle, Narration und Parteinahme in Dreierszenen, zeigt dabei, dass beide bereits viele Strukturähnlichkeiten aufweisen. Die wechselseitige Anleihe ist insofern nur ein limitierter Aspekt einer weitgehenden Strukturidentität.

Die Ausgangssituation der Parteinahme steht derjenigen der Narration nahe. In beiden erwägt und bewertet ein Beobachter das

---

84 Und genauer, einen Charakter narrativieren heißt, entsprechend unseren obigen Überlegungen, ihn nicht schlicht »als Träger einer Aktion kennzeichnen«, sondern vielmehr den Charakter als Subjekt und Objekt einer Handlung erkennen, die den Charakter sowohl zum Charakter macht als ihn auch überstrapaziert, so dass er am Ende seine Spezifikation als Charakter wieder verliert.

Verhalten von mehreren anderen. Die Szene des Konflikts übersetzt die narrative Situation der aufbrechenden Andersheit in die Ungewissheit des Ausgangs des Konflikts. Wo das narrative Denken in der Regel die Rekonstruktion der vergangenen Handlungsstränge bis zur Gegenwart durch kausal-temporale Ketten vornimmt, um das Kommende vorherzusagen, da erzwingt der beobachtete Konflikt die Abschätzung der künftigen Möglichkeiten. Auch diese Abschätzung schöpft aus dem Vergangenen. Und wo die Narrativierung in dem Auseinanderfallen des Charakters (Aristoteles) oder der Lösung eines Konflikts kulminiert, übersetzt die Szene des beobachteten Konflikts das Gegeneinander zweier Kontrahenten mit ihren Perspektiven. Beide können als »Scheren« oder »Gabelungen« beschrieben werden. In beiden Fällen ist die Teilnahme des Beobachters entscheidend. In der Narration hatten wir von einer Implikation des Beobachters gesprochen. Die Parteinahme in Dreierszenen beinhaltet im Kern das Beziehen einer Position mit einem der Kontrahenten. Kurz: Die narrative Situation schafft eine vergangene Parteinahme, und die Parteinahme erfolgt in einer in die Zukunft geworfenen, unabgeschlossenen Narration. Schematisch lässt sich dies wie folgt darstellen.

	Narration	Parteinahme in Dreierszenen
Ausgangssituation	Leser / Zuschauer verfolgt mehrere Charaktere	Beobachter beobachtet Konflikt von mindestens zwei Parteien
Faktor von Ungewissheit	Ungewissheit, wie und warum Dinge geschehen. Es könnte so oder anders sein.	Ungewisser Ausgang des Konflikts
Beteiligung des Beobachters	Impliziert durch Mitkonstruktion des Charakters	Parteinahme
Kalkül des Beobachters	Welcher Charakter wird größter Resonanzkörper des Erlebens? (Hierzu Aristoteles› Überlegung zum guten Charakter)	Für wen soll ich mich entscheiden? (strategische, judikative und selbst-reflexive Auswahlmechanismen)

Affekt des Beobachters	Miterleben mit dem mitkonstruierten Protagonisten	Miterleben mit der »eigenen« Partei
Zeitliche Orientierung	Ausgehend von Gegenwart wird Vergangenheit befragt, die Schlüssel zur Zukunft enthält	Auf den Moment bezogen; zielt auf die Zukunft, impliziert vielleicht Spuren in der Vergangenheit
Urteil	Kausalität von Geschehnissen: Wie gehören sie zusammen?	Legitimität und Bewertung der Parteien
Bedeutsamkeit	Planung *und* Alterität erzeugt Spannung	Ungewissheit des Ausgangs des Konflikts erzeugt Anspannung
Höhepunkt	Katharsis: Freisetzung des Lesers/Zuschauers von der Implikation mit dem Charakter	Ausgang des Konflikts, Formation der Gruppenhierarchien; zugleich Möglichkeit zum Rückzug des Beobachters
Funktion	Miterleben, Genuss	Emotionale und rationale Legitimation der Parteinahme

Zusammengenommen können wir nun definieren: *Empathie ist eine Entscheidung zur Parteinahme für den einen (und nicht den anderen), die durch narrative Strategien emotional und rational legitimiert wird.*

9. Die Perversion der Empathie
(Theodor Fontanes *Effi Briest*)

Mehrfach wurde die Frage angeschnitten, ob Empathie moralisch gut sei beziehungsweise moralisch gutes Verhalten fördere. Es wurde bereits daran erinnert, dass Empathie zu sehr unterschiedlichen Zwecken eingesetzt werden kann. Einer der von Biologen betonten evolutionären Vorteile der Empathie besteht darin, den Konkurrenten besser zu verstehen. Wen man versteht, kann man besser ausschalten. Empathie hilft also den Empathie-Fähigen – aber keineswegs immer den Empathie-Empfängern. Im Allgemeinen muss die Frage der moralischen Dimensionen der Empathie wohl sehr konkret an die verschiedenen Formen und Kulturen der Empathie angepasst werden.

Vor dem Hintergrund der hier vorgeschlagenen narrativen Empathie kann die Frage nach der moralischen Dimension der Empathie neu gestellt werden. Parteinahme schließt Konkurrenz zumindest kurzfristig aus. Insofern könnte man annehmen, dass die narrative Empathie einen moralisch positiven Mechanismus bereitstellt, der die Festigung von Gemeinschaft vorantreibt.

Doch die vorgeschlagene Struktur der narrativen Parteinahme hat einen sonderbaren, ja scheinbar paradoxen Effekt, der direkt aus der Form der narrativen Empathie resultiert: Der Beobachter will das Leiden des anderen, um sich für ihn zu entscheiden und mit ihm Empathie haben zu können. Narrative Empathie ist eine Form der Partizipation am anderen, die dessen Schwäche und Leiden zur Grundlage von Mitgefühl und Hilfe macht, und die zugleich die Perpetuierung dieser Schwäche und dieses Leidens durchsetzen will. Diese Perversion geht, um es zu betonen, folgerichtig aus der Struktur der Empathie selbst hervor. Gerade weil die Elemente der Narration, Parteinahme und der Empathie fast bis zur Identität miteinander verzahnt sind und nun wie automatisch stattfinden, sind Fragen der Ethik ihnen eigentlich fremd.

Im Folgenden soll diese Verselbständigung des Mechanismus der narrativen Empathie ausführlicher anhand von Theodor Fontanes *Effi Briest* dargestellt werden. Der Ausflug in die Literatur erlaubt uns dabei genug Distanz, um über eine Tendenz unseres Modells zu reflektieren. Literatur hat dabei den Vorzug des Widerstands – vieles muss berücksichtigt werden, bevor eine These aufgestellt werden kann – und kann uns also dazu dienen, die Gewichte unserer Arbeit zu überprüfen.

Das Bemerkenswerte an der Gestalt Effi Briests ist sicherlich, dass wir über sie sehr viel, von ihr aber sehr wenig erfahren. Tatsächlich sehen sich auch die Personen des Roman regelmäßig dazu veranlasst, Mutmaßungen über die wahre Effi, ihre Gefühle oder ihre Natur anzustellen. Diese Mutmaßungen, wie etwa diejenigen der Mutter, des älteren Gemahls Instetten oder des Liebhabers Crampas, sind dabei keineswegs harmlose Spekulationen, sondern subtile oder weniger subtile Erwartungen, wie sie sich zu verhalten habe.

Ebenso bezeichnend wie verheerend ist etwa die Rede der Mutter zu Beginn, als Effi ihren Rat wegen des Heiratsantrags sucht:

Es ist keine Sache, um einen Scherz daraus zu machen. Du hast ihn vorgestern gesehen, und ich glaube, er hat dir auch gut gefallen. Er ist freilich älter als du, was alles in allem ein Glück ist, dazu ein Mann von Charakter, von Stellung und guten Sitten, und wenn du nicht ›nein‹ sagst, was ich mir von meiner klugen Effi kaum denken kann, so stehst du mit zwanzig Jahren da, wo andere mit vierzig stehen. Du wirst deine Mama weit überholen.[85]

Die Rede der Mutter setzt scheinbar bei der Entscheidungsfreiheit der Tochter an. Doch sogleich nimmt die Mutter für sich einen Glauben in Anspruch, ihre Tochter zu verstehen. Dieser Glauben verdichtet sich suggestiv in der Parenthese »was ich mir von meiner klugen Effi kaum denken kann«, um Effis Entscheidung vorwegzunehmen, so dass das Bild der freien Effi nur als Phantom erscheint vor dem Hintergrund ihrer geraubten Entscheidungs- und Liebesfreiheit. Wir erfahren nicht, wer oder was Effi ist und was sie denkt, sondern wie sie dieser Fragen enthoben wird. Indem die Mutter Effi manipuliert, kann Effi nicht selbst die Beine auf den Boden bekommen, sondern gerät auf deren Bahn: »Du wirst deine Mama weit überholen.« Tatsächlich wird Effi nach dieser Rede den Liebhaber ihrer Mutter heiraten. Die Mutter identifiziert sich mit Effi dergestalt, dass Effis eigener Wille ausradiert wird. Diese kleine Szene ist typisch für einen Roman, in dem Identifikation nur als Gewaltakt figuriert. Wer sich mit einem anderen identifiziert, gleicht ihn sich an.

Michel Foucault hätte diese identifikatorischen Mutmaßungen über Effi »Diskurse« genannt, da sie ihr Objekt Effi durch ihre sprachliche Codifizierung zu beherrschen suchen und in der Beherrschung und als Beherrschtes erst als diskursiv erfassbare Gestalt erzeugen. Wer oder was Effi außerhalb ihrer diskursiven Erfassung und der identifikatorischen Vereinnahmung ist, bleibt im Roman im Dunklen. Umso deutlicher aber kennzeichnet der Roman die Momente, in denen Effi durch die suggestiven Vereinnahmungen fremdgesteuert wird. Dies kann in narrativer Form geschehen, wie der Figuration des spukenden Chinesen, die ihr Ehemann ersinnt,

---

85 Theodor Fontane, *Effi Briest*, in: ders., *Werke, Schriften und Briefe*, hg. v. Walther Keitel und Helmuth Nürnberger, München 1974, Bd. 4, S. 18.

um Effi zu domestizieren. Es geschieht aber auch in den subtileren Zeichen der Diskrepanz, wenn Effi via Mutmaßungen eine Identität untergeschoben wird wie etwa diejenige eines »junge[n] Lämmchen weiß wie Schnee«[86] zu einem Zeitpunkt, wo sich die Indizien ihrer Affäre bereits gehäuft haben.

Als Effi den Umzug nach Berlin vorbereitet, als die Affäre mit Crampas ihren Zenit überschritten hat, und sie in Berlin auf die Mutter und den Cousin trifft, wollen diese sie auf ihre unveränderte Identität festlegen. Die Mutter sagt:

›Effi, du bist so stürmisch. Ganz die alte.‹
›Ach nein, Mama. Nicht die alte. Ich wollte, es wäre so. Man ändert sich in der Ehe.‹
Vetter Briest lachte: ›Cousine, ich merke nicht viel davon; du bist noch hübscher geworden, das ist alles. Und mit dem Stürmischen wird es wohl auch noch nicht vorbei sein.‹
›Ganz der Vetter‹, versicherte die Mama; Effi selbst aber wollte davon nichts hören und sagte: ›Dagobert, du bist alles, nur kein Menschenkenner.‹[87]

Sicher kann man hier bereits erahnen, dass Effi eine große Veränderung, ebendie Affäre, zu verbergen sucht. Deutlicher aber zeigt sich, dass Effi weniger etwas verbergen will, als dass sie vielmehr nicht zum Zuge kommt, sich zu artikulieren. Sie markiert, dass sie anders geworden sei, doch die Mutter und der Vetter ignorieren oder missverstehen ihre Bemerkungen. Auch die vielen Spuren und Indizien, die auf Effis Affäre mit Crampas hindeuten, erwecken nicht nur detektivisches Interesse, denn dazu sind sie zu offensichtlich, sondern präsentieren eine Effi, der keine Gelegenheit zugestanden wird, sich auszudrücken. Indem der Vetter und die Mutter, sowie viele andere, Effis mögliche Andersheit verkennen, wird auch die Gewalt der identifikatorischen Unterdrückung von niemandem je zugestanden. Selbst wenn die Eltern am Ende einmal so weit gehen und zugestehen, dass sie, vielleicht, einen Fehler gemacht hätten, als sie ein bestimmtes Leben für Effi vorgeschlagen haben, erfahren wir nicht, ob sie glauben, Effi missverstanden zu haben. Der Roman markiert stets nur die Differenz von dem, was über sie gemutmaßt wird und einer potentiellen Andersheit. Doch worin

---

86 Theodor Fontane, *Effi Briest*, S. 204.
87 Theodor Fontane, *Effi Briest*, S. 192-193.

diese Andersheit besteht, wenn es sie denn gibt, bleibt ungewiss. Auch die Affäre ist nur eine klischeehafte Eskapade.

Effi ist, vermutlich, anders. Doch was sie ist, wird unterdrückt. Dennoch zeigt der Roman immer wieder auf die Möglichkeit, dass Effi verkannt wird. Statt eines Erkennens gibt es immer wieder ein gewaltsames Verkennen. In dieser Kurzformel kann man den Ausgangspunkt des Romans zusammenfassen.

Emblematisch ist der zu Beginn von einer Freundin ausgestoßene und übermütige Ruf »Effi, komm«, der die Addressierte zurück in die Kinderwelt reißen soll. Effi ist diejenige, die sich in einem sonderbaren Zwischenraum befindet, nicht Kind, nicht Erwachsene, nicht wildes Naturwesen, nicht vollständiges Kulturwesen, in dem alles möglich ist. Alles, was die Freunde, Familienmitglieder und Interpreten tun können, ist, Effi aufzufordern, sich je auf ihr Terrain zu bewegen. »Effi, komm.« Doch wie sie auf diesen Ruf antwortet und ob sie antwortet, wissen wir nicht. Sie schweigt, es rufen die anderen.

Effi teilt diese Fremdheit mit dem Chinesen, der eine mysteriöse Nicht-Präsenz im Roman hat. Wir erfahren wenig von diesem Mann aus Fernost, außer dass er eine unglückliche Liebe in Kessin hatte und verlassen starb. Was er war und was er wollte, konnte und kann nicht erscheinen. Stattdessen erfahren wir nur, wie verschieden andere ihn in ihre Erzählungen integrieren, sei's als exotische Figur, als Allegorie der Einsamkeit oder als Schreckgespenst.[88] Der einzige ihm eigene Raum ist das winzige Grab in der Mitte von nirgendwo.[89] Russell Berman hat den einsamen Chinesen als einen verdrängten Rest von romantischer Vergangenheit beschrieben, der als Verdrängter vieles motiviert. Instetten etwa werde von dem Geist angezogen, weil auch seine Liebe zu Effis Mutter verdrängt

---

88 So argumentiert Silke Arnold-de-Simine, dass der Chinese nicht nur von Instetten zur Domestizierung von Effi eingesetzt wird, sondern auch von Crampas als Mittel, sich von Instetten zu differenzieren; Silke Arnold-de-Simine, »›Denn das Haus, was wir bewohnen, […] ist ein Spukhaus‹: Fontanes Effi Briest und Fassbinders Verfilmung in der Tradition des Female Gothic«, in: *Germanic Review* 79/2 (2004), S. 83-113. Frances Subiotto ergänzt, dass die Figur des Chinesen als Mahnung für Effi fungiert und dafür verantwortlich sei, dass essentiell nie irgendetwas passiere; Frances Subiotto, »The ghost in *Effi Briest*«, in: *Forum for Modern Language Studies* 21 (1985), S. 137-150.

89 Zum Raum bei Fontane, siehe die bisher unveröffentlichte Studie von John B. Lyon, *The Place of Realism*.

sei und zu einem ähnlichen Ende kam wie die Liebe des Chinesen, da auch dessen Geliebte einen anderen heiratete. Instettens Unfähigkeit oder Unwillen, den Geist zu leugnen, sei insofern auch ein Zeichen für seine Unfähigkeit, mit seiner eigenen Vergangenheit fertig zu werden, die deshalb zwischen ihm und Effi stehe und letztlich seine Unfähigkeit zum Vergeben motiviere.[90] Der Geist wird insofern zum Index eines ungelebten Lebens und einer unsichtbaren Identität sowohl von Instetten als auch von Effi. Doch anders als bei Instetten kennen wir Effis Geist, wenn es denn einen gibt, nicht.

Es gibt eine Reihe von Alternativen, wie wir diesen Befund deuten könnten. Man könnte sich veranlasst sehen, die eigentliche Effi aus den indirekten Zeichen und den scheinbar unmittelbareren Briefen abzuleiten, und etwa ihre Natürlichkeit oder Kindlichkeit oder ihre Weiblichkeit hervorzuheben.[91] Man könnte auch ihre prinzipielle »Andersheit« feiern und ihr Wesen gerade darin sehen, dass sie in die herrschenden Diskurse wie den Preussischen Ehren-Codex eben nicht hineinpasst, um stattdessen Ehebruch aus Langeweile zu begehen wie Madame Bovary (so etwa sieht es Fassbinder in seiner filmischen Fassung).[92] Immerhin entzieht sie sich der strikten Ehemoral des Wilhelminismus und immerhin zeigt sie sich wiederholt widerspenstig. Neuere Lektüren haben hervorgehoben, dass Effi als *Leerstelle* im Sinne von Wolfgang Iser operiert.[93]

Ohne diese Alternativen grundsätzlich abzulehnen, möchte ich die Frage nach dem Wesen von Effi Briest von einer anderen Seite her angehen. Statt ihre Identität in psychologischen, politischen oder hermeneutischen Kategorien zu suchen, scheint es mir angebracht zu sein, ihre Identität durch die narrative Szene ihrer Verkennung zu beschreiben: Die Szene der Verkennung operiert im Text als ihre Identität. Sie ist diejenige, die von anderen unterdrückt

---

90 Russell A. Berman, »Effi Briest and the end of realism«, in: Todd Kontje (Hg.), *A Companion to German Realism*, Rochester 2002, S. 339-363.

91 Vgl. Edith H. Krause, »Eclectic affinities. Fontane's Effi and Freud's Dora«, in: *Women's Studies: An Interdisciplinary Journal* 32 / 4 (2003), S. 431-554: hier: S. 441.

92 Brian Tucker hat vorgeschlagen, die Ereignislosigkeit als Spiel der Langeweile zu sehen, Brian Tucker, »Performing boredom in *Effi Briest*. On the effects of narrative speed«, in: *The German Quarterly* (2007), S. 185-200.

93 Zu diesen Leerstellen, siehe Sofia Källstrom, *»Das Eigentliche bleibt doch zurück.« Zum Problem der semantischen Unbestimmtheit am Beispiel von Theodor Fontanes »Effi Briest«*, Uppsala 2002.

und verkannt bleibt. Immer dort, wo sie unterdrückt wird, dort ist sie sich wesentlich gleich, dort findet sie statt. Sich gleich bleibt Effi darin, dass sie unterdrückt wird. Das heißt, ihre Verkanntheit wird redupliziert *als ihre Identität*.

Die Szene der Verkennung konstituiert sich offensichtlich zwischen zwei Instanzen, Effi als Objekt der Mutmaßung und einer identitätssetzenden, verkennenden, unterdrückenden Autorität (etwa: die Mutter, Instetten). Die mögliche Differenz zwischen Effi und dem ihr aufgestempelten Bild einer Identität erscheint in dieser Szene nur aus einer dritten Position der Beobachtung, denn für die identitätssetzende Kraft bleibt die Differenz beider und ihre Gewalt (zumindest vorgeblich) unsichtbar, da die identitätssetzende Instanz darauf besteht, dass Effi mit dem von ihr produzierten Bild identisch ist. Da es diese dritte Position der Beobachtung im Roman selbst – von wenigen Andeutungen abgesehen – nicht gibt, wird sie evoziert als dritte Instanz, die die Kluft zwischen Effi und ihrer Unterdrückung bezeugt. Weil niemand sich für Effi, von der wir nur ihre Verkennung kennen, einsetzt, wird jemand auf den Plan gerufen, den es in der Geschichte nicht gibt, den es aber geben sollte. Geboren wird der Leser. Dieses Wort »der Leser« folgt einer alten Tradition, die vorgibt, neutral zu sein. Dass von einer Neutralität keine Rede sein kann, werden wir bald sehen. Gemeint ist auf jeden Fall kein empirischer Leser – Leser bleiben unberechenbar in ihren Vorlieben – sondern der Leser wie er als Markierung der Dissonanz hervorgebracht wird.

Aufgabe dieses Lesers ist es, für Effi einzuspringen, ihre Partei zu ergreifen. Da Effi selbst die ihr angetane Gewalt nur bedingt zu erkennen scheint und da wir mithin nicht einmal wissen, wie und ob sie diese Gewalt registriert, kommt dem Leser der Akt des Einspringens zu. Der Leser registriert das Unrecht, welches Effi widerfährt, und ergreift ihre Partei. Indem der Leser solcherart aufgerufen wird, ist er in die Geschichte involviert. Der Leser ist Archivar der Diskrepanz.

Diese Invokation des Lesers als dritte Instanz hat zwei scheinbar widersprüchliche Effekte: Zum einen schlägt der Leser sich auf die Seite der unterdrückten, verkannten, misshandelten Person, denn er bewahrt das Wissen um ihr Leid auf, selbst wenn die Person ihr Schicksal nicht als Leid erfährt. Der Leser empfindet strukturelles Mitleid: Er tritt ein für die Person, indem er ihr Leid wahrnimmt, und er *setzt sich ein* für diese Person, handelt also für sie *und* sieht die Welt durch ihre Augen.

Zum anderen aber affirmiert er ebendiese Verkennung, da sie ihm als Archivar den Zutritt verschafft. Ohne die Szene der gewaltsamen Verkennung könnte der Leser gar nicht in die Geschichte eintreten, er wäre schlicht funktionslos. Und dies ist denn die scheinbar entgegengesetzte Tendenz zum Mitleid: Die Affirmation und Reduplikation der das Mitleid erst ermöglichenden Verkennung. Der Leser muss die Verkennung »wollen«, denn nur Dank dieser gelingt ihm der Sprung, erhält er den Einsatz, den Einstieg in die Geschichte. Nur dank der gewaltsamen Verkennung gibt es den Leser. Mit anderen Worten, der Leser muss die Verkennung und Misshandlung der weiblichen Protagonistin wollen, da seine Involviertheit und seine Existenz als Leser davon abhängen.

Dieses Abgleiten des moralisch hochstehenden Zeugen zum sadistischen Voyeur ist nicht so sehr ein psychologisches Phänomen des Begehrens eines empirischen Lesers als vielmehr ein struktureller Effekt der Einschaltung der Instanz des Lesers.[94] Das, was die Einfühlung des Lesers erlaubt, muss er zu verlängern suchen. Die primäre Szene der Parteinahme ist die Unterdrückung.

Die Szene der Parteinahme ist also eine dreifache:

1) Registrieren des Unrechts (Diskrepanz), Aufruf des Lesers
2) das Wollen des Ausgleichs und der Wiedergutmachung (Mitleid) und
3) das Begehren dieser gewaltsamen Szene (Unterdrückung), insofern diese Szene den »Leser« erst aufruft.

Fontanes *Effi Briest* ist keine Ausnahme, sondern ein verbreitetes Modell der Literatur nicht nur des Realismus. Die Kernszene der gewaltsamen Verkennung ist bezeichnend für die narrative Literatur der Epoche und ihre »Poetik der Beobachtung«.[95] Die Protagonistin bleibt sich gleich nur darin, dass sie nicht zu sich kommen kann. Daher operiert die Szene ihrer gewaltsamen Verkennung als ihre Identität: Sie ist sie selbst darin, dass sie nicht sie selbst sein

---

94 Vgl. auch Laura Hinton, *The Perverse Gaze of Sympathy: Sadomasochistic Sentiments from Clarissa to 911*, Albany 1999.

95 So Andreas Kablitz, »Realism as a poetics of observation. The function of narrative perspective in the classic French novel: Flaubert – Stendhal – Balzac«, in: Tom Kindt und Hans-Harald Müller (Hg.), *What is Narratology? Questions and Answers Regarding the Status of a Theory*, Berlin, New York 2003, S. 99-136.

kann. Der Leser wiederum wird aufgerufen und entsteht im Dementieren *und* Affirmieren ihrer Unterdrückung, im Mitleiden *und* der versteckten Freude über ihr Leiden. Eben weil niemand sich mit ihr identifizieren kann (beziehungsweise weil Identifikation als gewaltsame Verkennung inszeniert wird), wird Effi Briest Gegenstand einer perversen oder zumindest indiskreten Empathie. Weil niemand in dem Roman ihre Partei ergreift, wird der Leser als eine in sich gespaltene, widersprüchliche Figur impliziert. Das Interesse des Lesers ist insofern nicht einfach hermeneutisch oder psychologisch, sondern selbst-affektiv.[96]

Diese Simultaneität des Registrierens eines Unrechts, dem Beklagen und dem Wunsch der Unterdrückung kennzeichnet nicht nur dieses kanonischste Werk des deutschen Realismus, sondern zahlreiche Werke der Narration.[97] Im engeren Kontext des Realismus zeigt sich zunächst eine geschlechtsspezifische Konstellation.[98] *Effi Briest* steht ähnlich wie *Madame Bovary* in einem Mittelbe-

---

96 Diese Spaltung eines Charakters kompliziert auch Isers Konzept der *Leerstelle*. *Während* Effis Identität sicherlich als eine Leerstelle im Sinne Isers beschrieben werden könnte, so wird einerseits die Setzung einer Identität zugleich als den Leser implizierende Gewalttat inszeniert, und andererseits das Sich-für-Effi-Einsetzen des Lesers zu einem perversen Akt der Lust am Leid, vgl. Wolfgang Iser, *Der Akt des Lesens. Theorie ästhetischer Wirkung*, München 1976.

97 Effi Briest steht in der Mitte zwischen den Polen von Meret (*Das Meretlein*) in Kellers *Der grüne Heinrich* und Thomas Manns Tony Buddenbrook. Meret ist das gewaltsam unterdrückte Kind, das wieder zum Leben erwacht, als hätte der Wunsch des Lesers sie wachgeküsst; Tony ist der Charakter, den der Erzähler selbst unterdrücken zu wollen scheint. Einmal wird sie vom Erzähler süffisant als »die arme Tony« addressiert ...

98 Die bereits eingeführte Studie von Russell Berman situiert *Effi Briest* in einem zeitspezifischen Bezug zum Realismus. Berman argumentiert, dass der Realismus als Ganzes markiert wird durch eine »repression of the romantic past«, die nichsdestotrotz (oder: eben deshalb?) in der Form von Geistern und Traumata wiederkehrt (Berman, S. 229). Die Geister und Schatten der Vergangenheit verleihen dem Leser ein Mandat. Die Aufgabe des Lesers, so müssen wir Berman weiterdenken, und damit die Möglichkeit des Lesers besteht in dieser Re-Materialisierung des Romantischen (also den versteckten Emotionen, dem *zu weiten Feld* und den tiefen Identitäten). Doch an ebendieser Stelle setzt meine Lektüre einen anderen Akzent als diejenige von Berman. Für Berman ist es die Pflicht des Lesers wie des Charakters, mit der Vergangenheit fertig zu werden. Instetten etwa wird angeklagt, seine Vergangenheit nicht bewältigt zu haben. Stattdessen betont die vorliegende Lektüre, dass damit auch die Unterdrückung zum Kerngeschäft des Lesers gehört.

reich zwischen der extremen weiblichen Objekt-Werdung in de Sades Werken und der Inthronisierung weiblicher Herrschaft oder Subjekt-Werdung in den Werken von Sacher-Masoch.[99] Im Modus der Unterdrückung wird angezeigt, dass Effi ein freies Subjekt sein sollte, doch zugleich kann sie das Mitleid des Lesers nur dadurch erwecken, dass sie es nicht sein darf.

In diesem Sinne ist Instetten das Modell des Lesers im Roman, auch wenn wir nur Vermutungen darüber anstellen können, wie sehr er sich darüber freut, dass Effi dafür, dass sie nicht ihre Mutter ist, bestraft wird. Instetten ist derjenige, der Geheimnisse als Geheimnisse bewahrt und das Verdrängte verdrängt hält. Als die Briefe zum Vorschein kommen – die Briefe also, die nur die Sicht von Crampas zeigen und entsprechend nichts als seine kalkulierten Fantasiestücke sein könnten und die daher für die Leser kein klares Beweismittel der Anklage sind –, tut Instetten das, was zu tun ist, wenn man an dem Schmerz der Vergangenheit festhalten will. Gegen den Rat des Freundes besteht er auf dem Duell. Indem er derartig insistiert, scheint er zu behaupten, dass dort etwas Verstecktes, Verbotenes, Duellwürdiges war. Selbst wenn damals kein Ehebruch stattgefunden hat, würde sein Verhalten einen simulieren. Wenn er vergeben würde, wie der Freund rät, dann würde er dadurch zugleich bestätigen, dass dort nur eine beschränkte Untat vorlag, die schlicht vergeben werden kann, dass man die Vergangenheit vergessen und den Geheimnissen aufkündigen kann. Narration aber braucht die Krise der Geheimnisse, die mögliche Andersheit, den Verdacht und die Möglichkeit, dass jederzeit alles auseinanderfallen kann. Die narrative Überproduktion (Abschnitt 3) erzwingt ein Festhalten an der Anklage.

Effi Briest bietet uns ein Bild für das, was eingangs *Kultur der Empathie* genannt wurde. Nur durch die Blockade von Empathie kann Empathie zum Zuge kommen. Eine Innenansicht von Effi wird im Roman verweigert und ihr Handlungsspielraum erheblich eingeengt. Aufgrund der Unterdrückung von Effi durch die anderen, die so subtil stattfindet und vom Erzähler des Romans kaum bemerkt zu werden scheint, ergreift der Leser Partei für sie; erst aufgrund dieser (judikativen, vielleicht auch selbst-reflexiven) Parteinahme wird der Leser eigentlich evoziert. Diese Parteinahme in einem

---

99 Vgl. Albrecht Koschorke, *Leopold von Sacher-Masoch. Die Inszenierung einer Perversion*, München 1988, S. 119-131.

Text, der Empathie und Introspektion abwehrt und blockiert, verpflichtet zur Empathie. Statt nun aber zu einem tiefen Verstehen von ihr zu kommen, versteht der Leser das von ihm gewollte und von ihm miterzeugte Leiden, denn nur weil sie unterdrückt wird und nicht zum Zuge kommt, springt der Leser ein. Empathie findet als Verstehen statt, aber eben ein Verstehen von ihr, wie sie durch die Struktur der Empathie beeinträchtigt wird. Der Leser erzeugt Narrationen (spinnt Verknüpfungen weiter, spekuliert), die ihren Intentionen zuwiderlaufen, die diesen Intentionen den Ausdruck verweigert und sie somit zum Opfer macht. Königin Effi stirbt, damit sie betrauert werden kann.

Narrative Empathie führt nicht zu einer besseren Welt voller Mitleid und Mitgefühl. Vielmehr bindet narrative Empathie Menschen dadurch aneinander, dass sie aus der sicheren Position eines Dritten (des Beobachters) Schadenfreude und Mitleid funktional aneinander koppeln können.[100] Das Freischalten von Empathie wird, zumindest hier, durch das Leiden des anderen erkauft. Sympathie und Empathie geraten in eine Oszillation zwischen dem Aufgehen im anderen (Identifikation und Selbstverlust) und der Ausblendung der Emotionen des anderen (Unterdrückung und empathische Blindheit). Wir leben, in der Tat, in einer sozialen Welt.

10. Rückblick

In diesem Kapitel wurde das Modell einer narrativen Empathie vorgeschlagen, um einer Vielzahl von Empathie-ähnlichen Affekten, Emotionen und Erkenntnisformen eine gemeinsame Basis zu geben. Ob diese narrative Empathie eine angemessene Plattform im Vergleich zu anderen Modellen anbietet, muss nun von anderen entschieden werden. Abschließend soll kurz angedeutet werden, inwiefern die in den ersten Kapiteln entfalteten Formen von Empathie durch das Modell der narrativen Empathie miterfasst werden.

---

100 Zur Schadenfreude, siehe den schrecklichen Bericht von Colin Turnbull über den Stamm der Ik in Ostafrika. Der Stamm wurde durch Hungersnöte derart radikal dehumanisiert, dass Turnbull als einzige positive Emotion die Freude über das Unglück der anderen beobachten konnte. Wenn ein kleines Kind sich im Feuer verbrannte, lachte selbst die Mutter; Colin Turnbull, *The Mountain People*, New York 1972.

Die Frage ist, wie die vorausgegangenen Modelle von Empathie sich zu der narrativen Empathie verhalten. Präsentieren sie schlicht andere, unabhängig bestehende Formen von Empathie? Oder stehen sie in einer engeren Beziehung zur narrativen Empathie?

Vor allem im ersten Kapitel aber auch anderswo wurden einige sehr basale Prozesse beschrieben, die von der komplexen narrativen Empathie weit entfernt zu sein scheinen. Diese scheinen in evolutionärer und wohl auch phylogenetischer Hinsicht weit früher als die komplexeren Formen der Empathie zu stehen. Und dennoch: Wenn die kognitive Fähigkeit zur narrativen Empathie einmal erreicht ist, so kann vermutet werden, erfasst sie rückwirkend auch die scheinbar einfacheren Formen, so dass diese zu Schwundstufen der narrativen Empathie werden. Nach der »bottom-up«-Entwicklung von Empathie greift die narrative Empathie »top-down« auf die anderen Formen der Empathie zu. Anders gesagt, wenn ein Individuum die kognitive Fähigkeit zur narrativen Empathie einmal erreicht hat, wäre es möglich, dass es von da an eine klare Präferenz für die Strukturform der narrativen Empathie besitzt. Narrative Empathie könnte »in Anschlag gebracht« werden, auch wenn eine Situation durch eine ältere, simplere Form von empathischem Verstehen ebenfalls aufgeschlüsselt werden könnte. Wie aber sieht das konkret aus?

Bereits im ersten Kapitel zur Ähnlichkeit als Voraussetzung von Empathie erschien etwas wie ein »narratives« Element. Die Spiegelneuronen, so wurde festgestellt, verfahren vorhersagend (»predictive«) und nicht schlicht reaktiv.[101] Natürlich handelt es sich dabei bestenfalls um eine rudimentäre Narration, da es nur darum geht, aus einer begonnenen Handlung das wahrscheinliche (intendierte) Ziel der Handlung abzuleiten.[102] Kausale Überlegungen – warum diese Handlung? – spielen ebenso wenig eine Rolle wie Fragen einer *story world*. Narratologen würden hier entsprechend nicht von einer Narration sprechen, zumal die Handlungssequenzen bei den Makaken schlicht im Gehirn programmiert sind und also wohl nur

---

101 Zusammenfassend etwa: Vittorio Gallese, Christian Keysers und Giacomo Rizzolatti, »A unifying view of the basis of social cognition«, sowie populärer Marco Iacoboni, *Mirroring people*. Siehe ausführlicher auch Kapitel 1 des vorliegenden Buches.
102 Siehe J. Randall Flanagan und Roland S. Johansson, »Action plans used in action observation«, in: *Nature* (2003), S. 769-771.

als Ganzes abgerufen werden, so dass die kreative Leistung des Beobachters sehr gering sein dürfte.

Was geschieht nun aber, wenn ein Wesen mit der Fähigkeit zur narrativen Empathie Information über seine Spiegelneuronen verarbeitet? Ebendies war die Kernfrage der Spekulation im sechsten Abschnitt des ersten Kapitels. Dort wurde vermutet, dass das narrative Vermögen als Selektionsmechanismus auf die durch die Spiegelneuronen gewonnenen Informationen einwirkt. Und genauer: Erst durch die Filter der narrativen Empathie kann aus dem Mitlaufen der Spiegelneuronen Information werden.

Hier stellt sich nun eine große Frage. Offensichtlich besteht eine gewisse Analogie zwischen den Verfahren der Spiegelneuronen und der Narration. Beide leisten die Verknüpfung eines ersten Aktes mit nachfolgenden Akten oder Ereignissen. In beiden Fällen erstellt der Beobachter dabei eine nicht offensichtliche Verbindung. Wenn nun ein Individuum sowohl über Spiegelneuronen verfügt und zudem die Fähigkeit zum narrativen Denken besitzt: Gibt es dann eine, wie auch immer geartete Rückkoppelung zwischen diesen beiden Verfahren der Vorhersage? Auszuschließen ist dies nicht.

Das erste Kapitel hat Modelle von Empathie vorgestellt, die auf Ähnlichkeit beruhen. Und bereits dort wurde die Kritik an derartigen Modellen formuliert. Aus der Sicht der narrativen Empathie zeigt sich, dass Ähnlichkeit nicht die Voraussetzung zur Empathie, sondern ihr Ergebnis ist. Erst nach dem Durchlaufen der narrativen Ereignisse, die zur Implosion des Charakters und zur Selbstaufhebung seiner Intentionen führen, ähnelt er uns. Und diese Ähnlichkeit macht ihn wieder uninteressant. Wir können die Empathie von ihm abziehen. Aus Sicht der narrativen Empathie ist Ähnlichkeit also in der Tat zentral für Prozesse der Empathie, aber eben als Zielvorgabe. Bereits im ersten Kapitel wurde vorgeschlagen, dass nicht echte Ähnlichkeit, sondern die Überschätzung von Ähnlichkeit die Grundlage von Empathie sein könnte. Und ebendiese Überschätzung muss erst »geleistet« werden. Insofern können selbst die simplen Phänomene der Empathie, die auf Ähnlichkeit beruhen, als Reduktionsform der narrativen Empathie verstanden werden. Eingeübt wird die Suche des Ähnlichen als Anfangs- *und* Endpunkt von Empathie.

Das zweite Kapitel galt Formen der Empathie, die das In-die-Haut-des-anderen-Schlüpfen betreffen. Dort wurde gefragt, welche Fähigkeiten wir brauchen, um das Denken eines anderen in einer bestimmten Situation richtig einschätzen zu können. Es wurde dargelegt, wie die Theory-of-Mind-Schule annimmt, dass wir imaginäre Baupläne der anderen entwerfen, um zu verstehen, was sie wissen, wahrnehmen und empfinden, und um vorhersagen zu können, wie sie sich verhalten werden. In der Diskussion dieser imaginären Baupläne wurde vorgeschlagen, diese als eine narrative Simulation zu beschreiben; der andere wird als eine Figur in zahlreichen Narrationen operationalisiert. Wenn wir einen Bauplan des anderen erzeugen (also eine Theory of Mind gewinnen), so die These, dann erklären wir ihn zu einem Helden in imaginären Narrationen. Das Wissen um den Bauplan beziehungsweise eine Theory of Mind des anderen kann gar nicht anders als diachron vorgelegt werden, *weil* es diachron verfasst ist und sich eben erst von Situation zu Situation erweist. Für die meisten der von der Theory of Mind-Schule diskutierten Probleme der Empathie genügte dabei die »Ein-Punkt-Konstruktion« des anderen, also die Vorstellung, dass wir einen anderen dann verstehen können, wenn wir seine Situation erkennen und zudem seine Differenz zu uns auf einen (für die Situation relevanten) Aspekt reduzieren können. Wenn die Ein-Punkt-Konstruktion des anderen in konkreten Situationen Empathie induziert, so ist dies eine Schwundstufe der narrativen Empathie, insofern der Beobachter nicht verfolgen muss, wie zwei streitende Parteien aufeinander einwirken, sondern nur registrieren muss, wie die Situation auf einen Einzelnen einwirkt. Statt eines zweiten Kontrahenten gibt es nur eine Situation (die selbst direkt kein möglicher Gegenstand von Empathie ist). Auswählende Parteinahme wird dem Beobachter also erspart. Das heißt aber nicht, dass eine gewisse Parteinahme nicht noch fortwirkt. Auch wenn nur einer dort ist, so muss man sich dennoch für ihn entscheiden, um ihn verstehen zu können. Insofern könnte die Theory of Mind, beziehungsweise die Konstruktion des anderen als ein Aspekt oder eine Schwundstufe der narrativen Empathie beschrieben werden.

Im Falle des Stockholm-Syndroms des dritten Kapitels ist es offensichtlich, inwiefern es eine Schwundstufe der narrativen Empathie darstellt. Man kann die Geisel in der Tat gemäß der Parteinahme in Dreierszenen als Beobachter eines Konflikts beschreiben. Die Geisel beobachtet die Auseinandersetzung von Geiselnehmer und Polizei. Doch der Beobachter (die Geisel) ist in seiner Wahl der Parteinahme nicht frei. Würde die Geisel sich gegen den Geiselnehmer entscheiden, so könnte sich dies für sie als fatal erweisen, falls dieser es merkt. Sobald die Parteinahme erfolgt ist, wird auch Empathie aktiviert: Die Geisel versucht, die Wünsche des Geiselnehmers zu erkennen und sie zu erfüllen. Zur Legitimation der Parteinahme werden nun diejenigen Elemente im Geiselnehmer gesucht, die diesen als empathiewürdig hervortreten lassen (Stichwort: »small kindness perception«). Formen der judikativen, strategischen (er kann mir helfen) und der selbst-reflexiven (auch er ist ein Opfer) Empathie gehen dabei Hand in Hand.

Das Ergebnis dieser spekulativen Untersuchung der verschiedenen Kulturen der Empathie lautet mithin, dass es möglicherweise doch eine allgemeine Grundform von menschlicher Empathie gibt, die sich in verschiedenste Erscheinungsbilder ausdifferenziert: und zwar die oben beschriebene Form der Parteinahme in Dreierszenen, die auch als narrative Empathie beschrieben wurde.

Nachwort zum Verhältnis von Empathie und Moral

Ist Empathie das Bindeglied von Gesellschaft?

Einige der in diesem Buch diskutierten Autoren würden dies bejahen beziehungsweise tun dies explizit wie Antonio Damasio,[1] Robin Dunbar[2] und Michael Tomasello,[3] wenn auch aus verschiedenen Gründen. In der Tat ist es schwer vorzustellen, dass Empathie nicht eine entscheidende Rolle im gesellschaftlichen Umgang spielt. Ein Indiz ist sicherlich auch, dass die sogenannten Psychopathen, also Menschen, die die Fähigkeit zur Empathie nicht entwickelt haben, auffallend gesellschaftsunfähig sind und einen hohen Prozentsatz der Schwerverbrecher ausmachen.[4]

Kann man daraus aber folgern, dass Empathie moralisch bessere Menschen macht?

So einfach ist es wohl nicht. Ein besseres also festeres Kollektiv bedeutet nicht unbedingt in moralischer Hinsicht bessere Individuen. Man denke nur an den Fall der Konkurrenz. Empathie ist ein entscheidendes Mittel, den Konkurrenten auszuschalten. Wenn ich weiß, was der andere will und wie er es erreichen will, habe ich eine größere Chance, die Frucht schneller zu erreichen. Offensichtlich blockieren Konkurrenz und durch Empathie gestärkte Konkurrenz moralisches Verhalten in vielen Fällen.

Man darf es sich aber auch umgekehrt nicht zu einfach machen und das Verhältnis von Empathie, Konkurrenz und Moral grundsätzlich negativ bewerten. Wenn ich in die Haut des Konkurrenten schlüpfe, so kann durch das Kalkulieren seiner Perpektive und Ge-

---

1 Antonio Damasio, *Descartes' Irrtum.* Zur Kritik von Damasios Thesen zum Sozialleben, siehe David M. Gross, *The Secret History of Emotion. From Aristotle's Rhetoric to Modern Brain Science*, Chicago und London 2006, S. 21-39.
2 Robin Dunbar, *Klatsch und Tratsch.*
3 Michael Tomasello, *Die kulturelle Entwicklung des menschlichen Denkens.*
4 Diese Menschen empfinden offensichtlich keine aversiven Gefühle bei Beobachtung oder Verursachung von Schmerzen von anderen, siehe zur Einführung John Seabrook, »Suffering Souls«, in: *New Yorker* 84.36 (10. Nov. 2008), S. 64-73; weiterführend: Kent Kiehl, »A cognitive neuroscience perspective on psychopathy: Evidence for paralimbic system dysfunction«, in: *Psychiatry Research* 142 (Jun 2006), S. 107-128.

danken zugleich auch Akzeptanz vorbereitet werden. Ich unterstelle dem Kokurrenten, dass er gleichartig mit mir ist (Kapitel 1), dass er eine eigenständige Perspektive der Welt hat (Kapitel 2) und dass er eine gewisse Macht hat, die ich respektiere oder gar bewundere (Kapitel 3). Indirekt, so könnte also zumindest überlegt werden, ist Empathie selbst in Konkurrenzsituationen vielleicht ein Wegbereiter für eine moralische Gemeinschaft. Zugleich bleibt Konkurrenz – und die durch Empathie verschärfte Konkurrenz – ein irritierendes Moment.

In der Tat ist das Verhältnis von Empathie, Gemeinschaft und der Genese von Moral wohl nicht geradlinig, sondern komplex. Zumindest folgt dies aus den Thesen des vorliegenden Buches. Das Buch schlägt vor, dass Empathie das Resultat einer Dreierrelation ist (Kapitel 4). Ein Individuum beobachtet den Konflikt von zwei anderen und ergreift mental die Partei eines der Kontrahenten. Wenn es nun versucht, seine Entscheidung zu legitimieren, etwa indem es sich die Vorgeschichte des Konflikts erzählt und dabei die Perspektive der einen Partei einnimmt, so dass die Parteinahme begründet erscheint, entwickelt es Empathie. Kurz: Empathie entsteht als abgeleiteter Akt der Parteinahme.

Wenn diese Herleitung der Empathie richtig ist, so gibt es stets auch einen Dritten, dessen Partei eben nicht ergriffen wurde. Zwar heißt dies nicht unbedingt, dass dieser Dritte zum Feind erklärt wird. Doch das Individuum hat Interesse daran, den Dritten als schlechtere Wahl darzustellen. Und insofern das beobachtende Individuum sich mit dem einen assoziiert und dessen Perspektive übernimmt, adaptiert es wohl auch regelmäßig die (zumindest teilweise) negativen Gefühle des einen dem Dritten gegenüber. Die emotionale Nähe zu dem einen zieht insofern sekundär die Ausgrenzung des Dritten nach sich. Die auf Empathie gegründete Gemeinschaft generiert mithin notwendig stets auch Außenseiten und Feindbilder.

Es könnte dabei durchaus sein, dass noch diese Ausgrenzungsmechanismen des Dritten der Vergesellschaftung dienen. Immerhin ist eine Kultur der Parteinahme auch eine solche Kultur, die die Mechanismen der Parteinahme evolutionärem Druck aussetzt. Es kann also vermutet werden, dass die Parteien in einem Konflikt durchaus erwarten und kalkulieren, dass andere ihre Partei ergreifen. Wer etwa »fair« streitet, kann hoffen, dass Beobachter (neutral

Beistehende, Eltern, Journalisten, die Öffentlichkeit, Richter, Götter, die Nachwelt ...) sich für ihn entscheiden werden. Insofern tun die Kontrahenten gut daran, ebendie Verhaltensweisen zu betonen, die Parteinahme nach sich ziehen (wie etwa ein »faires« Streiten). Und dies kann in vielen Fällen auch Verhalten sein, welches unter den großen Schirm des moralisch gut geheißenen fällt. Der Dritte dagegen wird diskreditiert, sein Verhalten als »unfair« charakterisiert etc.

Ein Blick auf narrative Fiktion kann diese Verflechtung von Vergesellschaftung und Ausgrenzung durch Empathie bestätigen. Seit eh und je stoßen diejenigen, die die moralische Funktion der Literatur zu betonen suchen, auf das gleiche Paradox: Narrative Fiktion erhöht durchaus das Verständnis für die anderen und schürt Mitleid. Zugleich aber gelingt der Literatur dies nur, indem sie die Prinzipien von Gut und Böse verabsolutiert und dadurch zu einer massiven Abwertung der Dritten führt. Mitleid und Verständnis haben wir mit dem einen, der dadurch zum Guten wird, und sind dadurch zugleich von Empathie mit den Dritten, die dadurch zu den Bösen, Schlechten oder Minderwertigen werden, befreit. (Dies gilt wohl auch für moderne Literatur, die zwielichtige Charaktere zu Helden kürt und dadurch zugleich die anderen etwa als »langweilig«, »konventionell« oder »pedantisch« disqualifiziert.) Empathie und die selektive Blockade von Empathie gehen Hand in Hand. Literatur verbessert Menschen nur dadurch, dass sie sie zugleich teilblind macht.[5]

Diese Verknüpfung von Empathie und selektiver Empathie-Blockade beziehungsweise Parteinahme für die einen und gegen die anderen legt mithin zwei Schlussfolgerungen nahe:

1) Empathie ist in der Tat ein zentrales Mittel zur Genese von Moral. Doch die Frage ist, um was für eine Moral es sich handelt und was Empathie aus der Moral macht. Empathie verschiebt das

---

[5] Es wäre hier reizvoll, über einen gängigen und vielleicht nicht ganz falschen Vorwurf nachzudenken, dass gerade die Kultiviertesten an partieller Empathie-Blindheit leiden. So wird etwa oft angeführt, dass Thomas Jefferson Sklavenhalter war. Und die sogenannte Hochkultur Deutschlands hat den organisierten Massenmord nicht verhindert, sondern aktiv gefördert, wie Adorno und Horkheimer ebenso wie Lacoue-Labarthe und Nancy es darstellen. Ich wage es aber nicht zu entscheiden, ob die in diesem Buch vorgeschlagene Ambivalenz von Empathie auf derartige politische Konstellationen hochgerechnet werden kann.

Wesen der Moral. Aus der ethischen Frage nach Orientierung »Was soll ich tun?« wird eine Praxis der Beurteilung. Moral entsteht, wenn die Parteinahme zwischen dem einen und dem anderen zu einer Wahl zwischen Gut und Böse mutiert.

2) Es wäre entsprechend falsch, zur Verbesserung der Menschen allein auf Empathie zu setzen. Empathie wohnt die Tendenz der Parteilichkeit inne. Insofern kann Empathie nicht die zentrale Basis von Politik und Recht sein. Die Menschenrechte etwa, so sehr sie an Mitleid und Empathie appellieren und vielleicht aus diesen hervorgegangen sein mögen, können ihre vollständige Wirksamkeit nur als positives Recht haben, als ein gesetztes Recht also, das nicht unter dem Legitimationsdruck einer Ableitung von der »Natur«, »Menschlichkeit« oder Empathie steht.

Kurz: Wir rücken näher aneinander, indem wir uns zugleich innerlich verfeinden. Wir verstehen einander um den Preis, dass wir uns wechselseitig auch immer wieder ausgrenzen. Wir ergreifen die Partei des Schwächeren, um diesen zugleich auf seine Position des Schwächeren festzuschreiben wie Effi Briest. Wir haben Mitleid mit einer Maus – oder einem Hummer –, wenn es zu spät ist.

Danksagung

Dieses Buch entstand in drei Phasen. Nach einer ersten Phase voller anregender Gespräche mit Freunden, Studenten und Kollegen, bestand der zweite Arbeitsschritt in dem systematischen Ignorieren der Ideen und Ratschläge der Freunde, nur um sie in der dritten Korrekturphase doch wieder klammheimlich aufzunehmen und zu integrieren. Doppelt und dreifach gedankt sei also Colin Allen, Claudia Breger, Leela Breithaupt, Rüdiger Campe, Michel Chaouli, Chris Chiasson, Amy Coplan, Thomas Eder, Wolfram Eilenberger, Eva Geulen, Manuel M. Hartung, Christoph Irmscher, Stephan Kraft, Horst Lange, Helmut Lethen, Deidre Lynch, Karl-Heinz Maurer, Bret Rothstein, Matthias Scheutz, Neil Srinivasan, Karola Stotz, Johannes Türk, Christian Weber und Marc A. Weiner.

Die eigentlichen Paten dieses Buches sind Eva Gilmer und Andreas Gelhard vom Suhrkamp Verlag. Ohne ihren Zuspruch und ihre Anregungen wäre dieses Buch nicht so schnell aus der Wiege gehoben worden. Ihnen, sowie Chris Chiasson und Christiane Kagen hier in Bloomington, verdankt das Buch auch seine vorliegende Form.

Gefördert wurde die Abfassung durch ein Sommerstipendium der Graduate School der Indiana University.

Bibliographie

Adler, Hans: »Das gewisse Etwas der Aufklärung«, erscheint in: ders. und Rainer Godel (Hg.), *Formen des Nicht-Wissens der Aufklärung*, Halle 2009.

Allen, Colin: »Mirror, mirror in the brain, what's the monkey stand to gain?«, erscheint in: *Noûs* (2009).

Anz, Thomas: »Kulturtechniken der Emotionalisierung. Beobachtugen, Reflexionen und Vorschläge zur literaturwissenschaftlichen Gefühlsforschung«, in: Karl Eibl, Katja Mellmann und Rüdiger Zymer (Hg.), *Im Rücken der Kulturen*, Paderborn 2007, S. 207-239.

Arbib, Michael A.: »From monkey-like action recognition to human language. An evolutionary framework for neurolinguistics«, in: *Behavioral and Brain Sciences* 28 (2005), S. 105-167.

Aristoteles, *Poetik*, hg. v. Manfred Fuhrmann, Stuttgart 1994.

Ders. *Rhetorik*, hg. v. Franz G. Sieveke, München 1980.

Arnold-de-Simine, Silke: »›Denn das Haus, was wir bewohnen, [...] ist ein Spukhaus‹: Fontanes Effi Briest und Fassbinders Verfilmung in der Tradition des Female Gothic«, in: *Germanic Review* 79 / 2 (2004), S. 83-113.

Baer, Ulrich: *Traumadeutung*, Frankfurt am Main 2002.

Bal, Mieke: »The story of W«, in: dies., *Double Exposures. The Subject of Cultural Analysis*, London, New York 1996, S. 225-254.

Barreau, Sofka und John Morton: »Pulling smarties out of a bag. A headed records analysis of children's recall of their own past beliefs«, in: *Cognition* 73 (1999), S. 65-87.

Barthes, Roland: *S/Z*, Frankfurt am Main 1976.

Beaumont, Renae und Peter Newcombe: »Theory of Mind and central coherence in adults with high-functioning autism or Asperberger Syndrome«, in: *Autism* 10 (2006), S. 365-382.

Benardete, Seth: *Achilles and Hector. The Homeric Hero*, South Bend 2005.

Benjamin, Walter: »Der Erzähler«, in: ders., *Gesammelte Schriften*, hg. v. Rolf Tiedemann und Hermann Schweppenhäuser, Frankfurt am Main 1991, II.

Berman, Russell A.: »Effi Briest and the end of realism«, in: Todd Kontje (Hg.), *A Companion to German Realism*, Rochester 2002, S. 339-363.

Bräuer, Juliane, Joseph Call und Michael Tomasello: »Chimpanzees really know what others can see in a competitive situation«, in: *Animal Cognition* 10 (2007), S. 439-448.

Breger, Claudia: »Precarious identifications. The aesthetic management of empathy in *Schläfer* (2005) and *Paradise Now* (2005)«, in: *Deutsche Vierteljahrsschrift* (2008), S. 494-516.

Breithaupt, Fritz: *Der Ich-Effekt des Geldes. Zur Geschichte einer Legitimationsfigur*, Frankfurt am Main 2008.

Ders.: »Wiedererkennen als Parteinahme«, erscheint in: Claudia Breger und Fritz Breithaupt (Hg.), *Empathie und Erzählung*, Freiburg 2009.

Ders.: »How I feel your pain. Lessing's *Mitleid*, Goethe's *anagnorisis*, and Fontane's quiet sadism«, in: *Deutsche Vierteljahrsschrift* (2008), S. 400-423.

Ders.: »The invention of trauma in German Romanticism«, in: *Critical Inquiry* (Fall 2005), S. 77-101.

Ders.: »Rituals of trauma. How the media fabricated 9/11«, in: Steven Chermak, Frankie Y. Bailey und Michelle Brown (Hg.), *Media Representations of September 11*, Westport, Connecticut 2003, S. 67-81.

Ders.: »Wie ist Gesellschaft möglich? Geld und Medien bei Lessing und Simmel«, in: Wolfgang Albrecht und Richard E. Schade (Hg.), *Mit Lessing zur Moderne. Soziokulturelle Wirkungen des Aufklärers um 1900*, Kamenz 2004, S. 67-80.

Bruner, Jerome: *Actual Minds, Possible Worlds*, Cambridge, Mass., und London 1986.

Ders.: *Acts of Meaning*, Cambridge, Mass., 1990.

Ders. und Carol Feldman: »Theories of Mind and the problem of autism«, in: Simon Baron-Cohen et al. (Hg.), *Understanding other Minds. Perspectives from Autism*, Oxford 1993.

Campe, Rüdiger: »An outline for a critical history of *Fürsprache. Synegoria* and advocacy«, in: *Deutsche Vierteljahrsschrift* (2008), S. 355-381.

Carlson, Stephanie und Louis Moses: »Individual differences in inhibitory control and children's theory of mind«, in: *Child Development* 72/4 (2001), S. 1032-1053.

Carruthers, Peter: »How we know our own minds. The relationship between mindreading and metacognition«, erscheint in: *Behavioral and Brain Sciences* 32 (2009).

Carver, Joseph M.: »Love and Stockholm Syndrome. The mystery of loving an abuser«, 2007, siehe ⟨http://counsellingresource.com/quizzes/stockholm/part-2.html⟩.

Chatman, Seymour: *Story and Discourse. Narrative Structure in Fiction and Film*, Ithaca 1978.

Chismar, Douglas: »Empathy and sympathy. The important difference«, in: *Journal of Value Inquiry* 22 (1988), S. 257-266.

Chodat, Robert: »Naturalism and narrative, or, what computers and human beings can't do«, in: *New Literary History* 37 (2007), S. 685-706.

Clayton, Nicola, Joanna Dally, James Gilbert, Anthony Dickinson: »Food caching by Western Scrub-Jays (*Aphelocoma californica*) is sensitive to conditions at recovery«, in: *Journal of Experimental Psychology: Animal Behavior Processes* 31 (2005), S. 115-124.

Colle, Livia, Simon Baron-Cohen, Sally Wheelwright, Heather K. J. van der Lely: »Narrative discourse in adults with high-functioning autism or Asperger Syndrome«, in: *Journal of Autism and Developmental Disorders* 38 (2008), S. 28-40.

Coplan, Amy: »Understanding characters' emotions. Emotional contagion responses to narrative fiction film«, in: *Film Studies* 8 (2006), S. 26-38.

Crawford, Meredith: *The Cooperative Solving of Problems by Young Chimpanzees*, Baltimore 1937.

Damasio, Antonio: *Descartes' Irrtum. Fühlen, Denken und das menschliche Gehirn*, Berlin 2004.

Ders. et al.: »Subcortial and cortial brain activity during the feeling of self-generated emotions«, in: *Nature Neuroscience* 3 (2000), S. 1049-1056.

Dautenhahn, Kerstin: »The Narrative Intelligence Hypothesis. In search of the transactional format of narratives in humans and other social animals«, in: *Lecture Notes in Computer Science* 2117 (2001), S. 248-266.

Davis, Natalie Zenon: *Fiction in the Archives. Pardon Tales and Their Tellers in Sixteenth-Century France*, Stanford 1987.

Derrida, Jacques: »Signatur Ereignis Kontext«, in: *Randgänge der Philosophie*, Wien 1988, S. 291-314.

Dohm, Burkhard: »Das unwahrscheinliche Wahrscheinliche. Zur Plausibilisierung des Wunderbaren in E.T.A. Hoffmanns *Das Fräulein von Scuderi*«, in: *Deutsche Vierteljahrsschrift für Literaturwissenschaft und Geistesgeschichte* (1999), S. 289-318.

Dunbar, Robin: *The Human Story. A New History of Mankind's Evolution*, London 2004.

Ders.: *Klatsch und Tratsch. Wie der Mensch zur Sprache fand*, München 2002.

Ders.: »Neocortex size as a constraint on group size in primates«, in: *Journal of Human Evolution* 22 (1992), S. 469-493.

Ders., Louise Barrett, John Lycett (Hg.): *Oxford Handbook of Evolutionary Psychology*, Oxford 2007.

Dunn, Barnaby, et al.: »The somatic marker hypothesis. A critical evaluation«, in: *Neuroscience & Biobehavioral Reviews* 30 (2006), S. 239-271.

Edelman, Lee: »Compassion compulsion«, in: Lauren Berlant (Hg.), *Compassion. The Culture and Politics of an Emotion*, New York und London 2004, S. 159-186.

Eder, Thomas: »AUCH: F. Mayröcker: mein Herz mein Name mein Zimmer als case study« (bisher unveröffentlicht).

Emler, Nicholas: »Gossiping«, in: W. Peter Robinson und Howard Giles (Hg.), *The New Handbook of Social Psychology and Language*, Chichester 2001, S. 317-338.

Flanagan, J. Randall, und Roland S. Johansson: »Action plans used in action observation«, in: *Nature* (2003), S. 769-771.

Flesch, William: *Comeuppance. Costly Signaling, Altruistic Punishment, and Other Biological Components of Fiction*, Cambridge, Mass., und London 2007.

Fludernik, Monika: *Toward a »Natural« Narratology*, London und New York 1996.

Dies.: »Identity/alterity«, in: David Herman (Hg.), *The Cambridge Companion to Narrative*, Cambridge 2007, S. 260-273.

Fogassi, Leonardo, et al.: »Partial lobe. From action organization to intentional understanding«, in: *Science* 308 (2005), S. 155-165.

Fohrmann, Jürgen: »Einleitung«, in: ders. (Hg.), *Lebensläufe um 1800*, Stuttgart 1999, S. 1-15.

Fontane, Theodor: *Effi Briest*, in: ders., *Werke, Schriften und Briefe*, hg. v. Walther Keitel und Helmuth Nürnberger, München 1974, Bd. 4.

Forster, E. M.: *Aspects of the Novel*, San Diego, 1985 [1927].

Foucault, Michel: *Überwachen und Strafen. Die Geburt des Gefängnisses*, Frankfurt am Main 2006.

Freud, Sigmund: »Dostojewski und die Vatertötung«, in: ders., *Gesammelte Werke*, Band 14, Frankfurt am Main 1999, S. 397-418.

Fuselier, G. Dwayne: »Placing Stockholm Syndrome in perspective«, in: *FBI Law Enforcement Bulletin* (July 1999), S. 22-25.

Gallese, Vittorio: »Empathy, embodied simulation, and the brain. Commentary on Aragno and Zepf/Hartmann«, in: Journal of the American Psychoanalytical Association 56 (2008), S. 769-781.

Ders., Christian Keysers und Giacomo Rizzolatti: »A unifying view of the basis of social cognition«, in: *Trends in Cognitive Sciences*, Vol. 8, No. 9 (2004), S. 396-403.

Ders. et al.: »The mirror matching system. A shared manifold for intersubjectivity«, in: *Behavioral and Brain Sciences* 25 (2002), S. 35-36.

Ders.: »The shared manifold hypothesis. From mirror neurons to empathy«, in: *Journal of Consciousness Studies* 8 (2001), S. 33-50.

Gerrig, Richard J., und Giovanni Egidi: »Cognitive psychological foundations of narrative experiences«, in: David Herman (Hg.), *Narrative Theory and the Cognitive Sciences*, Stanford 2003, S. 33-55.

Geulen, Eva: »Anagnorisis statt Identifikation (Raabes *Altershausen*)«, in: *Deutsche Vierteljahrsschrift* (2008), S. 424-447.

Girard, René: *Das Heilige und die Gewalt*, Düsseldorf 2006.
Goethe, Johann Wolfgang: *Wilhelm Meisters Lehrjahre*.
Gould, Jon: *The Innocence Commission. Preventing Wrongful Convictions and Restoring the Criminal Justice System*, New York 2007.
Gross, David M.: *The Secret History of Emotion. From Aristotle's Rhetoric to Modern Brain Science*, Chicago und London 2006.

Hamacher, Werner: »(Das Ende der Kunst mit der Maske)«, in: Karl-Heinz Bohrer (Hg.), *Sprachen der Ironie – Sprachen des Ernstes*, Frankfurt am Main 2000, S. 121-155.
Hatfield, Elaine, John T. Cacioppo und Richard L. Rapson: *Emotional Contagion*, New York 1994.
Herman, David: *Story Logic. Problems and Possibilities of Narrative*, Lincoln und London 2002.
Ders.: *Universal Grammar and Narrative Form*, Durham 1995.
Herrmann, Esther, Joseph Call et al.: »Humans have evolved specialized skills of social cognition: The cultural intelligence hypothesis«, in: *Science* 317 (2007), S. 1360-1366.
Hinton, Laura: *The Perverse Gaze of Sympathy: Sadomasochistic Sentiments from Clarissa to 911*, Albany 1999.
Hoffmann, E. T. A.: *Sämtliche Werke*, Band 4: *Die Serapions-Brüder*, hg. v. Wulf Segebrecht unter Mitarbeit von Ursula Segebrecht, Frankfurt am Main 2001.

Iacoboni, Marco: *Mirroring People. The New Science of How we Connect with Others*, New York 2008.
Ders.: »Mesial frontal cortex and super mirror neurons«, in: *Behavioral and Brain Sciences* 31 (2008), S. 31.
Ders.: »Within each other. Neural mechanisms for empathy in the primate brain« (bisher unveröffentlicht).
Ders. et al.: »Grasping the intentions of others with one's own mirror neuron system«, in: *Public Library of Science Biology* 3 (2005), S. 529-535.
Ingarden, Roman: *Das literarische Kunstwerk*, Tübingen 1972 [1930].
Iser, Wolfgang: *Der Akt des Lesens. Theorie ästhetischer Wirkung*, München 1976.

Jackson, Philip L., Eric Brunet, Andrew N. Meltzoff, Jean Decety: »Empathy examined through the neural mechanisms involved in imagining how I feel versus how you feel pain«, in: *Neuropsychologia* 44 (2006), S. 752-761.
Ders. und Jean Decety: »Motor cognition. A new paradigm to study self-other interactions«, in: *Current Opinion in Neurobiology* 14 (2004), S. 259-263.

Jahn, Manfred: »Focalization«, in: David Herman (Hg.), *The Cambridge Companion to Narrative*, Cambridge 2007, S. 94-108.

Jauss, Hans Robert: »Negativität und Identifikation. Versuch zur Theorie der ästhetischen Erfahrung«, in: Harald Weinrich (Hg.), *Positionen der Negativität* (Poetik und Hermeneutik VI), München 1975, S. 263-339.

Jolles, André: *Einfache Formen*, Darmstadt 1958 [1930].

Kablitz, Andreas: »Realism as a poetics of observation. The function of narrative perspective in the classic French novel: Flaubert – Stendhal – Balzac«, in: Tom Kindt und Hans-Harald Müller (Hg.), *What is Narratology? Questions and Answers Regarding the Status of a Theory*, Berlin und New York 2003, S. 99-136.

Kahneman, Daniel und Amos Tversky: »Subjective probability«, in: Daniel Kahneman, Paul Slovic und Amos Tversky (Hg.), *Judgment under Uncertainty. Heuristics and Biases*, Cambridge 1982, S. 32-47.

Ders. und Amos Tversky: »A subjective probability. A judgment of representativeness«, in: *Cognitive Psychology* 3 (1972), S. 430-454.

Källstrom, Sofia: »*Das Eigentliche bleibt doch zurück*«. *Zum Problem der semantischen Unbestimmtheit am Beispiel von Theodor Fontanes »Effi Briest«*, Uppsala 2002.

Keysar, Boaz, et al.: »Limits on theory of mind use in adults«, in: *Cognition* 89 (2003), S. 25-42.

Kittler, Friedrich A.: *Dichter, Mutter, Kind*, München 1991.

Kögler, Hans Herbert: »Empathy, dialogical self, and reflexive interpretation. The symbolic source of imagination«, in: ders. und Karsten R. Stueber (Hg.), *Empathy and Agency. The Problem of Understanding in the Human Sciences*, Boulder und Oxford 2000, S. 194-221.

Ders. und Karsten R. Stueber: »Introduction«, in: dies. (Hg.), *Empathy and Agency. The Problem of Understanding in the Human Sciences*, Boulder und Oxford 2000, S. 1-61.

Kochinka, Alexander: *Emotionstheorien. Begriffliche Arbeit am Gefühl*, Bielefeld 2004.

Kohlberg, Lawrence: *The Measurement of Moral Judgment*, Cambridge 1987.

Koschorke, Albrecht: *Die heilige Familie*, Frankfurt am Main 2000.

Ders.: *Leopold von Sacher-Masoch. Die Inszenierung einer Perversion*, München 1988.

Ders.: »Identifikation und Ironie. Zur Zeitform des Erzählens in Goethes *Wilhelm Meister*«, erscheint in: Claudia Breger und Fritz Breithaupt (Hg.), *Empathie und Narration*, Freiburg 2009.

Kraft, Stephan: *Das Ende der Komödie – zum Finale in der Komödienpoetik* (Ms. 2007, bisher unveröffentlicht).

Krause, Edith H.: »Eclectic affinities. Fontane's Effi and Freud's Dora«, in: *Women's Studies: An Interdisciplinary Journal* 32/4 (2003), S. 431-454.

Lessing, Gotthold Ephraim: *Werke und Briefe in zwölf Bänden* (DKV), hg. von Klaus Bohnen et al., Frankfurt am Main 1985.
Leys, Ruth: *Trauma. A Genealogy*, Chicago 2000.
Libet, Benjamin: *Mind Time. Wie das Gehirn Bewusstsein produziert*, Frankfurt am Main 2005.
Lieberman, Matthew D.: »Social cognitive neuroscience. A review of core processes«, in: *Annual Review of Psychology* 58 (2007), S. 259-289.
Loftus, Elizabeth, und Katherine Ketcham: *The Myth of Repressed Memory: False Memories and Allegations of Sexual Abuse*, New York 1996.
Luhmann, Niklas: *Gesellschaft der Gesellschaft*, Frankfurt am Main 1997.
Ders.: *Liebe als Passion. Zur Codierung von Intimität*, Frankfurt am Main 1982.
Lyon, John B.: *The Place of Realism* (bisher unveröffentlicht).

Marks, Gary, und Norman Miller: »Ten years of research on the false consensus effect. An empirical and theoretical review«, in: *Psychological Bulletin* 102 (1987), S. 72-90.
Marsch, Edgar: *Die Kriminalerzählung. Theorie – Geschichte – Analyse*, München 1972.
Martinec, Thomas: »The boundaries of Mitleidsdramaturgie. Some clarifications concerning Lessing's concept of ›Mitleid‹«, in: *The Modern Language Review* 101 (2006), S. 743-760.
Masserman, Jules H., Stanley Wechkin, William Terris: »›Altruistic‹ behavior in rhesus monkeys«, in: *American Journal of Psychiatry* 121 (1964), S. 584-585.
Maurer, Karl-Heinz: »Verführung durch Mitleid: G. E. Lessings *Emilia Galotti* als Selbstaufhebung der Tragödie«, in: *German Quarterly* 78 (2005), S. 172-191.
Meltzoff, Andrew N.: »The ›like me‹ framework for recognizing and becoming an intentional agent«, in: *Acta Psychologica* 124 (2007), S. 26-43.
Menzel, Emil: *Precultural Primate Behavior*, Basel und New York, 1973.
Merleau-Ponty, Maurice: *Die Phänomenologie der Wahrnehmung*, Berlin 1965.
Mitani, John C.: »Reciprocal exchange in chimpanzees and other primates«, in: Peter M. Kappeler und Carel P. van Schaik (Hg.), *Cooperation in Primates and Humans. Mechanisms and Evolution*, Heidelberg und Berlin 2006, S. 107-120.
Moczek, Armin P.: »On the origins of novely in development and evolution«, in: *BioEssays* 30.5 (2008), S. 432-447.

Molesworth, Jesse: *The Spell of Chance: Realism and Re-Enchantment in the Eighteenth-Century Novel* (bisher unveröffentlicht).

Nagel, Thomas: »What is it like to be a bat?«, in: *The Philosophical Review* 83 (1974), S. 435-450.

Norenzayan, Ara, et al.: »Memory and mystery. The cultural selection of minimally counterintuitive narratives«, in: *Cognitive Science: A Multidisciplinary Journal* 30 (2006), S. 531-553.

Panksepp, Jaak: »Affective consciousness. Core emotional feelings in animals and humans«, in: *Consciousness and Cognition* 14 (2005), S. 30-80.

Perner, Josef, et al.: »Three-year-olds' difficulty with false belief. The case for a conceptual deficit«, in: *British Journal of Developmental Psychology* 5 (1987), S. 125-137.

Pfau, Thomas: *Romantic Moods. Paranoia, Trauma, and Melancholy, 1790-1840*, Baltimore 2005.

Phelan, James: *Experiencing Fiction. Judgements, Progressions, and the Rhetorical Theory of Narrative*, Columbus 2007.

Piaget, Jean: *Das moralische Urteil beim Kinde*, München 1986.

Premack, David, und Guy Woodruff: »Does the chimpanzee have a theory of mind?«, in: *Behavioral and Brain Sciences* 1 (1978), S. 515-526.

Preston, Stephanie D., und Frans de Waal: »Empathy. Its ultimate and proximate basis«, in: *Behavioral and Brain Sciences* 25 (2002), S. 1-72.

Propp, Wladimir: *Morphologie des Märchens*, München 1984 [1928].

Read, Stephen John, und Lynn Carol Miller: »Stories are fundamental to meaning and memory. For social creatures, could it be otherwise?«, in: Robert S. Wyer (Hg.), *Knowledge and Memory. The Real Story*, Hillsdale, New Jersey, 1995, S. 139-152.

Regner, Freihart: »Unbewußte Liebesbeziehung zum Folterer? Kritik und Alternativen zu einer ›Psychodynamik der traumatischen Reaktion‹«, in: *Zeitschrift für Politische Psychologie* 8 (2000), S. 429-452.

Richter, Michael: *Das narrative Urteil. Erzählerische Problemverhandlungen von Hiob bis Kant*, Berlin 2008.

Rizzolatti, Giacomo, und Corrado Sinigaglia: *Empathie und Spiegelneurone. Die biologische Basis des Mitgefühls*, Frankfurt am Main 2008.

Ders. et al.: »Mirrors in the mind«, in: *Scientific American* 295.5 (2006), S. 54-61.

Rorty, Amélie Oksenberg (Hg.): *Essays on Aristotle's ›Poetics‹*, Princeton 1992.

Ross, Lee, et al.: »The ›false consensus effect‹. An egocentric bias in social perception and attribution processes«, in: *Journal of Experimental Social Psychology* 13 (1977), S. 279-301.

Roth, Gerhard: *Fühlen, Denken, Handeln. Wie das Gehirn unser Verhalten steuert*, Frankfurt am Main 2003.

Samson, Dana, Ian Apperly, Umalini Kathirgamanathan, Glyn Humphreys: »Seeing it my way. A case of selective deficit in inhibiting self-perspective«, in: *Brain* 128 (2005), S. 1102-1111.
Schings, Hans-Jürgen: *Der mitleidigste Mensch ist der beste Mensch. Poetik des Mitleids von Lessing bis Büchner*, München 1980.
Schlaffer, Heinz: *Die kurze Geschichte der deutschen Literatur*, München 2002.
Schmitt, Carl: *Der Begriff des Politischen*, Berlin 1932.
Seabrook, John: »Suffering Souls«, in: *New Yorker* 84.36 (10. Nov. 2008), S. 64-73.
Sherman, Steven, Laurie Chassin, Clark Presson, Gina Agostinelli: »The role of the evaluation and similarity principles in the false consensus effect«, in: *Journal of Personality and Social Psychology* 47 (1984), S. 1244-1262.
Shriver, Adam, und Colin Allen: »Consciousness might matter very much«, in: *Philosophical Psychology* 18 (2005), S. 103-111.
Singer, Wolf: »Verschaltungen legen uns fest. Wir sollten aufhören, von Freiheit zu sprechen«, in: Christian Geyer (Hg.), *Hirnforschung und Willensfreiheit. Zur Deutung der neuesten Experimente*, Frankfurt am Main 2004, S. 30-65.
Stich, Stephen und Shaun Nicholas: »Cognitive penetrability, rationality, and restricted simulation«, in: *Mind and Language* 12 (1997), S. 297-326.
Strawson, Galen: »Against narrativity«, in: *Ratio* 17.4 (2004), S. 428-452.
Subiotto, Frances: »The ghost in *Effi Briest*«, in: *Forum for Modern Language Studies* 21 (1985), S. 137-150.

Thiele, Leslie Paul: *The Heart of Judgment. Practical Wisdom, Neuroscience, and Narrative*, Cambridge, New York u. a. 2006.
Thompson, Evan: »Empathy and consciousness«, in: *Journal of Consciousness Studies* 8, 5-7 (2001), S. 1-32.
Tomasello, Michael: *Die kulturelle Entwicklung des menschlichen Denkens*, Frankfurt am Main 2002.
Trivers, Robert L.: »The evolution of reciprocal altruism«, in: *Quarterly Review of Biology* 46 (1971), S. 25-57.
Tucker, Brian: »Performing boredom in *Effi Briest*. On the effects of narrative speed«, in: *The German Quarterly* (2007), S. 185-200.
Türk, Johannes: *Immunität. Archäologie eines Paradigmas*, erscheint Frankfurt am Main 2010.

Turnbull, Colin: *The Mountain People*, New York 1972.
Turner, Mark: »The cognitive study of art, language and literature«, in: *Poetics Today* 23, 1 (2002), S. 9-19.
Ders.: *The Literary Mind: The Origins of Thought and Language*, New York, Oxford 1996.
Twellmann, Marcus, und Thomas Weitin (Hg.): »Selbstkontrolle als Provokation«, in: *Modern Language Notes* (April 2008).

Umiltà, Maria Alessandra, et al.: »I know what you are doing. A neurophysiological study«, in: *Neuron* 32 (2001), S. 91-101.

Vernant, Jean-Pierre: »Mythe et Tragédie«, in: Pierre Vidal-Naquet und Jean-Pierre Vernant (Hg.), *Mythe et tragédie en Grèce ancienne*, Paris 1972.
Vogeley, Kai, et al.: »Mind reading. Neural mechanisms of theory of mind and self-perspective«, in: *Neuroimage* 14 (2001), S. 170-181.
Vogl, Joseph: *Kalkül und Leidenschaft. Poetik des ökonomischen Menschen*, München 2002.
Voss, Christiane: *Narrative Emotionen. Eine Untersuchung über Möglichkeiten und Grenzen philosophischer Emotionstheorien*, Berlin 2003.

de Waal, Frans: *Primaten und Philosophen. Wie die Evolution die Moral hervorbrachte*, München 2008.
Ders.: *Der Affe in uns. Warum wir sind, wie wir sind*, München 2006.
Ders.: *Der gute Affe. Der Ursprung von Recht und Unrecht bei Menschen und anderen Tieren*, München 2000.
Ders. und Sarah F. Brosnan: »Simple and complex reciprocity in primates«, in: Peter M. Kappeler und Carel P. van Schaik (Hg.), *Cooperation in Primates and Humans. Mechanisms and Evolution*, Heidelberg und Berlin 2006, S. 85-105.
Wallach, Wendell, und Colin Allen: *Moral Machines. Teaching Robots Right from Wrong*, Oxford und New York 2009.
White, Hayden: *The Content of the Form. Narrative Discourse and Historical Representation*, Baltimore und London 1987.
Wimmer, Heinz, und Josef Perner: »Beliefs about beliefs. Representation and constraining function of wrong beliefs in young children's understandings of deception«, in: *Cognition* 13 (1983), S. 103-128.
Würker, Achim: »Der Umgang mit dem Geheimnis: Unbewußte Lebensentwürfe in E.T.A. Hoffmann's *Das Fräulein von Scuderi*«, in: *Jahrbuch für internationale Germanistik* XXVII.2 (1999), S. 107-141.

Kulturgeschichte
im Suhrkamp Verlag
Eine Auswahl

Peter Burke. Was ist Kulturgeschichte? Aus dem Englischen von Michael Bischoff. 204 Seiten. Gebunden

Lorraine Daston/Peter Galison. Objektivtität. 531 Seiten. Gebunden

Uta Gerhardt. Soziologie der Stunde Null. Zur Gesellschaftskonzeption des amerikanischen Besatzungsregimes in Deutschland 1944-1945/1946. stw 1768. 457 Seiten

Michael Giesecke. Der Buchdruck in der frühen Neuzeit. Eine historische Fallstudie über die Durchsetzung neuer Informations- und Kommunikationstechnologien. stw 1357. 960 Seiten

Michael Giesecke. Von den Mythen der Buchkultur zu den Visionen der Informationsgesellschaft. Trendfroschungen zur kulturellem Medienökologie. Mit einer CD-Rom mit dem Text des Buches sowie weiteren Aufsätzen und Materialien. stw 1543. 458 Seiten

Raphael Gross. Carl Schmitt und die Juden. Eine deutsche Rechtslehre. Gebunden und stw 1754. 459 Seiten

Hans Ulrich Gumbrecht. 1926 – Ein Jahr am Rand der Zeit. stw 1655. 560 Seiten

Menschenversuche. Eine Anthologie. Herausgegeben von Birgit Griesecke, Marcus Krause, Katja Sabisch und Nicolas Pethes. stw 1850. 779 Seiten

Paul Martin Neurath. Die Gesellschaft des Terrors. Innenansichten der Konzentrationslager Dachau und Buchenwald. 462 Seiten. Gebunden

Adriano Prosperi. Die Gabe der Seele. Geschichte eines Kindsmords. 516 Seiten. Gebunden

Philipp Sarasin. Reizbare Maschinen. Eine Geschichte des Körpers 1765-1914. stw 1524. 512 Seiten

Georg Simmel
- Briefe 1880-1911. Gebunden und stw 822. 1094 Seiten
- Briefe 1912-1918, Jugendbriefe.
  Gebunden und stw 823. 1241 Seiten

Die Transformation des Humanen. Beiträge zur Kulturgeschichte der Kybernetik. Herausgegeben von Michael Hagner und Erich Hörl. stw 1848. 450 Seiten